장로가 쓴 최신 대표기도문

나는 이렇게
대표기도를 준비한다

나는 이렇게 대표기도를 준비한다

초판3쇄   2019년 11월 01일

지 은 이 ｜ 신이봉
펴 낸 이 ｜ 채주희
펴 낸 곳 ｜ 엠앤
등   록 ｜ 제10-1562호(1985.10.29)
주   소 ｜ 서울특별시 마포구 신수동 448-6
전   화 ｜ (02) 323-4060
팩   스 ｜ (02) 323-6416

장로가 쓴 최신 대표기도문

나는 이렇게
대표기도를 준비한다

신이봉 지음

믿음으로 준비하고 믿음으로 하는 대표기도.
하나님께서 기쁘게 받으시는 대표기도.
성도들이 하나 되어 함께하는 대표기도.
성도들이 응답받는 대표기도.
성도들이 은혜 받는 대표기도.

엘맨

세계적인 물리학자 스티븐 호킹 박사는 "천국은 죽음을 두려워하는 인간이 만들어낸 동화의 나라다. 인간은 컴퓨터처럼 고장이 나면 끝이다. 인간의 영혼은 없다"라고 말했다.

그리고 최근에는 "지구가 처음 폭발했을 때 생긴 신의 입자인 '힉스'는 없다"라고 말했으며, 그 말에 100달러를 걸었다고 합니다. 하지만 최근에 신의 입자 힉스가 발견되었고, 앞으로 더 많은 과학적 연구와 분석을 통하여 이 입자가 천지창조를 증명하였으면 합니다.

지금은 제조물책임법이 있어, 어떠한 물건을 만들어낼 때에는 그 물건에 대한 사용설명서가 반드시 첨부되어야 합니다. 이것이 법으로 정해진 시방서입니다. 그렇다면 이 지구에 대한 시방서는 무엇일까요? 그것은 창세기에 나오는 천지창조입니다. 이는 하나님께서 모세를 통해서 기록한 책입니다. 약 3000년 전 처음으로 나타난 창조론이라고 하겠습니다. 과학적 자료와 분석과 정확한 데이터에 의하여 증명되었지만, 이는 과학을 초월하여 모세가 증명한 하나님의 말씀입니다.

기독교는 대 사건입니다

하나님께서 말씀으로 우주만물을 창조하신 것과 같이, 또 우리 인간을 하나님의 형상대로 흙으로 빚어 하나님의 영으로 창조하셨습니다. 예수님을 이 땅에 보내주시고, 그를 십자가에서 돌아가게 하시고, 다시 부활하게 하신 것은 우리 역사상 가장 큰 사건입니다. 이 창조의 섭리는 곧 기적과 이적이며 성령입니다.

이 창조의 섭리는 하나님께서 미리 계획하신 것입니다. 너무나 신비한 수많은 세포와 조직이 우주의 자연법칙에 의하여 마치 기계처럼 움직이고, 과학적인 분석과 자료가 그 데이터에 맞게 창조되었습니다.

그래서 과학도 종교를 인정해야 하고, 종교도 과학을 인정해야 합니다. 우주만물은 너무나 방대하고 오묘하고 그 법칙이 신비해서 신의 창조가 아니면 불가능합니다.

생육하고 번성하고 아름다운 창조

창조의 목적은 곧 생육과 번성입니다.

아프리카의 사막에서 자라는 선인장은 땅이 너무나 건조해서 싹이 나올 수가 없다고 합니다. 그러나 말랑말랑한 씨앗에는 수분이 함유되어 새들이 먹기 좋게 되어 있다고 합니다. 새들이 먹고 수십 킬로를 날아가서 배설을 하면, 이 배설물을 통해서 그 안에서 싹이 나고 번성하게 된다고 합니다.

우리 주위에 있는 나무나 꽃들도 암컷이 있고 수컷이 있습니다. 그 번성의 이치는 선인장과 마찬가지입니다. 우리 눈에는 잘 보이지 않지만, 그 나무의 꽃가루가 짝을 찾아 수십 킬로를 날아가서 교배가 되어 싹이 트고 자라서 열매를 맺습니다.

우리가 먹는 과일나무도 마찬가지입니다. 암수가 있어야 열매를 맺고 품질이 좋아지고, 그 열매가 씨앗이 되어 오래오래 자손을 번성할 수 있습니다.

동물들도 똑같은 원리입니다

세상의 우주만물이 진화로 이루어졌다면 어찌 생육하고 번성할 수가 있겠습니까? 하나님께서 인간은 인간으로, 동물은 동물로 분리하고, 거기에 남자와 여자를 창조하셨습니다. 그래서 생육과 번성은 하나님이 만드신 아름다운 창조입니다.

창조가 있고 과학이 있다

아직까지 우리 지구 역사에서 종교가 세계를 지배하지 못했고, 또 과학이 이 세계를 지배하지 못했습니다. 둘은 서로가 공생하며 발전해왔습니다.

만약 이 과학의 힘으로 천지창조를 분석한 데이터가 정확히 맞는다면, 지금 우리들은 이처럼 믿음 생활을 할 필요가 없을 것입니다. 성경말씀이 진리처럼 귀중하지 않고 학교에서 배우는 교과서에 불과할 것입니다. 오늘날 이처럼 부정한 사람들이 있기 때문에 이 하나님의 말씀은 더욱 귀중하고 소중한 것입니다. 그래서 하나님의 말씀은 곧 진리의 말씀입니다.

예수님은 왜 이처럼 세상에 이름이 알려져 있습니까?

그것은, 그를 부정한 사람들이 있었기 때문에 그를 죽였지만 부활의 기적이 있었기 때문에, 하나님의 아들로 인정을 받은 것입니다.

예수님께서 우리에게 사명을 주셨다

예수님께서는 우리에게 사명을 주셨습니다. "예루살렘과 유대와 땅 끝까지 이르러 내 증인이 되라. 이들을 위해서 복음을 전하고 기도하라"는 사명을 주셨습니다.

우리는 주님을 기도 속에서 만나야 합니다.

주님은 복음을 전해서 주님의 나라를 이루라는 사명을 주셨습니다.

하나님은 우리 인간을 하나님의 형상대로 창조하시고, 하나님의 영으로 우리에게 생명을 주셨습니다. 그것은 성령입니다.

성령은 지금도 천국에서 우리에게 많은 정보를 제공하고 있습니다. 그래서 우리는 기도로서 주님을 만나야 합니다. 기도는 하나님과의 대화입니다. 인간은 하나님의 영으로 창조되었기 때문에 영으로 드리는 대화는 곧 기도입니다.

기도의 능력

이제 세계의 모든 정보는 조그마한 핸드폰 속에 다 들어 있습니다. 세계 어느 곳이든지 통화가 가능하게 되었습니다.

그것은 무선입니다. 보이지는 않지만 살아서 움직이는 곧 생명체입니다.

하나님께서는 능력과 지혜로 천지만물을 창조하셨습니다.

지으신 말씀, 보이지 않는 빛, 무선, 영, 우주, 만물을 통치하는 정보를 주셨습니다.

그 속에는 능력과 에너지라는 큰 힘이 있습니다. 인간을 창조하실

때 보이지 않는 성령과 영과 인간이 항상 대화할 수 있게 창조하셨습니다. 우리가 사용하는 핸드폰보다 빠른 초능력을 주셨습니다. 그 정보와 대화는 이미 창조 때부터 주신 것입니다. 그 초능력은 기도입니다. 창조주와의 통화입니다. 이제 기도로 통로를 여십시오. 기도는 보이지 않지만 살아 있는 생명입니다. 이것은 하나님이 우리에게 주신 정보입니다. 기도는 하나님과의 대화입니다.

인간은 창조의 목적대로 살아야 합니다. 기도는 항상 인간의 본분입니다. 기도 속에서 새로운 능력을 찾고, 신비한 체험의 기쁜 성령 속에서 살아야 합니다.

기도는 회개와 반성, 뉘우치는 것입니다

기도는 항상 중복과 반복입니다.

자기 잘못을 하나님 앞에 인정해야 합니다.

강물이 흐르고 있습니다. 눈이 오고 얼음이 얼어도 내려오는 물은 보이지 않게 흐르고 있습니다. 흘러야 강물입니다. 물은 흐르는 것이 일상입니다. 큰 표시도 없이 남에게 보이지 않게 흘러가고 있습니다.

그러나 강물 속에 있는 돌은 많은 세월의 물살에 반질반질하게 매끈매끈하게 씻겨서 모나지 않은 깨끗한 돌이 되었습니다. 물도 돌도 함께 깨끗한 강물이 되었습니다.

우리의 마음은 흐르는 물과 같습니다. 중복되고 반복되지만 그러나 흐르고 있습니다. 하나님 앞으로 흐르고 있습니다.

주님과 같이 겸손히 기도할 때보다 더 하나님께 접근해갈 것입니다. 이것은 신비한 체험과 복입니다. 무에서 유를 창조합니다.

나는 믿음으로 대답하겠습니다. 하나님께서 복을 주셨습니다.

나는 간증합니다.

처음 시작은 비천한 리어카에서 출발했지만, 이처럼 큰 기업을 하도록 복을 주셨습니다. 그 복은 기도의 결과입니다.

하나님께서는 우리의 기도를 들어주십니다. 항상 감사하며 쉬지 말고 기도합시다.

지은이 신이봉

하나님과의 대화를 돕는 길잡이가 될 것을 믿어 추천합니다

기도란 인간이 하나님을 높이 받드는 행위이며, 회개와 소망들을 예수님의 이름으로 아뢰는 것으로, 곧 하나님과의 인격적인 대화라고 정의할 수 있습니다. 믿는 이들에게 기도는 '영혼의 숨쉬기'와 같은 것으로, 기도 생활이 빠진 믿음 생활이란 거짓된 믿음 생활입니다.

기도는 믿음의 체험이며 살아 계신 하나님과의 만남이요 관계이기 때문에, 예수님께서도 제자들에게 "항상 기도하고 낙심하지 마라"(눅 18:1)라고 하셨고, 사도 바울도 "아무것도 염려하지 말고 다만 모든 일에 기도와 간구로, 너희 구할 것을 감사함으로 하나님께 아뢰라"(빌 4:6)라고 강조하였습니다.

이렇게 기도가 중요하다는 것은 믿는 이들이 잘 알지만 하나님께 기도를 바치는 방법에 대해서 모르는 사람들이 많아서 하나님과의 참다운 만남이 제대로 이뤄지지 않을 때가 많이 있습니다.

하지만 이때 믿는 이들의 내적인 삶에서 가장 기본이 되는 기도를 위하여, 우리 교회 신이봉 장로님께서 주일 낮 예배 시간에 하나님께 드린 기도문을 모아 엮어서 믿는 이들의 기도를 도우려고 '기도집'을 펴내어 "주여…… 우리에게도 가르쳐주옵소서"(눅 11:1)라고 외치는 이들에게 기쁨을 안겨주고 있습니다.

앞으로 이 기도책이 믿는 이들에게 자연스럽게 하나님과의 대화를 가르쳐주는 길잡이가 될 것을 바랍니다. 나아가 쉬운 말로 자연스럽게 기도드릴 수 있도록 마련된 이 책의 기도문들을 잘 응용하여 믿는 이들은 나름대로 처지에 맞는 기도를 하나님께 바칠 수 있게 되기를 바랍니다.

다시 한 번 신이봉 장로님의 "나는 이렇게 대표기도를 준비한다"는 대표기도를 위한 좋은 책을 펴냄을 축하드립니다. 더불어서 욕심을 내어 봅니다. 대표기도를 맡은 분들과 60,000여 한국교회 위에 큰 은혜가 되며 바르게 기도하는 길잡이가 되어 주며 은혜 받고 응답받는 능력있는 기도의 사람들이 되어지길 간절히 바라며 추천합니다.

2013년 3월 9일 사순절 기간에

목사 한영은

Contents
목   차

Chapter 01

대표기도문 작성법

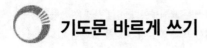

기도문 바르게 쓰기

다음은 인터넷에 올라온 대표기도문입니다. 이 기도문의 내용과 표현에 대하여 함께 생각해보도록 합니다. 숫자 표시는 분석하고 바르게 고칠 때 참고하시기 바랍니다.

❶ 저희들을 당신의 형상대로 지으시고, 지혜와 능력과 자비가 가득하신 거룩하시며 위대하신 하나님 아버지, 찬양과 감사와 영광을 드리나이다. 오늘 저희들에게 거룩한 주일을 허락하셔서 주님의 거룩하신 보좌 앞에 나오게 하시니 감사하옵니다. 감히 주 앞에 설 수 없는 죄인들이오나 그리스도의 사죄의 은총을 힘입고 나왔사오니 크신 축복과 사랑으로 함께하여주시옵소서.

❷ 하나님 아버지, 그러나 저희들은 주님의 사랑과 은혜를 깨닫지 못하고 불충하였으며 저희들에게 명하신 명령에 순종치 못하였습니다. 주의 영광을 드러내기보다는 자신의 욕심을 내세웠고, 말씀대로 살기보다는 인간의 보잘것없는 생각대로 살아온 죄를 고백하오니 주께서 불쌍히 여기시고 용서하시며 깨끗이 씻어주옵소서.

❸ 주여, 이 거룩한 주일 아침에 주의 사랑과 은혜를 사모하는 간절한 마음으로 당신을 찾아온 성도들에게 한량없는 자비를 베풀어주옵소서. 병마와 싸우며 고통 중에 있는 자들을 도와주시며 사탄과 마귀의 유혹을 당한 자들에게 새 힘과 용기를 주옵소서. 가정의 여러 문제와 경제적인 문제로 고민하며 간구하는 기도를 주께서 들어주시고 친히 응답해주시옵기를 바라고 원합니다.

❹ 자비로우신 하나님 아버지, 이 세상에 있는 모든 교회들을 위하여 기도합니다. 교회를 이끄시는 주의 종들에게 성령께서 함께해주시고 말

씀에 능력을 덧입혀주옵소서. 모든 교회들이 교회의 사명을 다하게 하시고 썩어가고 어두운 세상에서 빛과 소금의 역할을 충분히 감당하게 하시옵소서.

❺ 특별히 저희 교회를 위하여 기도하옵니다. 일찍이 주님의 크신 뜻과 섭리가 계셔서 이곳에 저희 교회를 세워주시고 이끌어주시며 부흥케 하시니 감사하옵니다. 주께서 저희 교회에 임하셔서 성령의 뜨거운 역사가 늘 살아 움직이며 생명이 넘치는 교회가 되게 하시옵소서. 그리하여 저희 교회가 이 사회와 국가와 온 세계에까지 뜨겁게 주의 말씀을 증거하며 복음화하는 데 앞장서는 교회가 되게 축복하시옵소서.

❻ 축복의 하나님 아버지시여, 저희 나라를 축복하시고 나라를 이끌어가는 위정자들을 인도하여주옵소서. 그들에게 의와 진리를 깨닫게 하시며 지혜와 분별력을 주셔서 정사를 바로잡게 하시옵소서. 또한 이 백성들의 모든 형편과 처지를 축복하시고 저희들 가운데 속히 주님의 사랑과 평화가 넘치는 나라가 임할 수 있는 놀라운 축복을 허락해주시옵소서.

❼ 하나님 아버지, 저희 목사님께 함께하셔서 흠 없는 주의 제단 앞에 서기에 합당하게 하시고 당신의 진리의 말씀을 베풀기에 부족함 없는 능력을 허락하시옵소서. 그의 가정과 건강도 지켜주셔서 온전히 몸 된 교회와 교인들을 위하여 일할 수 있게 하시옵소서.

❽ 하나님 아버지, 예배를 위하여 수고하는 성가대의 찬양이 하늘나라에 상달될 수 있게 하시고, 모든 대원들에게 크신 은혜를 허락하시옵소서. 이 예배의 시작과 끝을 온전히 주님께서 주장하시고 사탄 마귀가 틈타지 않게 도와주시옵소서.

이 모든 말씀을 예수님 이름으로 기도드립니다. 아멘.

> 저희들을 당신의 형상대로 지으시고, 지혜와 능력과 자비가 가득하신 거룩하시며 위대하신 하나님 아버지, 찬양과 감사와 영광을 드리나이다.
>
> 오늘 저희들에게 거룩한 주일을 허락하셔서 주님의 거룩하신 보좌 앞에 나오게 하시니 감사하옵니다. 감히 주 앞에 설 수 없는 죄인들이오나 그리스도의 사죄의 은총을 힘입고 나왔사오니 크신 축복과 사랑으로 함께하여주시옵소서.

① '당신'은 '하나님' 또는 '하나님 아버지'로 해야 한다. 기도할 때 하나님은 우리의 말을 직접 들으시는 분으로서 2인칭이다. 우리말 2인칭 '당신'은 결코 존칭어가 될 수 없다. '당신'은 다만 3인칭 극존칭어로만 쓰일 수 있다.

② '축복'(祝福)이란 말은 '복을 빈다'는 뜻이다. 하나님은 복의 근원이시며, 복을 주시는 분이시지, 복을 비는 분이 아니다. 그러므로 "축복과 사랑으로"는 "복과 사랑으로"가 되어야 한다.

③ "저희들을 당신의 형상대로 지으시고, 지혜와 능력과 자비가 가득하신 거룩하시며 위대하신 하나님 아버지, 찬양과 감사와 영광을 드리나이다." 이 문장은 하나님의 속성을 모두 나열하는 것 같아서 너무 길고 지루하다. "하나님의 형상대로 저희를 창조하신 아버지, 찬양과 영광을 드립니다" 또는 "자비로우신 하나님 아버지, 찬양과 감사와 영광을 드립니다"로 간단히 하는 것이 좋다.

"자비로우신 하나님 아버지, 찬양과 감사와 영광을 드립니다. 오늘 저희들에게 거룩한 주일을 주시고, 주님께 나아와 예배하게 하시니 감사드립니다. 감히 주님 앞에 설 수 없는 죄인들이오나 주님께서 저희들의 죄를 용서해주신 사랑을 힘입어 담대하게 나왔사오니, 크신 복과 사랑을 베풀어주옵소서."

■ 분석 ❷

하나님 아버지, 그러나 저희들은 주님의 사랑과 은혜를 깨닫지 못하고 불충하였으며 저희들에게 명하신 명령에 순종치 못하였습니다. 주의 영광을 드러내기보다는 자신의 욕심을 내세웠고, 말씀대로 살기보다는 인간의 보잘것없는 생각대로 살아온 죄를 고백하오니 주께서 불쌍히 여기시고 용서하시며 깨끗이 씻어주옵소서.

이 부분은 대체로 무난하다.

■ 분석 ❸

주여, 이 거룩한 주일 아침에 주의 사랑과 은혜를 사모하는 간절한 마음으로 당신을 찾아온 성도들에게 한량없는 자비를 베풀어주옵소서. 병마와 싸우며 고통 중에 있는 자들을 도와주시며, 사탄과 마귀의 유혹을 당한 자들에게 새 힘과 용기를 주옵소서. 가정의 여러 문제와 경제적인 문제로 고민하며 간구하는 기도를 주께서 들어주시고 친히 응답해주시옵기를 바라고 원합니다.

① "주여, 이 거룩한 주일 아침에 주의 사랑과 은혜를 사모하는 간절한 마음으로"는 간결하게 표현하는 것이 좋다.

② "당신을 찾아온"은 "주님 앞에 나온"이 좋다.

③ "들어주시고 응답해주시기를 바라고 원합니다"는 중복적인 의미로서, 간단하게 표현하는 것이 좋다.

다시 쓰기

이 거룩한 주일에, 주님의 사랑과 은혜를 사모하는 마음으로 주님 앞에 나온 성도들에게 한없는 자비를 베풀어주옵소서. 병마와 싸우며 고통 중에 있는 자들을 도와주시며, 사탄과 마귀에게 유혹을 당한 자들에게 새 힘과 용기를 주옵소서. 가정의 여러 문제와 경제적인 문제로 고민하며 간구하는 자들의 기도를 들어주옵소서.

■ 분석 ❹

자비로우신 하나님 아버지, 이 세상에 있는 모든 교회들을 위하여 기도합니다. 교회를 이끄시는 주의 종들에게 성령께서 함께해주시고 말씀에 능력을 덧입혀주옵소서. 모든 교회들이 교회의 사명을 다하게 하시고 썩어가고 어두운 세상에서 빛과 소금의 역할을 충분히 감당하게 하시옵소서.

① "주의 종들에게"란 표현은 성도들이 주님의 종인 목사님들에게 사용하는 표현이 아니다. 종을 종이라 부를 수 있는 분은 오로지 주

인밖에 없다. 그러므로 성도들은 "주의 종"이라고 부르는 것은 잘 못된 것이다. "목사님" 또는 "주님의 사자"가 좋다.

② "능력을 덧입혀"란 표현은 "능력을 더하여"로 하는 것이 좋다. '덧 입히는 것'과 '더하는 것'은 의미가 다르다. '덧입히는 것'은 겉에 다른 것을 입히는 것으로 겉과 속이 다르게 되는 결과를 낳는다.

③ "썩어가고"는 "썩어가는"이 옳으며, "썩어가는"이나 "어두운"으로 표 현하면 된다.

다시 쓰기

> 자비로우신 하나님 아버지, 이 세상에 있는 모든 교회들을 위하여 기 도합니다. 교회를 섬기는 목회자들에게 성령께서 함께해주시고, 말씀에 능력을 다하여주옵소서. 모든 교회들이 교회의 사명을 온전히 감당하게 하시고, 어두운 세상에서 빛과 소금의 역할을 온전히 감당하게 하옵소서.

■ 분석 ❺

> 특별히 저희 교회를 위하여 기도하옵니다. 일찍이 주님의 크신 뜻과 섭리가 계셔서 이곳에 저희 교회를 세워주시고 이끌어주시며 부흥케 하 시니 감사하옵니다. 주께서 저희 교회에 임하셔서 성령의 뜨거운 역사가 늘 살아 움직이며 생명이 넘치는 교회가 되게 하시옵소서. 그리하여 저 희 교회가 이 사회와 국가와 온 세계에까지 뜨겁게 주의 말씀을 증거하 며 복음화하는 데 앞장서는 교회가 되게 축복하시옵소서.

① '섭리'(攝理)는 세상과 우주 만물을 다스리는 하나님의 뜻을 말한
다. 그러므로 "뜻과 섭리"라고 하면 중복된 표현이 된다.

② "성령의 뜨거운 역사가 늘 살아 움직이며"에서 '역사'란 '일'을 말한
다. '뜨거운 역사'와 '살아 움직임'은 같은 표현이다. 그냥 "성령의
역사로"가 적절하다.

다시 쓰기

特별히 저희교회를 위하여 기도합니다. 일찍이 주님의 뜻이 계셔서
이곳에 우리 교회를 세워주시고, 부흥케 하시니 감사합니다. 성령의 역
사로 생명이 넘치는 교회가 되게 하옵소서. 그리하여 우리 교회가 이 사
회와 국가와 온 세계에까지 주님의 말씀을 증거하며, 복음화에 앞장서는
교회가 되게 하옵소서.

■ 분석 ❻

축복의 하나님 아버지시여, 저희 나라를 축복하시고 나라를 이끌어가
는 위정자들을 인도하여주옵소서. 그들에게 의와 진리를 깨닫게 하시며
지혜와 분별력을 주셔서 정사를 바로잡게 하시옵소서. 또한 이 백성들의
모든 형편과 처지를 축복하시고 저희들 가운데 속히 주님의 사랑과 평화
가 넘치는 나라가 임할 수 있는 놀라운 축복을 허락해주시옵소서.

① 이 부분에서는 '축복'이란 용어에 주의하여야 한다.

② "정사를 바로 잡게 하시옵소서"에서 정사(政事)란 정치상의 일을

말한다. 그러므로 정사를 '바로잡는 것'이 아니라 '바르게 하는 것'
이다.

③ "나라가 임할 수 있는"이란 표현보다는 "나라가 되게"란 표현이 옳다.

> 복의 근원이신 하나님 아버지. 저희 나라를 복주시고, 이 나라를 이끌
> 어가는 위정자들을 인도하여 주옵소서. 저들이 의와 진리를 깨닫게 하시
> 며, 지혜와 분별력을 주셔서 정사를 바르게 하도록 도와주옵소서. 또한
> 백성들의 모든 형편과 처지를 헤아려 주시고, 주님의 사랑과 평화가 넘
> 치는 나라가 이루어지게 하옵소서.

- 분석 ❼

> 하나님 아버지, 저희 목사님께 함께하셔서 흠 없는 주의 제단 앞에 서
> 기에 합당하게 하시고, 당신의 진리의 말씀을 베풀기에 부족함 없는 능
> 력을 허락하시옵소서. 그의 가정과 건강도 지켜주셔서 온전히 몸 된 교
> 회와 교인들을 위하여 일할 수 있게 하시옵소서.

① "흠 없는 주의 제단 앞에 서기에"에서 '주의 제단'이란 표현은 되도
록 쓰지 말고 '교회'라고 하는 것이 좋다. 그리고 인간이 흠이 많지
주님의 교회는 흠이 없다.

② "허락하시옵소서"란 표현도 명령어다. "허락하여주옵소서"라고 하
여야 한다.

하나님 아버지, 저희 목사님과 함께하셔서 늘 주님 앞에 바로 서게 하시고, 진리의 말씀을 베풀기에 부족함 없는 능력을 주옵소서. 목사님의 가정을 지켜주시고, 건강을 주셔서 몸 된 교회와 성도들을 위하여 섬기는 목자가 되게 하옵소서.

■ 분석 ❽

하나님 아버지, 예배를 위하여 수고하는 성가대의 찬양이 하늘나라에 상달될 수 있게 하시고, 모든 대원들에게 크신 은혜를 허락 하시옵소서. 이 예배의 시작과 끝을 온전히 주님께서 주장하시고 사탄 마귀가 틈타지 않게 도와주시옵소서.
이 모든 말씀을 예수님 이름으로 기도드립니다. 아멘.

① "찬양이 하늘나라에 상달될 수 있게 하시고"란 표현은 하나님이 받으시는 것이 아니라 중개자의 역할을 해달라고 하는 의미가 된다. 이것은 "성가대의 찬양을 하나님께서 받아주시고"가 되어야 한다.
② "크신 은혜를 허락하옵소서"란 표현은 하나님께 우리가 명령하는 격이 되므로, "크신 은혜를 내려주옵소서"라고 해야 한다.
③ "예배의 시작과 끝", "이제는 예배하는 시작이오니"란 표현을 종종 쓰는데, 그냥 "이 예배를 온전히 주장하시고"로 하면 된다.

하나님 아버지, 성가대의 찬양을 기쁘게 받아주시고, 저희들에게는 크신 은혜를 내려주옵소서. 이 예배를 온전히 받아주시기를 바라오며, 마귀가 틈타지 않게 도와주옵소서.

이 모든 말씀을 예수님 이름으로 기도드립니다. 아멘.

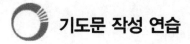

기도문 작성 연습

1) 하나님 찬양

시편 100편 4절에, "감사함으로 그의 문에 들어가며 찬송함으로 그의 궁정에 들어가서 그에게 감사하며 그의 이름을 송축할지어다"라고 했다. 인간은 자신이 높이 존경하고 사랑하는 사람을 높이고 찬양한다. 존경받고 사랑받는 사람은 자연히 최고의 찬사를 받는다. 이렇게 볼 때, 인간을 만드시고 보호하시는 창조주 하나님은 당연히 우리의 찬양의 대상이 되신다. 또한 하나님이 우리 인간을 창조하신 목적이 하나님이 기쁘심을 받으시고 영광을 얻으시기 위함이므로, 우리가 기도할 때 제일 먼저 기도를 받으시는 하나님을 부르고, 그의 영광을 찬송하는 것이 마땅한 도리다.

이때 우리가 하나님 앞에 수식어를 사용하게 되는데, 예를 들어, "전능하신 하나님"이라든가, "사랑이신 하나님"이라고 부르는 경우가 있다. 여기서 주의할 것은 하나님 앞에 붙이는 수식어는 일반적인 수식어가 아니라 성경에 나타난 하나님의 속성을 나타내는 것을 붙이는 것이 옳다.

하나님 앞의 수식어는 '전지전능하신', '무소부재하신', '지혜이신', '인자하신', '공의로우신', '거룩하신', '진실하신', '자비로우신', '사랑이신', '신실하신' 등의 속성들과, '만유의 주가 되시는', '구원자이신', '창조자이신', '천지를 지으신', '위에 계신', '하늘에 계신', '스스로 계시는', '높으신', '왕이신', '삼위일체이신' 등 존재를 나타내는 '~가 되시는' 등의 용어를 사용하는 것이 좋다.

성경의 예를 보면 다음과 같다.

시편 5:2, "나의 왕, 나의 하나님이여……."

시편 8:1, "여호와 우리 주여……."

시편 18:1, "나의 힘이신 여호와여……."

시편 18:3, "찬송 받으실 여호와께……."

❖ 기도문 작성 연습

예1) 거룩하신 아버지 하나님, 영광과 찬송을 드립니다.

예2) 세세 무궁토록 영광을 받으시기에 합당하신 하나님 아버지께 찬양을 드립니다.

예3) 살아 계셔서 온 인류의 역사를 주관하시며 감찰하시는 거룩하신 하나님 아버지, 찬송과 영광을 드립니다.

☞ 기도의 서문을 작성해보자.

2) 감사

우리가 기도할 때 우선 구원에 대한 감사를 해야 한다. 에베소서 2장 4-5절에, "긍휼이 풍성하신 하나님이 우리를 사랑하신 그 큰 사랑을 인하여 허물로 죽은 우리를 그리스도 예수와 함께 살리셨고"라고 했다. 구원은 하나님을 떠난 영적인 문제와 마귀 권세에서 해방되는 것이다. 그러므로 구원에 대한 감사는 기도 응답의 확실한 기초가 된다. 그리고 우리의 모든 삶을 인도해주심에 대하여 감사해야 한다.

하나님께 기도할 때 찬양하며 감사하는 것이 우리의 도리다. 찬양은 우리를 하나님께 감사하도록 이끈다. 세상을 만드시고, 그 모든 것들을 우리에게 주신 하나님, 그리고 언제나 우리와 동행하시며 지켜주시고, 일용할 양식을 주시는 하나님, 죄로 죽었던 우리들을 그리스도를 통하여 구원하신 하나님, 그리고 하나님의 자녀로서 아버지께 감사하지 않을 수 없는 것이다.

우리는 시편 136편에서 다윗은 감사의 조건들을 다음과 같이 말했다.

- 여호와께 감사하라
- 신들 중에 뛰어난 하나님께 감사하라
- 주들 중에 뛰어난 주께 감사하라
- 홀로 큰 기이한 일들을 행하시는 이에게 감사하라
- 지혜로 하늘을 지으신 이에게 감사하라
- 땅을 물 위에 펴신 이에게 감사하라
- 큰 빛들을 지으신 이에게 감사하라
- 해로 낮을 주관하게 하신 이에게 감사하라

- 달과 별들로 밤을 주관하게 하신 이에게 감사하라
- 애굽의 장자를 치신 이에게 감사하라
- 이스라엘을 그들 중에서 인도하여 내신 이에게 감사하라
- 강한 손과 펴신 팔로 인도하여 내신 이에게 감사하라
- 홍해를 가르신 이에게 감사하라
- 이스라엘로 그 가운데로 통과하게 하신 이에게 감사하라
- 바로와 그의 군대를 홍해에 엎드러뜨리신 이에게 감사하라
- 그의 백성을 인도하여 광야를 통과하게 하신 이에게 감사하라
- 큰 왕들을 치신 이에게 감사하라
- 유명한 왕들을 죽이신 이에게 감사하라
- 아모리인의 왕 시혼을 죽이신 이에게 감사하라
- 바산 왕 옥을 죽이신 이에게 감사하라
- 그들의 땅을 기업으로 주신 이에게 감사하라
- 곧 그 종 이스라엘에게 기업으로 주신 이에게 감사하라
- 우리를 비천한 가운데에서도 기억해주신 이에게 감사하라
- 우리를 우리의 대적에게서 건지신 이에게 감사하라
- 모든 육체에게 먹을 것을 주신 이에게 감사하라
- 하늘의 하나님께 감사하라.

그리고 계절이나 주어진 조건 등에 대하여서도 감사할 수 있을 것이다.

- 시원한 계절을 주심을
- 꽃피는 봄을 주심을
- 이른 비를 내려주심을
- 온 세상을 깨끗하게 하는 눈을 내려주심을.

- 풍성한 열매를 주심을

❖ 기도문 작성 연습
1. 자신이 한 주간 동안 하나님께 감사한 일들을 생각하고, 다섯 가지만 기록해봅시다.
①
②
③
④
⑤

2. 기도문을 써봅시다.
예1) 지난 한 주간 동안 하나님이 함께하시고 사랑하여주셔서 우리 식구들이 모두 잘 지내게 하셔서 감사합니다.
예2) 죽었던 죄인들을 하나님께서 사랑해주시고, 독생자 예수 그리스도의 보혈로 깨끗하게 하시니 감사합니다.
예3) 지난 일주일 동안도 주께서 저희를 보살펴주셔서 아무런 탈 없이 지나게 하시고, 거룩한 주일을 맞이하여 주님의 전으로 불러모아 주시니 감사합니다.

☞ 감사에 대한 기도문을 작성해보자.

3) 죄의 고백

시편 66편 18절에, "내가 나의 마음에 죄악을 품었더라면 주께서 듣지 아니하시리라"고 하였다. 죄는 하나님과 우리 사이에 장벽이 된다. 그러므로 죄는 빨리 회개하고 용서함을 받아야 한다. 죄의 고백은 그리스도를 믿는 자들이 값없이 용서하시는 하나님께 드리는 것이다. 죄를 고백하고 사죄함을 받지 않고는 기도의 효력이 없기 때문이다. 자신을 돌아보며 하나님께 지은 죄를 하나씩 고백하도록 한다. 물론 여기서 죄라고 함은 하나님의 말씀에 불순종함은 물론, 세상에서 지은 모든 것이 포함되어야 한다.

대표로 기도할 때에는 함께 기도하는 모든 사람들이 공통으로 범하기 쉬운 몇 가지를 지적하여 고백하도록 한다.

❖ 기도문 작성 연습

1. 자신이 한 주간 살면서 지은 잘못들을 적어봅시다.

2. 자신의 잘못을 하나님께 고백하는 기도문을 작성해봅시다.

예1) 일주일 동안 세상에 살면서 하나님을 기쁘시게 하지 못하고, 저희들의 육신을 위하여 이기적인 욕망과 죄악 가운데 살아 왔나이다. 이 시간 저희들의 죄를 용서하여주옵소서.

예2) 주님의 은혜로 살면서도 욕심에 사로잡혀 은혜를 저버리고, 입술로만 주님을 사랑한다고 고백하며 주님을 사랑하지 않은 것을 용서하여주옵소서.

나만의 욕심을 충족시키기 위해 형제를 미워하고 시기한 이 죄인들을 용서하여주옵소서.

☞ 용서를 구하는 기도문을 작성해보자.

4) 간구

간구는 성도들이 어떤 특별한 간청과 관심을 하나님께 기도하는 것이다. 우리는 불완전하고 부족하기 때문에 항상 기도로 구해야 한다. 요한복음 15장 7절에, "너희가 내 안에 거하고 내 말이 너희 안에 거하면 무엇이든지 원하는 대로 구하라 그리하면 이루리라"고 하셨다. 하나님께서는 우리를 사랑하시기 때문에 우리에게 꼭 필요한 것을 가장 좋은 때에 가장 좋은 방법으로 주신다.

기도할 때 우리는 우리의 필요는 물론, 다른 사람들을 위해서 기도하고, 교회와 나라를 위해서도 기도해야 한다. 이때에 성령께서 우리의 연약함을 도와주시고, 우리가 마땅히 기도할 바를 알지 못해도 말할 수 없는 탄식으로 우리를 위하여 친히 간구해주신다(롬 8:26).

❖ **기도문 작성 연습**

예1) 교회를 위하여

전능하신 하나님 예수 그리스도께서 친히 우리 교회의 주인이 되시고, 주님의 사랑과 진리와 은혜가 가득한 교회가 되게 하옵소서. 저희 믿는 성도들이 서로 사랑하면서 주님의 일을 감당하게 하옵소서. 성령께서 뜨겁게 역사하시는 교회가 되어 날마다 부흥하게 도와주옵소서.

예2) 성도들을 위하여

하나님 아버지, 사랑하는 성도들을 위하여 간구하오니, 주께서 들어주시고 응답해주옵소서. 하나님 말씀대로 살아가는 믿음을 주시고, 생활 속에서 주님의 영광을 드러내는 삶을 살게 하여주옵소서. 저희

들의 걱정과 근심과 괴로워하는 모든 것들을 주님께 맡기고, 날마다
세상을 이기는 믿음을 허락하여주옵소서.

예3) 고통하는 이들을 위하여
주님, 마음의 상처와 육신의 질병으로 인하여 주님께로 나오지 못
하는 심령들이 있습니다. 주님께서 이 시간 친히 그들과 함께하여주
시고, 마음의 상처를 어루만져주시고, 질병으로 고통하는 심령들에게
는 주님이 치료하여주옵소서.

예4) 이웃을 위하여
하나님 아버지, 아직도 주님을 알지 못하고 죄악 가운데 헤매는 이
웃과 형제들을 위하여 기도합니다. 주님께서 저들에게 복음의 빛을
비추사 주의 밝은 빛으로 나오게 하시고, 예수님을 믿어 영생을 누리
는 복을 허락하옵소서. 헐벗고 굶주리는 우리의 이웃들도 있사오니,
주님께서 지켜 주시고, 그들에게 주님의 사랑으로 함께할 수 있는 저
희들이 되게 하옵소서.

예5) 나라를 위하여
거룩하신 하나님 아버지, 저희 나라를 지켜주옵소서. 이 나라와 통
치자와 나라살림을 맡은 모든 이들에게 하나님을 두려워하는 마음을
주시고, 순수한 마음으로 백성들을 섬기며, 잘사는 나라로 만들 수 있
는 지혜를 허락하여주옵소서. 이 땅에 불의와 부정이 사라지고, 남북
으로 갈라진 나라가 주님의 복음으로 통일되는 놀라운 역사가 일어나
게 하옵소서.

☞ 내가 다른 이들을 위해서 기도할 것들을 모두 적어보자.

①

②

③

④

⑤

⑥

⑦

⑧

⑧

⑨

⑩

☞ 간구할 내용으로 기도문을 작성해보자.

5) 믿음과 확신

가장 의미 있는 기도는 하나님에 대한 믿음(신뢰)에서 나온다. 예수
님께서는 마가복음 9장 23절에서 "할 수 있거든이 무슨 말이냐 믿는
자에게는 능히 하지 못할 일이 없느니라"고 말씀하셨다. 또한 요한복
음 15장 7에 "너희가 내 안에 거하고 내 말이 너희 안에 거하면 무엇
이든지 원하는 대로 구하라 그리하면 이루리라"고 하셨다.

기도는 확실한 믿음으로 해야 한다. 의심하면서 기도하는 것은 받
지 않으신다. 특히 대표로 기도하는 자가 하나님이 응답해주심을 믿
지 못한다면, 모든 회중들에게 불확실한 태도와 불신을 가지게 할 수
있다. 따라서 기도의 열매를 맺을 수 없을 것이다. 확신 있는 기도 생
활은 성령의 감동과 성령의 조명 아래 기록된 말씀과 예수 그리스도
의 이름으로 이루어진다. 그러므로 우리는 확실하게 믿고 기도하면
된다.

♣ 기도문 작성 연습

☞ 기도의 확신에 대한 문구를 작성해보자.

6) 예수의 이름으로

기도는 하나님께 하는 것이지만, 우리의 기도를 하나님께 구하여주시는 분은 예수 그리스도시다. 그러므로 우리는 기도하면서 응답에 대하여 염려하거나 걱정할 필요가 없다. 예수 그리스도께서 책임지시기 때문이다. 그러므로 우리는 기도를 '예수 그리스도의 이름으로' 하는 것이다.

이때 "우리의 기도를 들으시는 예수님의 이름으로"는 잘못된 표현이다. 왜냐하면, 우리의 기도를 들으시는 분은 하나님이시기 때문이다. 예수님은 우리의 기도를 하나님께 중보하는 역할을 하신다. 예수님의 이름으로 기도하는 것은 그리스도의 능력을 힘입어 기도한 것이며, 예수님 자신이 기도하는 것과 동일하게 되는 것이다. 그러므로 기도할 때, "우리의 기도를 들으시는 주여"라고 하는 것은, "우리의 기도를 들으시는 하나님"으로 하는 것이 옳은 표현이며, "우리의 기도를 들으시는 예수님의 이름으로"는 "예수님의 이름으로"로 표현하는 것이 좋다.

❖ 기도문 작성 연습

예1) 예수 그리스도의 이름으로 기도드립니다. 아멘.

예2) 우리를 구원하신 예수 그리스도의 이름으로 기도드립니다. 아멘.

예3) 십자가에 피 흘리사 우리를 구속하신 예수 그리스도의 이름으로 기도드립니다. 아멘.

☞ 기도의 마무리를 작성해보자.

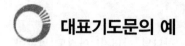 **대표기도문의 예**

1. 하나님 찬양

말씀으로 천지만물을 창조하신 하나님 아버지! 크신 사랑과 은혜에 감사와 찬양과 경배를 드립니다.

2. 감사

오늘도 거룩하고 복된 주일을 주셔서 하나님 앞에 예배드릴 수 있게 인도하여주시니 감사합니다. 이 시간 부족한 저희들이 몸과 마음과 정성을 다하여 신령과 진정으로 예배드리오니, 더욱 사랑하여주시고, 하나님의 음성을 듣게 하시며, 하나님의 크신 사랑을 깨닫는 귀한 시간이 되게 하여주옵소서.

3. 죄의 고백

자비로우신 하나님 아버지! 지난 일주일 동안도 하나님의 크신 사랑을 실천하지 못하고, 온전한 믿음으로 살지 못한 것을 부끄럽게 여기오니 용서하여주옵소서. 세상 욕심에 이끌려 주님의 사랑을 잊고 살았사오니 용서하여주시고, 주님의 말씀대로 사는 자녀가 될 수 있도록 인도하여주옵소서.

4. 간구

(1) 나라 - 대한민국을 사랑하시는 하나님 아버지! 아직도 남북이 분단되어 북한은 틈만 나면 핵을 가지고 위협하며 전쟁을 일으키려고 하오니, 북의 지도자들을 다스려주시고, 남북이 평화적으로 통일되어서 헤어졌던 민족이 다시 하나가 되어 평화롭게 살아갈 수 있게 하옵소서. 온 민족이 하나되어 함께 하나님을 경외하며 영광 돌리는 나라가 되도록 하여주옵소서.

(2) 교회 - 사랑이신 하나님 아버지! 우리 ○○교회를 세워주시고 오늘까지 인도하여 주심을 감사드립니다. 저희들이 부족하고 게을러서 주신 사명을 잘 감당하지 못하였사오니 용서하여주시고, 하나님이 바라시는 일들을 잘 감당할 수 있도록 도와주옵소서. 저희 교회가 성령충만해서 많은 영혼을 구원하게 하시며, 사랑과 은혜가 넘쳐서 복 받는 교회가 되게 하여주옵소서.

(3) 성도들, 고통당하는 이들, 이웃 등 - 사랑이신 하나님 아버지! 오늘도 우리 성도들을 일일이 기억하시고 사랑하여주시옵소서. 더욱 하나님을 의지하고 살아 승리하게 하여주시며, 각 가정마다 복주시고 돌보아주옵소서. 각 가정의 자녀들이 하나님의 말씀으로 양육되고, 공부도 잘하여 좋은 학교로 진학하게 하시며, 좋은 직장을 갖도록 인도하여주옵소서. 질병으로 고생하는 성도들을 주님이 고쳐주시고, 건강을 되찾아 기쁨으로 봉사하며, 하늘나라의 소망으로 살아가도록 인도하여주옵소서.

(4) 목사님 - 이 시간 말씀을 전하실 목사님에게 은혜를 더하시며, 말씀의 능력과 권세를 주옵소서. 선포되는 말씀을 저희 마음에

새겨서 세상에서 살 동안 넘어지지 아니하는 믿음의 뿌리가 되게 하여주옵소서.

5. 믿음과 확신

우리의 찬양을 기쁘게 받으시는 하나님 아버지! 찬양대의 찬양을 들으시고 홀로 영광을 받으옵소서. 하나님의 영광이 이 전에 가득하여 예배하는 모든 성도들이 성령님의 임재를 체험하는 귀한 시간이 되게 하여주옵소서.

6. 예수님의 이름으로

예수님의 이름으로 기도드립니다. 아멘.

Chapter 02

절기 예배를 위한
대표기도문

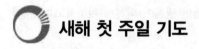 새해 첫 주일 기도

사랑과 은혜가 풍성하신 하나님 아버지!
저희들 새해에도 주님의 은혜 속에서 주님과 함께 한 해를 출발하
게 해주셔서 진심으로 감사드립니다.

하나님 아버지!
올 한 해도 저희들 변함없이 주님과 함께 살아가게 하시고 교회를
통해서 공급하시는 말씀과 은혜 속에서 사명과 책임을 다하도록 해주
옵소서!

새 술은 새 부대에 담듯이 새로운 믿음이 시작되는 오늘이 되게 하
시고 새로운 기도의 열매가, 새로운 성령의 열매가 맺어져 주님 앞에
충성을 다하는 저희들 되게 해주옵소서!

이 구원의 방주를 통해서 영의 양식을 깨끗한 생명수를 주님께로부
터 공급받게 하여주시고 이 주님의 집이 뜨거운 주님의 사랑의 용광
로가 되게 하여주옵소서!

또 우리 공동체가 기도하는 공동체 배움의 공동체 예배드리는 공동
체 나눔의 공동체가 되어서 더 깊은 성령 속에서 살아가게 하옵소서!

이 시간 또 말씀을 전하실 목사님께 능력의 말씀을 주셔서 천국에

서 일어나고 있는 모든 일을 체험한 믿음이 되게 하여주시고 이 시간을 통해서 은혜 받고 성령충만 받게 하여주옵소서!

오늘도 이 예배를 위해서 수고하는 찬양대와 교사로, 청소로 식당에서, 안내로, 차량 봉사로, 이 밖에도 보이지 않게 수고한 손길들을 찾아서 주님께서 위로해주시고 주님의 복으로 채워주옵소서!

이 시간 이 예배의 순서를 우리 주님께 맡기오며 이 모든 말씀을 우리 주님 예수님 이름으로 기도드립니다. 아멘.

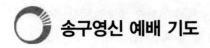

송구영신 예배 기도

세상을 창조하시고 시작과 마지막을 주시며 모든 역사를 주관하시는 전지전능하신 하나님 아버지!

다사다난했던 한 해도 마무리되고 새해를 주님과 함께 성령의 말씀으로 꿈과 희망과 소망을 가지고 출발할 수 있게 하여주셔서 진심으로 감사와 찬송을 드립니다.

하나님 아버지! 한 해를 살아오면서 해결하지 못한 무거운 짐들과 주님 앞에 순종하지 못하고 불순종한 무거운 죄와 짐을 이 시간 귀한 예배를 통해서 내려놓습니다. 우리의 잘못을 진심으로 반성하고 회개하고 뉘우치고 용서받는 거룩한 시간이 되게 해주시옵소서!

또 성령의 충만함 속에서 꿈과 희망과 주님의 말씀과 복을 가득히 받아서 출발하게 해주시옵소서!

하나님 아버지! 새로운 한 해를 이끌어 갈 귀한 목사님에게 주님의 성령으로 말씀과 지혜와 총명을 주시고 하늘의 큰 능력과 권세를 주옵소서!

주님의 성전을 통해 말씀과 능력과 지혜와 총명이 귀한 은혜를 공급해 주는 데 조금도 부족함이 없게 해주시옵소서!

하나님 아버지! 올 한 해 살아가면서 주님의 성전에서 공급되는 신령한 말씀과 복으로 주님의 지혜와 총명으로 살아가게 하시고 또 성전에서 공급되는 생명의 양식과 신비한 영의 양식으로 호흡하고 성령의 기쁨과 은혜 속에서 살아가게 하시옵소서!

하나님 아버지! 올 한 해도 저희들 주님께서 주시는 성령으로 하늘에서 주시는 영적 체험도 하게 하시며 주님의 반석 위에 집을 지어 세상에서 불어오는 기근과 지진과 홍수와 태풍에도 안전하게 살아가는 주님의 백성들이 되게 해주옵소서!

오늘도 이 예배를 위해서 수고하는 찬양대와 교사로, 식당 봉사로, 청소 안내 차량 봉사로, 이 밖에도 보이지 않게 봉사한 많은 손길이 있습니다.

우리 주님께서 한 사람 한 사람을 위로해주시고 하늘에서 주시는 큰 복으로 채워주옵소서!

오늘도 이 예배의 순서 순서를 주님께 맡기오며 이 모든 말씀을 거룩하신 예수님 이름으로 기도드립니다. 아멘.

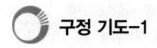

구정 기도-1

"네 시작은 미약하였으나 네 나중은 심히 창대하리라"(욥 8:7)고 하신 하나님 아버지!

항상 약한 자 편에 계시며 약한 자를 도우시고 그들에게 복을 주신 주님 그 옛날 우리에게 어려운 고난과 고통을 이기게 하시고 또 헐벗고 굶주리고 모진 가난을 이기게 하시며 우리를 복있는 삶으로 이끌어주신 주님!

오늘 이처럼 우리 하나님의 큰 복 속에서 그 지경을 넓혀 어느 때보다 넉넉하고 풍족한 속에서 고유의 명절인 설날을 보내게 하여주심을 진심으로 감사드립니다.

하나님 아버지! 그 동안 저희들은 우리 주님께서 이처럼 도와주신 큰 은혜를 잊어버리고 불순종한 요나처럼 그저 세상 재미따라 즐기면서 우리의 생각대로 살아왔습니다.

하나님 아버지! 이 시간 죄로 물든 우리의 삶과 허물을 주님 앞에 내려놓습니다.

우리 주님의 사랑으로 이 강퍅한 심령을 녹여주옵소서!

주님의 말씀을 통해서 주님의 모습으로 변화되게 해주시옵소서!

이 귀한 예배를 통해서 성령충만 받아서 우리의 마음에 새로운 변화가 일어나 진심으로 회개하고 뉘우치는 시간이 되게 하여주옵소서!

하나님 아버지! 이 시간 우리에게 주시는 그 귀한 믿음이 우리에게 주어진 사명과 책임을 감당하는 데 부족함이 없게 해주시옵소서!

하나님 아버지! 사순절 고난 주간을 맞아 우리 교회가 40일 특별기도회를 하고 있습니다.

하나님 아버지! 이번 사순절을 통해서 우리 주님의 그 고난의 의미를 깊이 깨달아 주님과 함께 근신하고 절재하며 참고 인내하며 기도하는 저희들이 되게 해주옵소서! 이 사순절을 통해서 주님과 함께 깨어 기도하는 저희들이 되게 해주옵소서! 고난이 없는 믿음은 튼튼한 기초를 쌓을 수 없고 좋은 열매를 맺을 수 없다는 것을 압니다. 주님의 그 고난을 통해서 저희들이 주님과 고난을 함께하면서 주어진 사명과 책임을 다하도록 해주옵소서! 주님 앞에 엎드려 기도하면서 간절한 부르짖음으로 성령의 열매가 맺어지도록 해주시옵소서!

하나님 아버지! 우리 교회가 이번 기도회를 통해서 튼튼한 믿음의 반석 위에 세운 교회가 되어서 어떠한 어려움 속에서도 흔들림이 없이 성장하는 튼튼한 교회가 되게 해주시옵소서!

오늘도 예배의 시종을 주님께 맡기오며 거룩하신 예수님 이름으로 기도드립니다. 아멘.

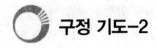

구정 기도-2

절기를 지키고 나를 기억하라고 하신 하나님!

우리에게 고유의 명절을 주시고 그 절기를 지금까지 즐기면서 지키게 하여주신 하나님 아버지께 감사기도를 드립니다.

이스라엘 민족에게 유월절을 지키라고 하시며 그 날을 맞이하여 그 민족이 고통과 고난을 겪었던 과거의 역사를 기억하고 또 그들에게 광복을 주시며 이끌어주신 하나님 아버지를 기억하고 섬기게 하시며 택한 백성으로 삼으신 것을 감사드립니다.

이제까지 우리 민족도 그와같이 이끌어주신 하나님 아버지 감사합니다. 36년 동안 일본의 압재와 식민통치 속에서 우리 민족을 해방과 광복으로 이끌어내시고 또 그 후에 동족상잔 6 · 25전쟁 속에서도 우리 민족을 구원하여주신 하나님 아버지께 진심으로 감사와 찬송을 드립니다. 하나님 아버지! 우리 민족은 6 · 25 전쟁의 폐허 속에서도, 전쟁의 잿더미 속에서도, 가난과 혼란 속에서도, 갈등과 분쟁 속에서도, 시련과 좌절 속에서도, 절망과 비극 속에서도 우리 민족에게 희망을 주시고 용기를 주셔서 다시 일어서게 하시며 안정을 찾게 해주셔서 감사합니다. 이제 우리 대한민국은 세계 10대 경제대국으로 수출 한국으로 눈부시게 발전할 수 있게 되었습니다. 이렇게 이끌어주시고 축복해주신 하나님 아버지께 진심으로 감사드립니다.

하나님 아버지! 이번 구정 명절을 통해 일가 친척들이 모여서 이제까지 우리를 도와주신 하나님 아버지를, 우리 민족을 축복해주신 하나님 아버지를 기리며 감사하며 하나님을 공경하는 민족이 되게 해주시옵소서! 하나님 아버지! 고유의 명절을 통해서 우리가 못살았고 헐벗고 가난하고 고생하면서 살았던 그 고난의 역사를, 그 가난의 역사를 잊지 않고 살아가게 하옵소서! 약속의 땅, 젖과 꿀이 흐르는 땅, 축복의 땅, 가나안 땅이 우리 농토가 되게 해주시옵소서! 또 다시 한 번 부모님의 그 믿음과 신앙을 기리면서 자자손손 오늘 아브라함의 후손들처럼 믿음의 형제들이 번성하고 번창해가는 자손들이 되게 해주시옵소서! 이 예배를 위해서 수고하는 찬양대, 주일학교 교사로, 식당에서, 또 안내로 봉사하는 여러 손길들이 있습니다. 우리 주님께서 그들의 수고를 하늘의 큰 복으로 채워주옵소서!

오늘도 예배의 시종을 주님께 맡기오며 거룩하신 예수님 이름으로 기도드립니다. 아멘.

3 · 1절 기념주일 기도-1

> 내 사랑하는 자들아 너희가 친히 원수를 갚지 말고 하나님의 진노하심에 맡기라 기록되었으되 원수 갚는 것이 내게 있으니 내가 갚으리라고 주께서 말씀하시니라 네 원수가 주리거든 먹이고 목마르거든 마시게 하라 그리함으로 네가 숯불을 그 머리에 쌓아 놓으리라 악에게 지지 말고 선으로 악을 이기라 (롬12:19-21)

역사를 주관하시는 하나님 아버지! 일제 치하에서 우리 민족의 가장 단결된 힘, 3 · 1운동, 비폭력 항거 그 고통과 고난의 역사 속에서도 우리에게 이처럼 독립과 자유와 번영과 축복으로 인도하신 하나님 아버지께 진심으로 감사와 찬송을 드립니다.

선조들의 피와 땀과 희생과 죽음으로 독립을 주신 이 나라, 주님께서 지켜주신 그 은혜가 헛되지 않게 하여주옵소서!

주님의 튼튼한 믿음의 반석 위에 세우신 이 나라가 되게 해주시옵소서!

또 이 민족이 하나로 뭉쳐서 단결하게 하옵소서!

합심의 기도를 통해서 우리 주님께서 응답하시고 함께하셔서 이 땅에 주님의 나라가 오게 하여주옵소서!

이 민족이 튼튼한 국력과 복에 복을 받고 사는 이 민족이 되게 해주시옵소서!

다시는 이 민족이 외부의 침략을 받지 않도록 튼튼한 주님의 반석 위에 세우신 나라가 되게 해주옵소서!

이 민족이 일제치하에서 고통과 고난당하였던 것처럼 우리 주님께서 고통과 고난을 당하시던 고난주간을 맞이했습니다.

우리 주님께서 고난과 고통을 당하실 때 우리를 위해 기도하셨습니다. 또 겸손과 순종으로 용서와 화해와 사랑과 희생으로 묵상하고 기도하며 너희들도 항상 나와 함께 깨어있으라 하셨습니다.

주님 이 시간 저희들도 우리 주님과 같이 고난을 같이하며 앞으로 다가올 십자가를 생각하면서 주님과 그 공포와 긴장과 고통을 함께 나누며 경건한 마음으로 기도하며 겸손히 다음을 준비하는 저희들이 되게 해주옵소서!

하나님 아버지! 이 시간 이 귀한 예배를 통해서 세상에서 지은 죄 사도 바울의 말씀처럼 세상에서 악의가 가득한 자요 시기 살인 분쟁 갈등과 분쟁에서 살아왔지만 주님앞에 나옵니다.

그 동안 우리 주님의 마음에 큰 상처로 남은 죄, 모든 죄를 이 시간 주님 앞에 내려놓습니다. 저희들 하나하나 기억하면서 회개하고 뉘우치고 반성하고 용서받는 시간이 되게 해주시옵소서!

하나님 아버지! 이 시간 우리 목사님께서 전해주실 성령의 능력의 말씀을 통해 은혜 받고 성령충만 받아서 주님을 만나게 해주시옵소서!

성령 속에서 기도해서 근심, 걱정, 병들고, 고통받고 고난당하는 것들과 세상에서 해결하지 못한 어려운 일들을 이 시간 주님께서 주시는 성령과 권능을 통해서 깨끗이 해결하여 주옵소서.

하나님 아버지! 하늘에서 주시는 그 말씀을 통해서 은혜를 받고 성령충만 속에서 큰 믿음을 얻게 하여주옵소서! 귀한 믿음을 통해서 세상의 그 고난과 고통을 이기며 세상 유혹과 시험을 이기는 저희들 되게 해주시옵소서!

예배의 시종을 주님께 맡기오며 거룩하신 예수님 이름으로 기도드립니다. 아멘.

3 · 1절 기념주일 기도-2

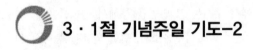

> 너희는 먼저 그의 나라와 그의 의를 구하라 그리하면 이 모든 것을 너희에게 더하시니라 (마 6:33)

하나님 아버지! 오늘은 91주년을 맞이하는 3 · 1절입니다.

91년 전 오늘 우리의 애국지사들 33인이 주최가 되어 일본의 독제와 강압 식민통치에 항의하고 우리의 자주 독립선언서를 발표하고 독립의사를 세계만방에 알린 우리 민족의 가장 큰 민족정신과 강력한 민족의 힘을 세계만방에 알린 날입니다.

유관순 열사를 비롯해서 우리 기독교인들이 주최가 되어 조직적으로 민족 대 연합전선을 이루어 "우리의 소원은 통일 독립"을 외쳤던 그 날 일본의 총칼 앞에 무참히 처형되면서 맨주먹 붉은 피로 저항하던 오늘 그 애국지사들의 수고와 땀이 헛되지 않게 하여 주심을 감사드립니다.

"여호와가 이같이 말하노라 용사의 포로도 빼앗을 것이요 두려운 자의 빼앗은 것도 건져낼 것이니 이는 내가 너를 대적하는 자를 대적하고 네 자녀를 내가 구원할 것임이라"(시: 49:25).

우리 민족을 일제의 치하에서 건져내시며 해방시켜 주신 하나님 아버지, 우리 민족을 불쌍히 보시고 앞으로도 붙잡아주시며 하나님을 믿는 백성이되고 주님의 강한 능력의 품에서 움직이는 민족이 되게 해주시옵소서!

91년 전 오늘 일제치하에서 총칼 앞에 독립운동을 한 우리 위대한 독립투사들과 애국지사들을 우리 주님께서 이 시간 기억하시고 그들의 애국정신을 오늘 헛되지 않게 하시사 그들의 민족정신을 우리가 본받게 하옵소서!

하나님 아버지, 오늘 그들의 희생정신이 헛되지 않도록 화합된 모습으로 이 나라가 경제, 정치, 국방, 사회가 더 튼튼하고 국력을 튼튼하게 지켜나가도록 해주시옵소서!

또한 이 나라 이 민족을 더 크게 사용해주시옵소서!

이 나라를 식민통치와 독제강압정치 총칼로 우리에게 고통을 준 일본도 반성하고 회개하게 하옵소서!

그들 민족도 이제 회개하고 하나님을 믿는 민족이 되게 해주시옵소서! 하나님께로 돌아와서 구원받고 살아가는 백성이 되게 해주시옵소서!

오늘도 예배의 시종을 우리 주님께 맡기오며 거룩하신 예수님 이름으로 기도드립니다. 아멘.

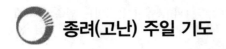 종려(고난) 주일 기도

> 모든 기도와 간구를 하되 항상 성령 안에서 기도하고 이를 위하여 깨어 구하기를 항상 힘쓰며 여러 성도를 위하여 구하라 (엡 6:18)

"내 마음이 심히 고민하여 죽게 되었으니 너희는 여기 머물러 깨어 있으라."

독생자 예수그리스도를 십자가에 못 박기까지 사랑하신 하나님 아버지 감사합니다.

겟세마네 동산에서 울며 기도하면서 너희는 나와 함께 깨어 있으라고 하신 주님!

슬퍼하시고 통곡하면서 부르짖는 주님의 음성으로 이 시간 잠자고 있는 우리의 영혼을 깨우게 하옵소서!

이 시간 죽어가는 우리 영혼을 깨워주옵소서!

우리 주님의 그 부르짖음이 지금 갈등하고 미워하고 분쟁하는 우리에게 진정한 평화로 이루어지게 하옵소서!

주님의 나라가 오게 하여주옵소서! 이 시간 주님께서 겟세마네 동산에서 이웃을 사랑하고 가족을 사랑하신 그 희생과 사랑을 땅에서 이루어지게 하옵소서!

마지막 땀 한 방울 마지막 피 한 방울까지도 우리를 위해서 베푸신 주님!

주님이 고통을 당하시며 슬퍼할 때에 저희들 진심으로 기도하며 성령충만 받도록 해주시옵소서!

저희들 이 시간 주님의 그 사랑과 희생, 온유와 겸손으로 변화되게 해주시옵소서!

하나님 아버지! 이 고난주간 기도 가운데서 은혜를 받고 성령충만 받아서 주님께서 우리에게 주신 그 사명과 책임을 감당하는 데 부족함이 없게 해주시옵소서!

주님! 고난주간동안 기도 가운데서 우리의 죄를 자복하고 회개하는 저희들 되게 해주시옵소서!

하나님 아버지! 목사님께서 주시는 귀한 성령의 말씀을 통해 은혜를 받고 성령충만 받아서 주님의 그 고난과 고통에 동참해서 주님의 뜻을 이루는 저희들 되게 해주시옵소서!

귀한 성령의 말씀이, 그 능력의 힘과 역사가 세상의 믿지 않는 수많은 영혼들을 흔들어 깨워서 우리 교회가 초대교회처럼 부흥하고 발전하는 교회가 되게 해주시옵소서!

하나님 아버지! 저희들 고난주간을 통해 배우며 교제하는 공동체, 기도하며 경건한 공동체, 일하며 나누는 공동체가 되게 해주시옵소서!

또 예배하며 참 기쁨을 누리는 공동체가 되게 해주시옵소서!

초대교회처럼 아름다운 교회가 되게 해주시옵소서!

오늘도 예배의 시종을 주님께 맡기오며 거룩하신 예수님 이름으로 기도드립니다. 아멘.

고난주간 기도

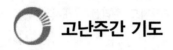

> 여호와가 이같이 말하노라 용사의 포로도 빼앗을 것이요 두려운 자의 빼앗은 것도 건져낼 것이니 이는 내가 너를 대적하는 자를 대적하고 네 자녀를 내가 구원할 것임이라 (사 49:25)

저희를 구원하시려고 예수님의 고난을 주신 하나님 아버지! 이 세상의 많은 사람들 중에서도 가장 부족한 저희들을 불러모으시고 주님이 택한 백성으로 삼아주시며 주님을 통해서 은혜와 복을 받게 하여주심을 진심으로 감사와 찬송을 드립니다.

사랑으로 오신 주님! 이 시간 우리의 심령에 찾아오셔서 그 동안 세상 살면서 주님의 그 말씀과 뜻을 어기고 살아온 이 강퍅한 심령을 치료하여주옵소서!

주님의 사랑으로 용서하여주옵소서!

주님의 성령으로 바꾸어주시옵소서!

주님의 그 모습 그 얼굴로 변화되게 해주시옵소서!

주님께서 우리의 영혼을 구원해주시고

주님의 영을 통해 새 생명으로 탄생하게 해주시옵소서!

하나님 아버지! 사순절입니다.

사순절을 통해서 고난 속에서 주님과 같이 깨어 있는 저희들 되게 해주시옵소서!

주님과 같이 기도하고 고민하고 고난과 고통을 함께 나누며 우리 주님께서 가시는 그 길에 동참하는 저희들 되게 해주시옵소서!

그 고난과 고통을 이 시간 함께 나누어서 우리 주님의 사람으로 가장 믿을 수 있고 일할 수 있는 동역자가 되게 해주시옵소서!

주님께서 우리에게 하신 말씀 "오직 성령이 너희에게 임하시면 너희가 권능을 받고 예루살렘과 온 유대와 사마리아와 땅끝까지 이르러 내 증인이 되리라"(행 1:8)하신 그 사명과 책임을 다할 수 있는 저희들 되게 해주시옵소서!

하나님 아버지! 이번 사순절을 통해서 우리 교회가 어떠한 감당하기 어려운 고난과 고통이 있어도 주님을 통해서 기뻐하고 사랑하고 주님의 그 인내와 사랑으로 서로를 위로할 수 있는 공동체가 되게 해주시옵소서!

하나님 아버지! 주님의 고난과 고통이 우리의 믿음에 반석이 되게 해주시옵소서!

앞으로 우리가 세상에서 살 때도 어떠한 역경과 불가능 속에서도 이를 극복하는 강한 의지와 힘, 강한 용기와 희망을 가질 수 있도록 해주시옵소서!

하나님 아버지! 이 시간 말씀을 선포하실 우리 목사님께 성령의 힘을 더해주시고 주님의 능력과 지혜를 주셔서 사도 바울과 같은 큰 일꾼으로 귀한 사명을 감당하는 사역자가 되게 해주시옵소서!

예배의 시종을 주님께 맡기오며 이 모든 말씀을 거룩하신 예수님 이름으로 기도드립니다. 아멘.

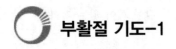

부활절 기도-1

> 내가 진실로 진실로 너희에게 이르노니 내 말을 듣고 또 나 보내신 이를 믿는 자는 영생을 얻었고 심판에 이르지 아니하나니 사망에서 생명으로 옮겼느니라 (요 5:24)

우주만물을 창조하시고 우리 인간을 하나님 아버지의 형상대로 창조하셔서 독생자 예수님을 보내주시고 이 땅에서 가장 큰 하나님의 계획과 뜻, 십자가에서 돌아가시고 그 사망권세를 이기게 하신 부활하신 우리 주님을 이 시간 진심으로 믿으며 그 부활의 기쁨과 영광을 하나님께 올려드립니다.

부활하셔서 먼저 갈릴리에서 제자들에게 나타나시며 머리에는 가시면류관 허리에는 창자국 손에는 못자국으로 부활하신 주님을 보여주셨듯이 이 시간 저희들 하늘의 신령한 말씀을 통해 은혜를 받고 성령충만 받아서 부활의 우리 주님을 가장 가까이서 볼 수 있게 하여주옵소서!

또 부활하신 큰 기쁨을 누리고 고난을 이기신 주님의 용서와 사랑, 겸손과 온유의 성품으로 살아가는 저희들 되게 해주시옵소서!

강퍅하고 허물과 죄로 죽었던 이 죄인들 십자가에서 흘리신 그 보혈의 공로로 씻김 받게 하시고 구원의 기쁨을 누리는 저희들 되게 해주시옵소서!

또 우리 주님께서 그토록 원하시고 몸소 실천하시고 승리의 근원이 되신 사랑과 희생과 용서와 화합으로 낮고 겸손한 저희들의 삶이 되게 해주시옵소서! 저희들 주님의 부활을 통해 내가 먼저 용서하고 사랑하고 화합하는 겸손한 자가 되게 하시며 그런 이웃이 되게 하시며 우리 가정되게 해주시옵소서!

또 우리 교회가 기도하며 일하며 배움에 아름다운 공동체가 되게 해주시옵소서!

이 시간 합심하여 기도할 때 우리의 마음을 움직이시고 변화시키셔서 죽어간 우리의 영혼이 부활하게 하옵소서!

병으로 고난과 고통받는 모든 사람들에게는 마음에 평안과 건강을 찾는 성령에 역사가 있게 해주시옵소서!

또한 세상에 잠들고 있는 영혼들을 흔들어 깨우는 성령충만한 기도와 큰 능력이 나타나는 우리 교회가 되게 해주시옵소서!

하나님 아버지! 이 시간 예배를 위해서 봉사하는 찬양대와 주일학교 교사, 식당, 그 밖에 여러 손길들이 있습니다. 정성을 모아 수고할 때마다 위로와 하늘의 신령한 복으로 채워주옵소서!

오늘도 예배의 시종을 우리 주님께 맡기며 거룩하신 예수님 이름으로 기도드립니다. 아멘.

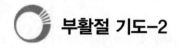

부활절 기도-2

예수께서 이르시되 나는 부활이요 생명이니 나를 믿는 자는 죽어도 살겠고 무릇 살아서 나를 믿는 자는 영원히 죽지 아니하리니 이것을 네가 믿느냐 (요 11:25:-26)

허물과 죄로 죽었던 저희를 살리신 하나님 아버지!

주님의 부활 저희는 부활을 주심을 감사합니다.

부활이요 생명이요 사망권세를 이기신 주님!

십자가에서 다시 사신 주님!

죄로 말미암아 죽을 수밖에 없는 저희들을 위해서 사랑과 고난과 희생으로 십자가에서 못 박혀 죽으시고, 그 사망권세를 보혈의 피로 씻김 받아서 저희들을 새 생명으로 탄생하게 하여주셔서 진심으로 감사와 찬송을 드립니다.

"나를 따라오라 내가 너희를 사람을 낚는 어부가 되게 하리라"(마 4:19)하신 우리 주님의 능력의 권한에 두어서 저희를 하늘의 일꾼으로 써주시옵소서!

이 시간 우리 주님께서 가르치신 말씀과 주님께서 베푸신 기적과 이적을 통해서 우리에게 주어진 사명과 충성을 다하여 이 땅에서 주님의 나라를 이루게 하옵소서!

버려진 병자를 고치시고 그들에게 능력 주셔서 복음의 일꾼으로 써 주신 사역들을 저희들도 이 땅에서 우리 주님을 대신하여 기적을 베풀게 하옵소서!

믿음으로 주님 앞에 그 사명과 책임 잘 감당하는 저희들 되게 해주시옵소서. 충성을 다하는 저희들 되게 해주시옵소서!

부활하셔서 이 시간도 함께 계시는 주님을 믿음으로 저희들 더욱더 기도하는 공동체가 되게 해주시옵소서!

우리 교회가 예배드리는 공동체, 배우는 공동체, 주님의 그 사랑을 나누는 아름다운 공동체가 되게 해주시옵소서!

성령이 너희에게 임하시면 온 유대와 사마리아 땅 끝까지 이르러 주님의 증인이 되리라고 하신 말씀처럼 저희들이 그런 삶을 살 수 있도록 도와 주시옵소서!

이 시간 저희들 합심해서 기도하여 성령 강림으로 일어나게 하옵소서!

회개의 운동이, 말씀의 운동이, 전도의 운동이 일어나게 하옵소서!

이 시간 또 이 예배를 위해서 봉사하는 찬양대, 교사로, 식당 봉사로, 차량으로 봉사하는 그 밖의 여러 손길들이 있습니다.

정성을 모아 수고할 때마다 위로와 하늘의 신령한 복으로 채워주옵소서!

이 모든 말씀을 거룩하신 예수님 이름으로 기도드립니다. 아멘.

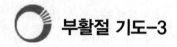

부활절 기도-3

이를 놀랍게 여기지 말라 무덤 속에 있는 자가 다 그의 음성을 들을 때가 오나니 선한 일을 행한 자는 생명에 부활로 악한 일을 행한 자는 심판의 부활로 나오리라 (요 5:28-29)

얼었던 땅을 녹여주시고 새 생명의 영을 온 만물 위에 부어주신 하나님 아버지!

"나는 부활이요 생명이니 나를 믿는 자는 죽어도 살겠고 무릇 살아서 나를 믿는 자는 영원히 죽지 아니하리니 이것을 네가 믿느냐"(요 11:25-26).

부활하신 우리 주님을 믿습니다.

일찍부터 하나님께서 우리에게 주신 약속이며 언약으로 하나님의 뜻이 이루어진 이 부활로 인하여 하나님 앞에 큰 영광을 돌립니다.

우리에게 새로운 소망과 기쁨과 생명을 주신 하나님 아버지께 진심으로 감사와 찬송을 올려 드립니다.

하나님 아버지께서 독생자 예수님을 보내주시고 우리를 위하여 십자가에서 못 박혀 죽으시며 다시 부활하게 하신 이 모든 일들이 아버지의 계획과 뜻대로 하늘에서 이루어졌으니 우리가 사는 이 땅에도 하나님의 뜻이 이루어지고 하나님의 나라가 오게 하여주시옵소서!

오늘 우리에게 부활과 생명과 소망의 기쁨을 주신 하나님 아버지, 이 시간 저희들이 이 예배를 통해서, 목사님께서 전하시는 귀한 성령의 말씀을 통해서 은혜 받고 성령충만 받도록 해주시옵소서!

우리 교회가 초대교회처럼 기도하는 공동체, 배움의 공동체가 되게 해주시옵소서!

예배드리는 공동체, 교제하는 공동체로 아름답게 성장해 나가게 하여주옵소서!

"오직 성령이 너희에게 임하시면 너희가 권능을 받고 예루살렘과 온 유대와 사마리아 땅 끝까지 이르러 내 증인이 되리라"(행 1:8)고 하신 주님! 그 사명에 책임과 충성을 다하는 저희들 되게 해주시옵소서!

이 시간 저희들에게 주님의 능력과 지혜와 권세와 감동의 말씀을 주시고 하늘에서 일어나는 신비한 능력의 힘을 주시옵소서!

주님께서 우리에게 주신 그 사명과 맡겨주신 달란트를 잘 감당하는 저희들 되게 해주시옵소서!

세상에서 정욕과 향락, 쾌락과 방탕, 거짓과 시기와 질투, 사탄의 유혹 속에서 살아온 저희들이옵니다. 이 시간 저희들, 세상에서 지은 그 죄와 허물을 주님의 십자가 앞에 내려놓습니다. 자복하고 회개하며 주님의 그 어린양 보혈의 피를 받고자 주님께로 나아가오니 저희들의 손을 붙드사 깨끗하게 해주시옵소서!

이 모든 말씀을 거룩하신 예수님 이름으로 기도드립니다. 아멘.

부활절 기도-4

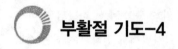
생명의 하나님! 감추어 있던 생명들을 따스한 빛으로 탄생시키시고 생육하고 번성하게 하시며 우리에게 충만한 생명으로 채워주신 하나님 아버지! 저희들에게도 우리 주님의 희생과 사랑의 새 생명을 통해서 영혼의 생명을 얻게 하여주신 것을 진심으로 감사드립니다.

주님의 부활로 우리는 진정 소망과 큰 기쁨과 생명을 얻었습니다. 이 세상허물과 죄로 말미암아 죽었던 저희들을 위해 주님께서 혼자 짐 지셨습니다. 십자가에서 그 귀한 피를 흘리시며 희생하셨습니다. 주님의 부활은 큰 희망이며 절망과 좌절, 시련과 고통으로 실패하고 희망없는 죄인들에게 새로운 희망을 주셨습니다.

이 모든 기쁨을 세상에 알리고 전하여 이 땅에 우리 주님의 나라가 오는 데 우리가 쓰임 받게 해주시주옵소서!

그리하여 땅 끝까지 그리스도의 증인이 되는 주님의 귀한 일꾼이 되게 해주시옵소서!

주님의 그 부활의 권세와 특권을 우리에게 주셨으니 주님과 함께 기도하며 깨어 있도록 인도해주시옵소서!

주님의 말씀 속에서 은혜 받고 성령충만 받는 오늘 이 부활절이 되게 해주시옵소서!

이 시간 예수님께서 십자가에서 다시 사신 이 부활의 기쁨을 이 땅에서 전하고 또 증인이 되는 저희들 되게 해주시옵소서!

오늘 하늘의 능력과 권세로 말씀을 주시고 체험과 은혜를 받도록 인도해주시옵소서!

주님의 말씀 가운데 성령충만 받아서 오늘 부활하신 주님을 만날 수 있게 하여주옵소서!

손에 못 자국, 머리에 가시면류관, 허리에 창자국이 있는 부활의 주님을 우리가 볼 수 있게 하시며, 또 만져보는 체험과 은혜를 허락해주시옵소서!

오늘 이 부활절날 우리 주위에는 병들고 슬프고 가난하고 약하고 고통받고 어렵고 불쌍하게 살아가는 이웃들도 있습니다.

오늘 부활하신 우리 주님께서 이들과 함께하시고 그 불쌍한 손을 잡아 일으키시어 건강을 주시고 강한 힘을 주시고 슬픔을 달래주시어 가난한 모든 자들이 복에 복을 받는 이 부활절이 되게 해주시옵소서!

이 모든 말씀을 거룩하신 예수님 이름으로 기도드립니다. 아멘.

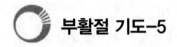

부활절 기도-5

만물을 소성케 하시며 성장케 하시는 전지전능하신 하나님 아버지!

오늘도 우리 주님을 만나는 귀한 시간을 허락해주시고 주님의 부활의 빛을 우리에게로 비추사 죽어가는 우리의 영혼을 소생케 하여주시며 주님의 사랑과 용서로 감싸주신 것을 진심으로 감사드립니다.

오늘도 이 예배를 통해서 주님의 마음을 아프게 했고 고통을 주어 십자가에 못 박게 했던 저희들 세상에서 교만하고 오만하고 타락하고 방탕하게 살아온 죄악을 진심으로 반성하고 회개하오니 용서하여 주옵소서.

이 시간 주님이 계시는 이 예배를 통해서 주님께서 역사하시는 성령으로 신비한 체험과 큰 소망을 갖게 해주옵소서.

부활의 생명의 강이 되게 해주옵소서.

뜨거운 예배를 통해서 뜨거운 성령 안에서 기도의 용광로가 되게 해주옵소서.

사탄 마귀 세상의 것은 다 태워지고 없어지고, 주님께서 주시는 말씀과 믿음으로 세상을 이기는 강하고 담대한 주님의 사람만 남게 해주옵소서.

오늘도 세상에서 병으로 고통받고, 또 좌절하고 실패하고 고민하며 살아가는 사람들이 있습니다.

주님께서 역사하신 성령과 기도와 은혜와 기쁨 안에서 치료하여주옵소서. 새로운 건강과 희망과 꿈을 갖게 하여 주옵소서.

이 시간 말씀을 전하실 목사님 귀한 천국의 말씀 속에서 성령의 폭

포수를 만나게 하여주시고 성령충만 받는 은혜의 시간이 되어서 오순
절 다락방에 임한 성령감림이 임하게 하여주옵소서

예수님 이름으로 기도드리옵나이다. 아멘!

성령강림 주일 기도

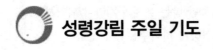

> 그 말은 받은 사람들은 세례를 받으매 이 날에 신도의 수가 삼천이나 더하더라 그들이 사도의 가르침을 받아 서로 교제하고 떡을 떼며 오로지 기도하기를 힘쓰니라 (행 2:41-42)

우리에게 말씀과 성령님을 주신 하나님 아버지!

오늘도 이 귀한 예배를 통해서 충만한 말씀과 기도하는 저희들 되게 해주시옵소서!

기도의 영이 열리게 하시고 기도의 문이 열리게 하옵소서!

둔한 입술이 열리고 둔한 말문이 열려서 오로지 말씀과 성령충만 속에서 기도하는 저희들 되게 해주시옵소서!

이 기도를 통해서 회개하고 뉘우치고 반성하는 저희들이 되게 해주시옵소서.

이 귀한 예배의 말씀을 통해서, 간절한 간구와 기도를 통해서 주님을 붙잡게 하시고 우리가 주님안에 거하는 삶을 살게 하여 주옵소서.

우리가 주님의 진정한 동반자가 되게 해주옵소서!

교회를 박해하고 믿는 사람들을 죽이고 스데반 집사를 돌로 쳐 죽인 살인자 중에 살인자인 사울에게 주님을 박해했던 사울에게 나타나신 주님! 이 시간 저희들에게도 보여주옵소서!

성령이 임하셔서 회개하는 저희들 되게 해주옵소서!

이 거룩한 예배를 통해서, 저희들의 간곡한 회개의 기도를 통해서 이곳에 오셔서 "내가 바로 너희들이 믿는 예수"라고 말씀하시는 주님의 음성을 듣게 하여 주옵소서.

이 시간 부족한 저희들을 우리 주님께서 살아 있는 증인으로 써주시옵기를 원하옵나이다.

살아 계신 주님, 우리 교회가 5월 30일날 총동원 주일을 갖습니다. 간절한 기도를 들어주시사 하늘의 권능과 능력의 말씀을 주시옵소서! 그 날에 세상의 많은 사람들이 우리 교회로 모여서 권능과 능력의 말씀을 듣고 은혜를 받고 성령충만 받게 하여주옵소서!

초대교회처럼 앉은뱅이가 일어나고 많은 병자들이 힘을 얻고 건강하게 일어서서 걸어가는 기적의 역사가 일어나게 하옵소서! 또 고통받고 고난받고 살아가는 사람들 마음에 평안과 부활의 참기쁨으로 살아가게 인도해주시옵소서!

그 날에 주님의 능력의 말씀을 통해서 많은 사람들에게 기적이 일어나고 기사와 표적이 일어나서 주님을 만나고 믿고 회개하는 큰 역사가 있게 하여주옵소서!

세상의 많은 믿지 않는 우리의 형제들이 진심으로 회개하고 구원받는 큰 성령의 역사가 있게 하여주옵소서!

오늘도 예배의 시종을 우리 주님께 맡기오며 거룩하신 예수님 이름으로 기도드립니다. 아멘.

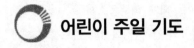 ## 어린이 주일 기도

모든 성경은 하나님의 감동으로 된 것으로 교훈과 책망과 바르게 함과 의로 교육하기에 유익하니 (딤후 3:16)

어린아이와 같이 순결하기를 원하시는 하나님 아버지!

특별히 오늘은 어린이 주일로 지키게 하여주심을 감사드립니다.

아이들이 어려서부터 주의 말씀을 배우게 하시고 그 말씀으로 훈계하시며 바르게 자라 지식과 인성이 풍부하게 하시며 믿음으로 구원받고 살아가게 하여 주심을 감사드리옵나이다.

세상에는 좋은 말들과 아름다운 문장들, 사람을 유쾌하게 하는 유머와 시와 수필집도 많이 있지만, 세상의 그 말들은 잠깐 우리를 즐겁게 할 뿐임을 알게 하여 주시니 감사합니다.

이 시간 저희들에게 하나님의 감동의 말씀, 인간을 변화시키고 구원시키는 진리의 말씀, 기쁨과 소망을 주시는 말씀, 바르게 함과 교훈과 책망과 지혜와 총명의 말씀, 지식과 명철의 말씀, 하나님의 진리의 말씀, 예수님을 만나고 회개하고 구원받는 말씀들을 주시옵소서!

하나님의 말씀을 보게 하시고 외우게 하시고 읽게 하셔서 우리 주의 어린이들이 하나님의 진리 안에서 자라게 하옵소서!

성경책 안에 있는 아름다운 말씀들로 우리를 감동하게 하시고 변화시키고 회개시키고 우리의 길을 인도하는 말씀들, 지혜의 말씀, 지식과 명철의 말씀, 하늘에서 귀하고 세상에는 없는 귀하고 좋은 말씀들을 저희들이 듣고 은혜받게 하여 주시옵소서.

우리 주님의 말씀을 통해서 정직하고 진실하며 정의롭게 승리하는 삶을 살도록 하옵소서!

그 말씀들로 고난과 고통을 극복하게 하옵소서!

어떠한 어려움과 극한 상황에서도, 어떠한 실망과 좌절 속에서도 이기며 승리하게 하옵소서!

이러한 말씀들이 우리의 자녀들을 양육하고 훈계하며 교육하며, 우리 이웃들을 가르치며, 우리 친구들을 주님께로 인도하는 정의로운 주님의 나라로 만들어나가는 저희들 되게 해주시옵소서!

은혜 받고 성령충만 받는 능력의 말씀을 주시옵소서!

주님의 능력으로 세상을 변화 시키고 많은 사람들을 감동시키고 주님을 만나는 구원에 이르도록 허락하시옵소서!

우리의 생각 속에 하늘의 말씀이 가득 차서 말씀에 감동되고 그 아름다운 말씀들이 다 우리 입을 통해서 나오게 하옵소서!

이시간 주시는 모든 말씀에 순종하는 삶으로 인하여 하나님께만 영광이 되게 하여 주옵소서.

이 모든 말씀을 거룩하신 예수님 이름으로 기도드립니다. 아멘.

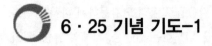

6 · 25 기념 기도-1

> 내가 하나님 여호와께서 하실 말씀을 들으리니 무릇 그의 백성, 그의 성도들에게 화평을 말씀하실 것이라 그들은 다시 어리석은 데로 돌아가지 말지로다 (시 85:8)

꺼져가는 불도 끄지 않으시며 상한 갈대도 꺾지 않으시는 하나님 아버지! 6 · 25전쟁 속에서도 우리 민족을 구원해주시고 이처럼 큰 행복과 풍성함과 사랑과 자유 속에서 살아갈 수 있게 모든 역사를 주관하여 주신 하나님 아버지께 진심으로 감사와 영광을 올려드립니다.

하나님 아버지! 오늘은 6 · 25전쟁이 일어난 지 꼭 반세기가 지난 날입니다.

동족상잔이란 그 전쟁에서 수많은 건물과 교회가 불타고, 수많은 성도들이 무참히 처형되고 또 수많은 젊은이들과 양민들이 처형되고 희생되는 큰 비극이 있었습니다.

하나님 아버지! 월드컵을 통하여 우리 민족은 무엇이든지 해낼 수 있다는 우수한 단결 정신과 3 · 1운동의 독립정신이 하나로 뭉쳐서 지금 묵묵히 국력을 기르게 하옵소서!

이 민족이 강한 민족이 되게 해주시옵소서! 다시는 이 땅에 전쟁이 없게 하여주옵소서! 다시는 외부의 침략을 받지 않게 하여주옵소서! 이 민족이 주 안에서 하나가 되어서 우리 주님 앞에 기도하는 민족이 되게 해주시옵소서! 화합을 이루어 한 마음 한 뜻으로 기도하는 민족이 이루어지게 하옵소서! 또 주님의 강한 팔을 펴사 우리를 지켜주시고 인도하여주옵소서!

"그들의 칼을 쳐서 보습을 만들고 그들의 창을 쳐서 낫을 만들 것이며…… 다시는 전쟁을 연습하지 아니하리라"(사 2:4)라는 이사야서의 말씀처럼 그리스도의 평화가 정착되는 남북통일이 이루어지게 하옵소서!

힘들고 약하고 가난하고 고통받는 자를 위해서 이 땅에 오신 주님, 이 시간 이곳에 오신 성도 한 사람 한 사람을 기억해 주시고 복을 주시옵소서!

또 병들고 가난으로 고통받는 가정도 있습니다. 우리 주님께서 사랑하여주시고 위로해주시옵시고 풍성함으로 채워 주옵소서.

우리 교회 학생이 이 시간 불치의 병으로 고통받고 있사오니 죽은 나사로를 살리시고 병자들을 고치신 능력의 주님께서 능력의 손으로 건강하게 고쳐주옵소서!

주님의 기적 속에 건강을 찾아서 앞으로 훌륭한 주님의 일꾼이 되게 해주시옵소서!

이 시간 예배를 위해 봉사하는 찬양대, 주일학교 교사, 식당, 그 밖에 여러 손길들이 있습니다. 정성을 모아 수고할 때마다 하늘의 위로와 신령한 복으로 채워주옵소서!

오늘도 예배의 시종을 주님께 맡기오며 거룩하신 예수님 이름으로 기도드립니다. 아멘.

6 · 25 기념 기도-2

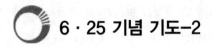

> 형제들아 우리가 너희를 위하여 항상 하나님께 감사할지니 이것이
> 당연함은 너희의 믿음이 더욱 자라고 너희가 다 각기 서로 사랑함이 풍성함이
> 니 (살후 1:3)

하나님 아버지! 감사합니다. 우리가 살고 있는 산과 들과 온 세상이 이제 30도를 웃도는 뜨거운 빛을 통해서 실록으로 물들고 시시각각으로 이 땅을 섭리하셔서 인간이 이처럼 살아갈 수 있게끔 은혜 베풀어 주심을 진심으로 감사드립니다.

우리 목사님을 귀하게 사용해 주시니 감사합니다.

목사님의 귀한 말씀을 통해 은혜 받아서 우리 주님을 만나는 예배가 되게 해주시옵소서!

이 시간 우리 주님의 그 얼굴이 그 음성이, 그 성령의 빛이 우리에게로 비추사 완악하고 강퍅하고 황폐한 저희들의 심령을 주님의 그 사랑으로 녹여주옵소서!

주님께서 우리를 부르는 그 음성을 듣고 큰 믿음으로 바로 서게 해주시옵소서!

귀한 믿음이 세상을 살아가는 데 조금도 흔들림 없이 주 안에서 살아갈 수 있게 해주시옵소서!

6월은 잊어서는 안 될 호국보훈의 달입니다.

6·25 전쟁으로 많은 가옥과 건물과 교회들이 불타고 많은 그리스도인들이 처형되고 학살되었습니다. 하나님 아버지, 이 시간 그들의 희생이 헛되지 않게 하여주옵시길 간절히 기도합니다.

이 나라를 위해서 주어진 그 사명과 책임과 각자의 맡은 소임을 다하는 저희들 되게 해주시옵소서!

또 순교한 영혼들이 이 시간 우리 하나님의 보좌 곁에 있음을 알게 하시니 감사합니다. 그 영혼들이 하늘나라에서 이 나라와 이 민족을 위해서 기도하는 줄 믿습니다.

우리는 다시 한 번 그리스도 안에서 신앙으로 하나되게 하옵소서! 그리고 묵묵히 힘을 기르고 국력을 기르는 민족이 되게 해주시옵소서! 하나님 아버지, 북한도 회개하고 반성하고 뉘우치게 하옵소서!

긴장과 갈등이 아닌 대화와 평화를 택하게 하여주옵소서! 이사야 선지자에 말씀처럼 "그들의 칼을 쳐서 보습을 만들고 그들의 창을 쳐서 낫을 만들 것이며, 이 나라와 저 나라가 다시는 칼을 들고 서로 치지 아니하며"(사 2:4)라고 하신 주님의 평화가 오게 하여주옵소서!

이제 북한도 독재와 군사력으로 핵과 미사일, 총과 무기를 만드는 것이 멸망의 길이라는 것을 깨닫게 하옵소서! 대화와 평화의 길로 합류하는 북한이 되게 해주시옵소서!

오늘도 예배의 시종을 주님께 맡기오며 거룩하신 예수님 이름으로 기도드립니다. 아멘.

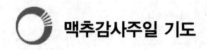

맥추감사주일 기도

오직 성령의 열매는 사랑과 희락과 화평과 오래 참음과 자비와 양선
과 충성과 온유와 절제니 이 같은 것을 금지할 법이 없느니라 (갈 5:22-23)

전지전능하신 하나님 아버지! 우리에게 계절따라 장마도 오게 하시
고 바람도 불게 하시며 이제 뜨거운 빛과 열기로 무더운 여름을 주시
며 우리를 위해 섭리하시고 은혜 베풀어주심을 진심으로 감사와 찬송
을 드립니다. 하나님 아버지! 이제 올 한 해도 반이 지났습니다. 그러
나 저희들 처음 출발 때 많은 계획을 가지고 또 충만한 말씀과 믿음
에서 출발했지만 그 믿음과 말씀이 식어지고 사라져서 우리 주님 앞
에 책임을 다하지 못했습니다. 하나님 아버지! 오늘도 목사님의 말씀
과 예배를 통해서 새로운 은혜를 받고 성령충만 받아서 후반기 6개월
을 주님 앞에 더욱 충성하고 사명과 책임을 다하며 봉사하고 순종하
는 저희들 되게 해주옵소서! 또 우리 주님을 닮은 모습으로 살아가는
저희들 되게 해주시옵소서!

하나님 아버지! 오늘은 맥추감사절로 지킵니다. 우리가 그 옛날 어
렵게 가난과 굶주림과 배고픔 속에서 살았지만 이처럼 복을 주시사
풍성한 열매와 곡식으로 채워주신 것을 진심으로 감사와 찬송드립니
다.

오늘 물질로만 드리는 감사절이 아니라 우리의 마음과 뜻과 정성을 모아 드리는 이 감사절이 되게 해주시옵소서!

하나님 아버지! 이 맥추감사절을 통해서 다시 한 번 가난하고 헐벗고 굶주리고 불쌍하고 어렵게 사는 우리 이웃을 기억하는 저희되게 하여 주시고 그들과 함께 나누는 저희들 되게 해주시옵소서!

가난하고 굶주리고 헐벗고 고통받는 사람들과 함께하시고 그들의 친구가 되신 주님, 그들에게도 새로운 꿈과 희망을 주시옵소서! 그들에게도 풍성함을 더해주시옵소서! 또 병들고 고통받고 사회에서 소외받고 힘들게 살아가는 모든 사람들을 우리 주님께서 능력의 힘으로 치료해주시고 건강을 주시옵소서! 작은 자를 높이 들어 써주시는 우리 주님께서 이 시간 작은 자를 귀한 일꾼으로 써주옵소서.

하나님 아버지! 우리 공동체가 열심히 일하고 땀 흘리고 씨를 뿌리는 아름다운 열매를 맺는 공동체가 되게 해주시옵소서! 또 희망과 소망과 풍성한 수확을 거두는 아름다운 공동체가 되게 해주시옵소서!

예배를 위해서 봉사하는 찬양대, 주일학교 교사, 식당, 그 밖에 여러 손길들이 있습니다. 정성을 모아 수고할 때마다 하늘의 위로와 땅의 풍성한 복으로 채워주옵소서!

오늘도 예배의 시종을 주님께 맡기오며 거룩하신 예수님 이름으로 기도드립니다. 아멘.

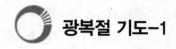

광복절 기도-1

억압과 고통과 구속에서 해방을 주신 하나님 아버지! 이스라엘 민족에게 소망을 주시며 내 백성을 살피시고 약속에 인을 쳐주신 거룩하신 하나님 아버지, 우리 민족을 전쟁의 폐허 위에 오늘의 현실을 이룩하여주셨음을 감사드립니다.

나라와 주권을 빼앗겨 식민지로 고통을 겪기도 했던 우리 민족에게 광복을 맞은 지 60주년 되는 주님의 날을 맞이하여 이 나라와 이 민족을 위해 또 세계평화를 위해 기도할 수 있도록 자유와 평화와 주권을 주신 하나님 아버지께 진심으로 감사와 찬송을 드립니다.

평화와 기쁨의 주님! 이제 우리 민족에게 주님의 주시는 그 사랑과 진정한 평화를 누리게 하여 주옵소서!

같은 민족끼리 불행하게도 분단되어 대치하며 갈등하고 분쟁하고 서로 긴장 속에서 살아가고 있습니다. 주님! 이 시간 우리 한반도에 주님의 사랑과 평화가 있게 하옵소서!

오늘 이 예배를 통해서 그리스도의 마음을 닮게 하시고 예수님의 사랑과 평화를 실천할 수 있는 용기와 믿음을 주시옵소서!

독립을 위하여 투쟁해온 민족의 지도자들, 또 이 땅을 지키기 위해 수많은 젊은이들과 성직자들, 투옥되고 잔혹한 고문 속에서 목숨을 바친 그 영영들을 위로해주시고 그 순교의 신양과 정신을 이어받을 수 있는 저희들 되게 해주시옵소서!

광복 60년이 지난 오늘 주권 국가로서 놀라운 발전을 하고 세계 10대 경제대국으로 도약하게 하여주신 그 은혜와 큰 복을 다시 한 번 감사드립니다.

하나님 아버지, 오늘 우리에게 주어진 사명과 책임을 다하도록 도와주시옵소서! 튼튼한 국력을 가진 우리나라가 되게 해주시옵소서!

이 나라를 이끌어가는 대통령에게 솔로몬의 지혜와 총명을 주시옵소서! 국민들을 편안하고 행복하게 잘살 수 있는 이 나라를 통치하는 대통령이 되게 해주시옵소서!

주님의 반석 위에 서 있는 이 나라 이 민족이 되게 해주시옵소서!

예배를 위해서 봉사하는 찬양대, 주일학교 교사, 식당, 그 밖에 여러 손길들이 있습니다. 정성을 모아 수고할 때마다 위로와 하늘의 신령한 복으로 채워주옵소서!

오늘도 예배의 시종을 주님께 맡기오며 거룩하신 예수님 이름으로 기도드립니다. 아멘.

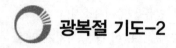# 광복절 기도-2

> 억눌린 사람들을 위해 정의로 심판하시며 주린 자들에게 먹을것을 주시는 이시로다 여호와께서는 갇힌 자들에게 자유를 주시는도다 (시 146:7)

낮이면 구름기둥 밤이면 불기둥, 또 이스라엘 백성이 다급하고 급박하고 위험한 순간마다 기적과 이적을 통해서 은혜를 베푸사 하나님의 백성을 보호하시고 인도하신 하나님 아버지, 지난 일주일 동안 이 세상 살면서 많은 사건·사고들이 있었지만 특별히 저희들을 보호하사 아무 사고 없게 은혜 베풀어주심을 진심으로 감사드립니다.

하나님 아버지! 8월은 우리 민족에게 광명의 빛을 주신 광복의 달입니다. 압박당하고 갇힌 자를 해방시켜주신 하나님 아버지! 저희 민족을 버리지 아니하시고 이처럼 자유와 평화와 행복을 주신 것을 진심으로 감사드립니다.

하나님께서 우리 인간을 창조하시고 이 땅에 평화를 주셨습니다. 그러나 우리 인간들은 하나님의 그 뜻을 어기고 분쟁과 대립과 갈등과 전쟁으로 진정한 평화와 자유가 없는 세상에서 살아왔습니다.

우리 민족도 일본에 나라를 빼앗기고 36년 동안 강압된 식민지로 살아왔습니다. 우리에게 자유와 해방을 주신 하나님 아버지, 진심으로 감사드립니다.

이제 광복의 달을 맞이해서 지난 과거에 우리 민족이 헐뜯고 분쟁과 갈등, 대립과 분쟁, 증오 속에서 갈라지고 싸우고 화합하지 못한 우리의 잘못을 이 시간 진심으로 회개합니다. 용서하여 주옵소서.

하나님 아버지! 이제 우리 민족의 희망과 미래와 행복의 길이 무엇인가를 이 시간 선택하게 하옵소서!

정말 그리스도 안에서 하나 된 이 민족이 되게 하시고, 그리스도 안에서 단결하는 이 민족이 되게 해주시옵소서!

서로 합하여 하나님께 간구하는 이 민족이 되게 해주시옵소서!

합심의 기도를 통해서 주님께서 기뻐하는 이 민족이 되게 해주시옵소서!

여호와 하나님께서 강한 팔을 펴사 이 민족을 지켜주옵소서! 말씀 안에서 묵묵히 힘을 기르는 강인한 민족이 되게 해주시옵소서!

하나님 아버지! 이 시간 주님의 귀한 말씀을 전할 목사님을 기억하여 주옵시고 주님께서 이 시간 하늘의 권세와 능력을 주옵소서!

귀한 말씀이 잠자는 모든 영혼들을 흔들어 깨우는 성령의 말씀이 되게 하시고, 장차 세상을 이끌어갈 수 있는 모세와 같은 훌륭한 지도자를 세우도록 이끌어 주시옵소서!

오늘도 예배의 시종을 우리 주님께 맡기오며 거룩하신 예수님 이름으로 기도드립니다. 아멘.

추석 명절 기도-1

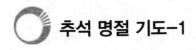

너희는 선지자들의 자손이요 또 하나님이 너희 조상과 더불어 세우신 언약의 자손이라 아브라함에게 이르시기를 땅 위에 모든 족속이 너의 씨로 말미암아 복을 받으리라 하셨으니 (행 3:25)

일찍부터 우리에게 영원한 본향 천국을 주시고 믿음의 조상 아브라함과 이삭과 야곱을 택하여 주시고 저희들도 믿음의 백성이 된 것을 진심으로 감사와 찬송을 드립니다.

그 옛날 그 모진 가난과 고통 속에서 우리를 구원해주시며 하나님의 민족으로 살아가게 하여주신 것을 진심으로 감사드립니다.

이제 저희들을 이처럼 복의 통로로 인도하셔서 부유하고 풍성하고 행복하고 잘사는 민족으로 살게해주신 하나님 아버지께 다시 한 번 감사와 찬송을 드립니다.

하나님께서 너의 씨를 통해 너의 민족을 통해 복을 주실 것이며 또 하늘의 별과 같이 바다의 모래와 같이 큰 민족을 이루고 동·서·남·북 보이는 곳 다 네게 주시리라고 약속하신 주님!

저희들 이처럼 부요하고 또 천국의 큰 복으로 살아가게 해주신 하나님, 감사드립니다.

이번 중추절 우리 고유의 명절을 통해서 다시 한 번 하나님을 찾고 믿음의 후손이 되게 해주시옵소서! 주님의 복음을 전달해주신 선조들에게도 감사드립니다.

하나님 아버지, 저희 가족들이 우리 주님 곁에서 편안하고 행복하게 살아가게 하옵소서!

저희들도 하나님의 민족을 잊지 않고 순종하며 살아가는 후손이 되게 해주시옵소서!

하나님 아버지, 이번 명절을 통해서 시험에 들지 않게 하시고 세상의 우상숭배 마귀사탄에 넘어가지 않게 해주시옵소서!

특별히 세상 재미따라 흘러가는 저희들이 되지 않게 도와 주옵소서!

세상의 정욕과 술 취하고 향락하는 죄악 속에 들어가지 않게 하셔서 오직 주님의 길, 의의 길, 주님의 말씀 속에서만 살아가게 하옵소서! 이 시간 또 예배를 위해서 봉사하는 찬양대, 주일학교 교사, 식당, 그 밖의 여러 손길들이 있습니다. 정성을 모아 수고할 때마다 위로와 하늘의 큰 복으로 채워주옵소서!

오늘도 예배의 시종을 우리 주님께 맡기오며 거룩하신 예수님 이름으로 기도드립니다. 아멘.

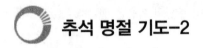

추석 명절 기도-2

> 이스라엘아 듣고 삼가 그것을 행하라 그리하면 네가 복을 받고 네 조상들의 하나님 여호와께서 네게 허락하심같이 젖과 꿀이 흐르는 땅에서 네가 크게 번성하리라 (신 6:3)

존귀와 영광을 받으시기에 합당하신 아버지 하나님!

아침 일찍부터 성령의 보고를 여사 우리를 인도하여주셔서 진심으로 감사와 영광을 올려드립니다.

하나님 아버지, 오늘도 저희들 죄악 된 세상을 살아가면서 세상 정욕에, 유혹에, 사탄에 넘어가지 않게 하여주옵소서!

오늘도 이 아침 우리 주님께서 주시는 말씀 속에서 성령충만 속에서, 은혜 속에서 항상 기뻐하며 항상 기도하며 항상 감사하며 살아가는 저희들 되게 해주시옵소서!

우리에게 민족 대이동의 명절을 주시고 믿음의 조상 아브라함과 이삭과 야곱이 믿음의 선조가 되듯이 조상을 통해 믿음의 뿌리를 찾아서 다시 한 번 믿음의 후손임을 확인하고 우리 하나님 앞에 순종하며 겸손히 살아가게 해주시옵소서!

하나님 아버지, 특별히 우리 고유의 명절을 통해 우리가 고향땅을 찾게 하시고 우리가 태어나고 우리의 선조가 묻혀 있는 그곳이 하나님께서 축복하시는 땅이 되게 해주옵소서!

가난하고 힘들었던 곳, 고통과 고난이 있었던 곳이 이제 하나님께서 복주셔서 풍성하고 풍요롭고 풍족한 우리 고향이 되게 하여주옵소서!

하나님 아버지, 우리 고향을 통해서 다시 한 번 희망과 비전과 소망을 가지는 저희들이 되게 해주시옵소서!

믿음의 조상 아브라함을 통해 받은 그 복이 오늘 저희들에게도 이어지게 하옵소서!

아브라함의 씨를 통해 동·서·남·북, 네가 보이는 곳을 다 네게 주실 것이며 오늘 네가 밟은 땅을 다 네게 주실 것이라 하신 하나님, 오늘도 그 약속을 믿고 꿈을 가지고 살아가게 하옵소서! 또 너희를 통해서 큰 민족을 이룰 것이라고 하신 하나님, 저희들에게 큰 민족을 이루게 하시고 큰 기업도 주시옵소서!

하나님 아버지, 오늘도 저희들 주 안에서 열매 맺게 하시고 결실이 되고 알곡으로 익어가도록 인도해주시옵소서!

오늘도 예배의 시종을 주님께 맡기오며 거룩하신 예수님 이름으로 기도드립니다. 아멘.

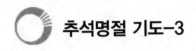

추석명절 기도-3

네 시작은 미약하였으나 네 나중은 심히 창대하리라 (욥 8:7)

하나님 아버지, 우리는 전쟁도 겪고 배고프고 힘들었던 가난한 민족이었으나 이제 세계경제대국이라는 잘사는 나라로 이끌어주시고 복을 내려주셔서 감사합니다.

오늘 이 추석 대 명절을 통해서 다시 한 번 선조들이 묻혀 있는 고향을 생각하며 지금까지 우리를 승리로 이끄시고 이 민족을 승리로 이끄신 하나님 아버지를 잊지 않고 섬기는 이 민족이 되게 하여주옵소서!

하나님 아버지! 저희들에게 이제 시원한 가을 아름다운 열매의 계절로 섭리하셔서 감사합니다. 말씀을 통해, 생명의 나무를 통해 성령의 열매들이 맺어지는 저희들 되게 해주옵소서!

그 열매들이 천국에 있는 주님의 곳간에 채워지게 해주옵소서!

오늘도 주님의 말씀을 대신하시는 목사님, 능력의 말씀을 통해서 은혜를 받고 성령충만 받게 하옵소서! 천국 문이 열려서 우리 주님을 만나보는 이 시간 되게 해주옵소서!

오늘도 주님께 얻는 큰 체험을 통해서 믿음을 굳건히 하는 저희들 되게 해주옵소서!

세상 속에서 실패하고, 고민하고, 낙심하고, 어려움에 처한 우리 심령들 있습니다. 또 병들고 고통받고 힘들게 살아가는 우리 심령들도 있습니다.

오늘도 하나님께서 우리의 간구와 기도를 다 들어주셔서 용기를 주시고 새 힘과 건강을 주옵소서!

오늘도 예배를 위해서 봉사하는 찬양대와 교사, 식당봉사로, 차량운행으로, 안내위원으로, 이름도 없이 빛도 없이 힘쓰고 애 쓰는 손길들이 있습니다. 하나님께서 도와 주셔서 기쁨과 감사가 넘쳐나는 충성과 헌신이 되게 하여 주옵소서.

하나님께서는 다 아시오니 한 사람 한 사람을 찾아 위로해주시고 복으로 채워주옵소서!

이 시간 예배의 시종을 주님께 맡기오며 이 모든 말씀을 거룩하신 예수님 이름으로 기도드립니다. 아멘.

추수감사절 기도

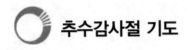

> 첫 날에는 너희가 아름다운 나무 실과와 종려나무 가지와 무성한 나무 가지와 시내 버들을 취하여 너희의 하나님 여호와 앞에서 이레동안 즐거워 할 것이라 (레 23:40)

생사화복을 주관하시는 하나님 아버지!

이처럼 풍성한 곡식과 열매와 식물과 과일들 또 고기와 육축들을 주셔서 오늘도 모든 생명체가 생육하고 번성하게 할 수 있도록 충만한 복으로 채워주신 하나님 아버지께 진심으로 감사와 영광을 드립니다.

하나님 아버지! 오늘은 우리에게 초막절을 지키게 하신 추수감사절입니다.

오늘을 통해서 다시 한 번 우리에게 복을 주신 하나님께 감사와 찬송을 드리며 기도하는 저희들 되게 해주시옵소서!

이스라엘 민족을 애굽에서 이끌어내시며 40십여 년 동안 광야 생활을 통해 때로는 천막에서 때로는 초막에서 고통과 고난 속에서 그들을 보호하시고 인도하신 하나님 아버지, 우리의 지도자가 되시며 구원자가 되신 아버지를 잊지 않고 살아가게 하옵소서!

하나님께서 지금까지 주신 복을 다시 한 번 기억하고 진심으로 감사와 찬송을 드립니다.

이스라엘 민족에게 복을 주시고, 그들에게 기업을 주시고 젖과 꿀이 흐르는 땅 가나안을 주신 여호와 하나님, 이 시간 세계에서도 가장 빈곤했던 우리 나라가 이제 세계 10대 경제대국으로 발전하게 해주시고 축복해주신 하나님 아버지께 진심으로 감사와 찬송을 드립니다.

이제 가난 속에서 또 전쟁의 폐허 속에서 배고프고 굶주리게 살았던 우리를 하나님께서 이처럼 축복해주셨으니, 이 나라가 땅 끝까지 주님의 말씀을 전해서 이 땅에 우리 하나님의 나라가 오게 하는데 쓰임받게 하여주시옵소서!

주님의 그 은혜를 받았으니 이제 내 이웃을 위해서 또 가난한 사람들을 위해서 서로 사랑을 나누며 살아가는 이 민족이 되게 해주시옵소서!

그러나 저희들 그 축복을 잊어버리고 방탕하고 타락되고 죄악 속으로 가지 않게 하여주옵소서!

이 시간 이 추수 감사절을 통해서 회개하는 이 민족이 되게 해주시옵소서!

이 땅 위에 성령님이 임하셔서 이 땅을 진동시켜 변화하는 이 민족이 되게 해주시옵소서!

이 시간 우리의 죄와 허물은 십자가에 보혈의 피로 용서받아서 우리 주님의 온전하심을 따라 변화되게 해주시옵소서!

오늘도 예배의 시종을 주님께 맡기오며 거룩하신 예수님 이름으로 기도드립니다. 아멘.

성탄절 기도-1

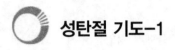

우리의 구원을 그토록 원하시는 하나님 아버지!

이천 년 전 유대 베들레헴의 낮고 비천한 구유에서 첫 울음으로 이 땅에 오신 아기 예수님, 하늘에는 영광 이 땅에는 주님의 평화가 임하게 하옵소서!

우리에게 용서와 평화와 새 생명과 부활과 회생과 사랑으로 오신 아기 예수님을 우리는 진심으로 찬송하며 기뻐하며 기도드리며 참 기쁨과 그 영광을 하나님께 돌려드립니다.

찬양합니다! 가난한 자를 사랑하시고 그의 친구가 되시며 병든 자를 고쳐주시며 고통받는 자를 해방시켜주시며 이 땅에 만왕의 왕으로 우리의 구세주로 오신 예수님을 기뻐하고 찬양합니다.

좌절하고 낙심하고 실망한 자에게 소망과 희망을 주신 예수님, 저희들 오늘 이 역사적인 탄생을 기념하기 위해서 이 지역 모든 교회들과 목사님, 또 기독교 단체들, 여러 내빈들의 협조를 얻어 이 사랑의 등불을 점화하려고 합니다.

오늘 아기 예수님을 축하하기 위한 이 등불처럼 앞으로 오실 예수님, 이 등불처럼 환한 평화의 왕으로 오시옵소서!

오늘 죄로 죽을 수밖에 없는 저희들을 구원의 등불이 되게 하여주시고 이 지역의 새로운 희망의 등불이, 복음의 등불이 되게 해주시옵소서!

지금 죄로 어두워가고 있는 이 세상을 밝고 환하게 인도해 주시옵소서! 또 서로 시기하고 질투하고 갈등하고 죄악과 멸망으로 가는 우리 사회를 진정한 그리스도의 사랑과 용서와 화해와 평화를 주는 점등이 되게 해주시옵소서!

하나님 아버지, 오늘 우리가 밝히는 사랑의 점등이 진정 이 땅에서 춥고 어두운, 소외받고 천대받는 모든 사람들에게 새로운 희망과 소망과 사랑을 전해주는 점화가 되게 해주시옵소서!

또 아직까지도 구원받지 못한 모든 사람들이 성탄절을 통해서, 이 사랑의 등불을 통해서 변화되고 이 지역이 건전한 사회로 가게 하여주옵소서!

병들고 고통받고 이 땅에서 소외받는 중풍병자와 앉은뱅이, 나환자들에게 우리 주님께서 찾아오셔서 그들을 안아주시고 치료하여주시며 건강을 회복하여주셔서 새 희망을 갖게하여 주시옵소서!

또 그 사랑과 용서를 통해 주님의 품으로 돌아와서 이 지역이 다 구원받게 하옵소서! 오늘 이 점등을 통해서 이 지역에 새로운 성령의 불이 일어나고 복음화 운동이 일어나게 하옵소서!

오늘도 예배의 시종을 우리 주님께 맡기오며 거룩하신 예수님 이름으로 기도드립니다. 아멘.

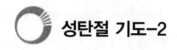

성탄절 기도-2

> 의인들의 장막에는 기쁜 소리, 구원의 소리가 있음이여 여호와의 오른손이 권능을 베푸시며 (시 118:15)

우리의 생사 화복과 모든 역사를 주관하시는 하나님 아버지!

우리에게 새해 첫날을 주셨건만 이제 금년도 며칠 남지 않았습니다.

우리에게 시작과 마지막을 주신 하나님, 올 한 해도 주 안에서 마지막까지 순종하며 충성을 다하는 저희들 되게 해주시옵소서!

올 한 해도 우리 주님께서 주신 믿음 안에서 살지 못했습니다. 세상 정욕에 넘어가고 유혹에 넘어가고 남을 미워하고 시기하고 질투하고 비방하고 세상 죄악 속에서 즐기면서 살아온 저희들이옵니다.

이 시간을 통해서 진심으로 반성하고 뉘우치고 회개하는 저희들 되게 해주시옵소서! 용서하여 주옵소서.

오늘도 은혜 받고 성령충만 받게 하옵소서! 우리 주님 앞에 순종하고 사명과 책임을 다하는 충성된 종이 되게 해주시옵소서! 오늘도 저희들에게 주님께서 주시는 능력의 말씀을 주시옵소서! 하늘 권세의 말씀을 주시옵소서!

어두워져가는 이 세상, 죄악으로 물들어가는 절망의 세상을 저희들의 기도를 통해서 희망의 세상으로 바꾸게 하옵소서!

부패되고 부식되고 교만과 오만으로 가득찬 이 세상을 깨끗하고 정의로운 세상으로 주님의 그 사랑과 희생, 보혈의 피로 깨끗함을 얻어서 살기 좋은 아름다운 세상으로 바꾸어나가는 저희들 되게 해주시옵소서!

기도하는 저희들 되게 해주시옵소서!

세상에서 소금과 빛의 역할을 다하는 저희들 되게 해주시옵소서!

저희들 기도의 등불을, 성령의 등불을 켜게 하옵소서!

성령을 통해서 이 시간 세상 사람들이 회개하게 하옵소서!

주님의 이름으로 그들이 구원받게 하옵소서!

우리 아기 예수님께서 오셔서 하늘에는 영광, 땅에는 평화, 화평, 사랑이 가득하게 하옵소서!

세상에서 가난하고 배고프고 헐벗는 자들에게 찾아오셔서 그들을 먹이시고 입히시며 그들의 친구가 되어 주시옵소서.

지금 병들고 고통받고 낮고 천하고 힘들게 살아가는 모든 사람들의 병을 고쳐주시고 그들에게 새 힘을 주옵시고 새로운 건강을 주옵소서!

고통받는 모든 이들을 주님께서 해방시켜주시옵소서!

하늘에는 영광, 땅에는 평화, 아기 예수님의 그 사랑과 평화가 온누리에 가득하게 하옵소서!

오늘도 예배의 시종을 주님께 맡기오며 거룩하신 예수님 이름으로 기도드립니다. 아멘.

성탄절 기도-3

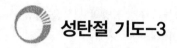

> 보라 처녀가 잉태하여 아들을 낳을 것이요 그의 이름은 임마누엘이라 하리라 하셨으니 이를 번역한즉 하나님이 우리와 함께 계시다 함이라 (마 1:23)

우리에게 출발도 주시고 마지막도 주신 하나님, 이 한 해도 우리 주님의 뜻에 따라 아무 소리 없이 저물어가고 있습니다. 올 한 해도 순종하면서 살아왔는지, 말씀 속에서 살아왔는지 이 시간을 통해서 되돌아보고 결산해봅니다.

주님 이 시간을 통해서 반성하고 회개하게 해주시옵소서!

올 한 해도 이 세상 죄악 속에서 즐기면서 살아온 저희들이옵니다. 그 허물과 죄짐을 우리 주님의 재단 앞에 내려놓습니다. 저희들을 불쌍히 보시고 용서하여주시고 따뜻한 사랑으로 감싸주시옵소서!

언제나 우리와 함께하시고 우리를 사랑하신 하나님 아버지, 성령으로 이 세상을 다스리시고 기적을 베푸시며 우리에게 복을 주시는 하나님 아버지, 동정녀 마리아에게 성령으로 잉태하사 아기 예수님을 탄생케 하신 그 성령의 역사를 저희들은 확실히 믿으며 또 우리를 구원해주신 구주 예수님을 확실하게 믿습니다.

예수님이 이 땅에 다시 오시기 전에 진정으로 기뻐하며 준비하고 기도하며 더욱더 겸손해지는 저희들 되게 해주시옵소서!

주님이 오시는 그 길을 예비하는 저희들 되게 해주시옵소서!

기도의 등불을 켜게 하옵소서!

말씀 속에서 성령의 등불을 켜게 하옵소서!

지금 어두어져가는 이 세상에 우리 주님의 등불을 켜사 밝은 세상이 되게 해주시옵소서!

하나님 아버지, 방탕하고 타락되고 의인은 없되 하나도 없는 이 세상을 살아가는 저희들을 변화시켜 주시사 예수가 살아 있는 희망의 나라로 만들기를 원합니다.

이 시간 주님의 말씀의 힘을 통해서 성령의 힘을 통해서 세상을 변화시켜서 우리 주님의 나라로 이루게 하옵소서!

그 성령의 힘이 지금 이 세상 사람들의 마음을 움직이게 하옵소서!

그들이 변화되어가게 하옵소서!

오시는 예수님을 우리 가슴에 안고 살아가게 하옵소서!

이 땅에 오셔서 병들고 고통받는 자, 가난하고 배고픈 자, 낮고 천한 자들을 보살펴주시고 해방시켜주옵소서!

병든 자에게 주님의 보혈의 피를 나누사 새 힘을 주셔서 주님의 능력으로 일어나 걸어가게 하옵소서!

주린 자를 먹이시고 입히시며 하늘에 복을 주시옵소서!

오늘도 예배의 시종을 주님께 맡기오며 거룩하신 예수님 이름으로 기도드립니다. 아멘.

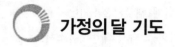

가정의 달 기도

만물을 소생케하시고 번성케 하시는 하나님 아버지!

오늘도 주님께서 하늘의 보고를 여사 태양의 빛을 주시고 아름다운 꽃과 산과 강, 바다, 푸른 녹음 생동하는 계절을 주심을 진심으로 감사드립니다.

주님의 뜻대로 살아가지 못한 저희들이옵니다. 부족한 저희들 주님의 성령의 빛을 비추사 메마른 심령을 성령의 단비를 주시사 성령충만 받도록 하여주옵소서.

오늘 예배를 통해서 말씀과 기도와 찬양과 성령의 권능으로 큰 변화가 이루어지게 하옵소서.

오늘도 목사님의 귀한 말씀 속에서 천국 문을 여사 주님께서 역사하시는 신비한 체험과 성령충만 받는 저희들 되게 해주옵소서.

5월은 주님께서 주신 공동체 가정의 달입니다.

주님께서 우리 교회의 가정 가정을 기억하여주시고, 또 자라나는 자녀들에게 주님의 지혜와 총명을 주옵소서.

또 부모님을 공경하고 순종하는 자녀들이 되게 해주옵소서.

자녀들에게 주님의 말씀으로 양육하고 훈계하고 감동과 사랑으로 훌륭한 일꾼으로 키우는 우리 교회 가정들이 되게 하여 주옵소서.

오늘도 예배를 위해서 수고하는 찬양대, 교사로 식당봉사로, 청소봉사로 차량봉사로 안내로서 이 밖에 보이지 않게 수고하는 여러 손길들이 있습니다. 주님께서 한 사람 한 사람 위로해주시고 하늘의 복으로 채워주옵소서.

예수님 이름으로 기도드립니다. 아멘.

주일 낮 예배를 위한
대표기도문

1월 1주

시작을 주시고 새로운 희망과 소망을 주신 하나님 아버지!

다사다난했던 한 해도 막을 내리고 이제 우리에게 새로운 한 해가 시작되는 시간이 되었습니다.

지난 한 해 동안도 우리의 생명을 지켜주시고 모든 생사화복을 주관하여주신 하나님 아버지께 진심으로 감사와 찬송을 드립니다.

하나님 아버지! 그 동안 저희들 주님께서 맡겨주신 사명과 책임 감당 하지 못하고 세상 일로 세상 재미따라 불순종하며 살았습니다. 이 시간 모든 허물과 죄를 내려놓고 진심으로 회개하고 용서받는 저희들이 되게 하여주시옵소서!

하나님 아버지! 새 술은 새 부대에 담아서 이 시간 주님께서 주시는 성령의 말씀으로 지난 해의 아쉬웠던 모든 일들 깨끗이 지워지게 하옵소서!

우리 주님의 삶에서 보여주신 겸손과 사랑과 온유를 본받아 더 낮은 자로 살아가는 저희들 되게 해주시옵소서.

또 저희들 올 한 해도 인간의 힘으로 인간의 지식으로 설계하고 계획해서 우리의 손으로 우리 집을 허무는 어리석은 자가 되지 않게 하여주시옵소서!

말씀과 믿음 안에서 기도와 성령 안에서 주님의 말씀에 순종하고 실행해서 우리 집을 튼튼한 주님의 반석 위에 세워서 희망과 꿈과 소망이 이루어지는 올 한 해가 되게 해주시옵소서!

올해는 새로운 대통령이 선출 되어 출발하는 중요한 해입니다.

요셉이 애굽의 총리로 있을 때에 풍년이 들어 곡식이 넘치고 남아돌 때에 그 많은 곡식을 방출하지 않고 백성들을 배불리 먹이고 살리던 그 지혜와 책임을 감당하는 새 지도자가 되게 해주옵소서.

하나님의 지혜와 총명과 믿음이 우리 새로운 대통령에게도 임하게 하옵소서.

모든 백성들이 행복하게 사는 나라로 국력이 튼튼하고 부강한 나라로 만들게 해주시옵소서!

이 시간 예배를 위해서 봉사하는 찬양대, 주일학교 교사, 식당, 그 밖에 여러 손길들이 있습니다. 정성을 모아 수고할 때마다 위로와 하늘의 신령한 복으로 채워주옵소서!

오늘도 예배의 시종을 우리 주님께 맡기오며 거룩하신 예수님 이름으로 기도드립니다! 아멘.

1월 2주

시작도 주시고 마지막도 주시며 역사를 주관하시는 하나님 아버지! 새해를 주시고 오늘도 주님과 함께 출발할 수 있도록 은혜 베풀어주심을 진심으로 감사와 찬송을 드립니다!

우리 주님 앞에 영광 돌리지 못한 저희들이오며 사명과 책임을 다하지 못한 저희들이옵니다!

우리의 고집과 욕심대로 살아온 저희들입니다.

이 시간 우리의 잘못과 아쉬움 이 모든 세상 죄짐을 주님 앞에 내려 놓습니다.

오늘 이 예배를 통해서 우리의 심령 심령을 찾아오셔서 주님의 사랑으로 용서하여주옵소서!

새 술은 새 부대에 담는 새 심령을 주시고 믿음 안에서 출발하는 저희들 되게 해주옵소서.

올 한 해도 우리 교회가 우리의 생명과 영혼, 우리의 삶의 전부를 맡기고 가는 노아의 방주가 되게 해주옵소서.

한 마음으로 기도하며 뜨거운 성령이 불타는 기도의 용광로가 되게 해주옵소서!

새 생명수가 폭포수와 같이 넘쳐나는 방주가 되게 해주옵소서.

오늘도 저희들 병들고 아프고 근심과 걱정 큰 상처를 안고 주님 앞에 찾아왔습니다!

또 좌절과 실패 그리고 이루지 못한 소망과 꿈을 가지고 이 자리에 왔습니다!

또 심한 고민과 걱정을 가지고 주님 앞에 왔습니다!

우리의 생명의 주인이시며 영혼의 주인이시며 창조의 주님께서 이 시간 우리 심령을 찾아주셔서 위로해주시고 우리의 영혼을 살려주시고 믿음 안에서 우리의 꿈과 목적이 이루어지게 하옵소서!

또 말씀을 전하실 목사님, 우리 주님의 능력으로 감싸시고 그 능력 있는 말씀을 통해 세상을 이길 수 있는 강한 메시지가 되게 하옵소서!

저희들 오늘도 성령충만 받는 예배가 되게 해주옵소서.

올 한 해도 믿음으로 승리하며 말씀을 통해 살아서 만사형통하는 저희들 되게 해주옵소서!

오늘도 예배를 위해서 수고하는 찬양대, 주일학교, 중·고등부, 그 밖에 안내로, 식당에서 섬기는 여러 손길들이 있습니다.

그 수고하는 손길마다 복으로 채워주옵소서!

오늘도 예배의 시종을 우리 주님께 맡기오며 이 모든 말씀을 거룩하신 예수님 이름으로 기도드립니다. 아멘.

1월 3주

존귀하시고 거룩하신 하나님 아버지!

오늘도 이 부족한 저희들을 우리 하나님이 백성으로 삼으시고, 주님의 날개 밑에 따뜻한 사랑의 품으로 모이게 하사 신령한 말씀과 복으로 예배드리게 됨을 진심으로 감사와 찬송을 드립니다!

하나님 아버지!

그 동안도 저희들 주님께서 맡겨주신 그 사명과 책임과 직분을 감당하지 못하고 또 주님의 귀한 종으로 세상에 본이 되지 못했으며, 말씀 안에서 우리 주님의 뜻대로 살아가지 못한 저희들이옵니다!

이 귀한 예배를 통해서 귀한 말씀을 통해서 이 강퍅한 우리의 심령을 주님의 그 사랑으로 녹여주옵소서.

세상에서 자랑하고 뽐내고 자만하고 교만한 허세만 앞세우는 허물과 죄를 용서하옵시고 이 시간 성령으로 녹여주옵소서!

저희들 세상 살아가면서 주님 앞에 바벨탑을 쌓아 올렸습니다. 세상에서 주님의 그 모습과 흔적을 나타내지 못하며 살았습니다!

이 시간 미련하고 어리석은 저희들을 불쌍히 보시고 이 귀한 예배를 통해서 또 목사님께서 전하시는 성령의 말씀을 통해서 은혜 받고 성령충만 받아서 진심으로 회개하고 반성하고 용서받는 거룩한 예배가 되게 해주시옵소서!

이 시간 성령을 통해서 우리 주님을 만나 주님의 모습으로 변화되게 해주옵소서.

하나님, 이 시간 저희들에게 지혜와 명철을 주시옵소서.

올 한 해를 살아가는 데 부족함이 없게 하시고 지혜롭게 살아가게 하옵소서!

"시냇가에 심은 나무가 철을 따라 열매를 맺으며 그 잎사귀가 마르지 아니함 같으니 그가 하는 모든 일이 다 형통하리로다"(시 1:3)라는 말씀처럼 주 안에서 만사형통하는 이 한 해가 되게 해주옵소서!

올 한 해도 저희들 주님의 온유와 겸손과 순종으로 낮고 낮아져서 모든 사람들 앞에 그 모습대로 주님의 흔적을 이 땅에 남기는 저희들 되게하여 주시옵소서!

주님의 성품을 따라 살아서 세상 사람들이 밟으면 밟을수록 그리스도의 빛과 광채가 더욱더 빛나는 삶이 되게 해주시옵소서!

오늘도 예배를 위해 봉사하는 찬양대, 주일학교 교사, 식당봉사 등 여러 봉사의 손길들이 있습니다.

정성을 모아 수고할 때마다 하늘의 위로와 신령한 복으로 채워주옵소서!

오늘도 예배의 시종을 주님께 맡기오며 이 모든 말씀을 거룩하신 예수님 이름으로 기도드립니다! 아멘.

1월 4주

새로운 한 해를 주신 하나님!

새 술은 새 부대에 넣어야 하듯이 저희들도 이제 새해 새 출발을 합니다. 그 동안 잘못된 우리의 삶을 주님의 보혈의 피로 씻김 받고 이 시간 주님께서 주시는 말씀과 은혜와 기도 가운데서 새 출발하는 저희들 되게 해주시옵소서!

하나님 아버지! 올 한 해도 저희들 주님의 말씀 안에서 사명과 충성을 다해서 교회를 주님의 튼튼한 말씀 위에 세우는 성전이 되게 해주시옵소서!

교회에 주님이 임재하시고 성령이 충만하여 기도의 중심이 되어서 은혜 받고 성령충만 받아서 뜨거운 기도의 용광로가 되게 해주시옵소서!

주님께서 지으신 기도의 방주가 되게 해주시옵소서.

세상 사람들에게 새 생명을 전하게 하옵소서.

세상 사람들에게 새 희망과 새 소망을 전달해주는 아름다운 교회가 되게 해주시옵소서.

하나님 아버지! 저희들 세상에서 주님을 멀리하고 잊어버리고 주님 앞에 순종하지 못했습니다.

이 귀한 예배와 말씀을 통해서 진심으로 반성하고 회개하고 용서받는 거룩한 예배가 되게 하여주옵소서!

하나님 아버지, 올 한 해도 우리 교회를, 이 구원의 방주를 이끌어갈 목사님께 이 시간 솔로몬의 지혜와 총명을 주시옵소서!

또 모세의 능력의 지팡이를 주시옵소서!

하늘에서 주시는 성령의 말씀을 주시옵소서!

올 한 해 우리 교회 공동체가 목적을 이루는 데 있어서 때로는 어려운 고난과 고통의 심한 비바람과 폭풍이, 때로는 좌절과 실패가 있을지라도 그 때마다 일어설 수 있는 말씀의 힘, 능력의 힘을 주시옵소서!

우리 교회가 합심하여 기도로 목적을 달성하는 저희들 되게 해주시옵소서!

올 한 해도 믿음으로 하나 되고, 사랑으로 감싸고 포용해서 우리 주님께 가장 칭찬받는 교회가 되게 해주시옵소서.

오늘도 예배를 위해서 수고하는 찬양으로, 식당봉사로, 안내위원으로, 그 밖에 여러 분야에서 각각 수고하시는 여러 손길 손길마다 주님의 위로와 복으로 채워주옵소서!

오늘도 예배의 시종을 우리 주님께 맡기오며 이 모든 말씀을 거룩하신 예수님 이름으로 기도드립니다. 아멘.

1월 5주

아브라함과 이삭과 야곱의 하나님 아버지!

믿음의 조상을 통해서 하나님의 백성이 되게 해주시고 이스라엘 백성을 애굽에서 이끌어내시듯 저희들도 지난 한 해에도 어려운 가운데서도 잘 인도하여 주시고 보호해주신 것을 진심으로 감사드립니다.

또 새해를 맞이해서 주님 앞에 귀한 예배를 통해서 신령한 은혜의 말씀 가운데서 주님과 함께 출발할 수 있게 해주신 것 참으로 감사드립니다.

이 시간 특별히 감사한 것은 이제 우리 교회가 예산 결산을 마치고, 또 올해를 이끌어갈 당회를 비롯해서 제직회, 찬양대, 주일학교 모든 부서를 이끌어갈 일꾼들을 임명하고 조직함으로 주 안에서 하나 되어 새 출발을 하게 되었습니다.

이제 우리가 주님 앞에 합심 하여 기도함으로 하늘에서 주시는 성령으로 충만한 우리 교회가 되게 하여주옵소서.

주님께서 지으신 이 노아의 방주가 세상을 향해 주님의 큰 뜻을 이루기 위한 새 생명과 새 희망을 싣고, 주님의 사랑과 평화를 주는 출발이 되게 해주옵소서.

이 주님의 방주가 세상에서 죽어가는 영혼들을 깨워서 그들에게 주님의 새 생명을 전하게 하여주옵소서.

하나님 아버지!

우리 교회가 역사적인 출발에 앞서서 사명과 책임을 감당할 수 있도록 주님께서 귀한 믿음과 성령충만 주시옵소서.

우리 주님의 말씀과 성령충만 속에서 출발해서 초대교회처럼 가장 모범된 공동체가 되게 해주시옵소서.

좌절하고 낙심하고 방탕한 세상에서 잠들고 있는 영혼들에게 새로운 삶의 소망을 주는, 또 병들고 고통받고 버림받은 자들에게 주님의 이름으로 치료 할 수 있게 해주시옵소서.

새 힘을 주셔서 건강하게 하옵소서.

하나님 아버지! 또 우리 교회 공동체가 주님의 뜻에 따라 위대한 목적을 향해 가는 데 있어서 어떠한 폭풍우 어떠한 고난과 고통을 당해도 원망하고 후회하고 낙오됨이 없이 우리는 끝까지 참고 견디며 주님께서 주시는 기쁨과 사랑을 나누며 살아가는 저희들 되게 해주시옵소서.

하나님 아버지! 이 시간 주님의 말씀을 전할 귀한 목사님에게 주님의 지혜와 총명을 주시옵소서.

이 부족한 양 떼를 이끌어가는 데 어려움이 없게 하시고, 사도 바울과 같이 철학적 과학적 정치적으로 복음에 도전하는 어떤 문화에도 적절한 대응과 논리로, 지식의 말씀과 지혜의 말씀으로, 성령으로 이기게 하시고 그와 같은 훌륭한 전도자가 되게 해주시옵소서.

오늘도 예배의 시종을 우리 주님께 맡기오며 이 모든 말씀을 거룩하신 예수님 이름으로 기도드립니다. 아멘.

2월 1주

영광과 찬양을 홀로 받으시기에 합당하신 하나님 아버지!

지난 한 주간도 아무 사고 없게 하시고 오늘도 복되고 은혜로운 말씀 속에 신령한 예배로 주님의 날을 지키도록 허락해 주심을 진심으로 감사드립니다.

저희들 세상의 근심과 걱정으로 주님과 멀리 지냈고 세상의 쾌락과 재미로 주님의 영광을 가리고 믿음대로 살아가지 못했습니다.

하나님 아버지, 이 시간 저희들 주님이 허락하신 귀한 예배를 통해서 은혜 받고 성령충만 받아서 진심으로 회개하고 용서받는 거룩한 예배가 되게 해주시옵소서.

이 시간 목사님의 능력의 말씀을 통해서 은혜 받고 성령충만 받아서 우리 주님을 닮은 모습으로 주님의 성품으로 변화되게 하여주옵소서.

올해에도 우리 교회 표어처럼 우리 주님을 항상 가슴에 안고 기뻐하며 주님과 함께 감사하며 주님과 함께 기도하는 저희들 되게 해주시옵소서.

무디 목사님의 기도처럼 오늘도 세상 어디서나 주님을 닮은 사람들끼리 주님을 좋아하는 사람들끼리 만나고 좋은 일만 복된 일만 일어나서 만사형통 충만한 한 해가 되게 해주시옵소서.

사순절 첫 주가 되었습니다.

우리 주님께서 원수까지도 사랑하시며 병든 자를 고쳐주시고 고통과 고난과 핍박과 박해받으며 저희들의 죄를 짊어지셨습니다.

우리를 위해서 희생하시고 고난당하시며 피를 흘리신 주님!

이웃을 내몸과 같이 사랑하고 용서하며 희생하며 기도하는 저희들 되게 해주시옵소서.

주님의 그 보혈의 피를 통해서 저희들이 새로운 생명으로 태어나서 우리 주님처럼 이웃을 내 몸과 같이 사랑하게 해주시옵소서.

특별히 어려운 병으로 고통받는 권사님 가족, 여러 가지 건강으로 병석에서 고통받는 가족들도 있습니다.

우리 교회 특별기도기간을 통해서 성령이 교회 안에 임하사 주님의 능력의 힘으로 고침을 받을 수 있게 해주시옵소서.

또 힘들고 고달프고 어렵게 살아가는 우리 성도들도 있습니다.

주님께서 죽음의 사선에서 고통당하시던 그 사순절을 기억하면서 저희들도 인내하며 참고 견디며 주님께서 주시는 큰 기쁨과 부활의 영광을 바라보며 살아가는 저희들 되게 해주시옵소서.

이 시간 예배를 위해서 봉사하는 찬양대, 주일학교 교사, 식당 등 여러 봉사의 손길들이 있습니다. 정성을 모아 수고할 때마다 하늘의 위로와 신령한 복으로 채워주옵소서. 오늘도 예배의 시종을 주님께 맡기오며 거룩하신 예수님 이름으로 기도드립니다. 아멘.

 **2월 2주**

전능하신 하나님 아버지!

오늘도 부족한 저희들을 불러모으사 우리 하나님을 택한 백성이 되게 하시고 또 이 시간 귀한 말씀과 신령한 복으로 예배드리게 하여주심을 진심으로 감사와 찬송을 드립니다. 하나님 아버지! 그 동안 세상 살면서 우리 주님의 뜻대로 살지 못하고 불순종하며 세상 재미따라 죄악 속에서 살아온 저희들이옵니다.

이 시간 우리 주님의 생명의 빛이 우리에게로 임하시사 우리의 영혼을 깨우소서.

이 시간 귀한 말씀을 통해서 예배를 통해서 진심으로 반성하고 회계하는 시간되게 해주시옵소서.

특별히 주님의 말씀을 듣는 중에 성령충만 받게 해주시옵소서.

저희들 주님의 가르치신 말씀 속에서 은혜를 받아서 합심 기도를 통해서 오순절 다락방에 임하였던 뜨거운 성령이 임하게 하옵소서.

이 시간 이 뜨거운 말씀 속에서 우리 서로 사랑하게 하옵소서. 서로 나누는 형제가 되게 해주시옵소서.

우리의 충만한 믿음이 우리를 강하고 담대하게 하시고 또 기도의 운동이 사랑의 운동이 일어나는 아름다운 공동체가 되게 해주시옵소서.

우리 교회가 주님의 성령 속에서 하나가 되어 세상의 벽을 허물고 부흥하고 발전하고 성장하는 교회가 되게 해주시옵소서.

우리 교회에 기도의 운동이 일어나서 기도의 향기와 진동이 이 세상에 죽어가는 수많은 영혼들을 깨우게 하여주옵소서.

기도가 우리 교회에 가장 큰 힘이며 가장 자랑스런 에너지가 되는 줄 믿습니다.

또 이 시간 나이 많고 허약하고 슬프고 외롭고 쓸쓸한 모든 분들에게 우리 주님께서 함께하셔서 진정한 동반자가 되어 주시옵소서.

하나님 아버지, 이 시간 믿지 않는 세상 여러 친구들 또 이웃들 주님의 성령의 힘으로 마음을 움직이시고 영혼을 깨우사 주님을 찾고 구원받게 하옵소서.

날마다 점점 수가 더 해가는 아름다운 교회가 되게하여 주옵소서.

하나님 아버지, 이 시간 나 하나의 작은 순종이 나 하나의 작은 기도가, 나 하나의 작은 충성이 교회의 예배 공동체가 됨으로 금년도 목포인 "함께 지어져 가는 우리 교회, 하나가 된 교회" 모든 성도들이 되게 하옵소서.

이 시간 말씀을 전할 목사님이 마음 편안하게 능력의 말씀을 전할 수 있도록 우리 모두 사랑하고 기도하는 성도들이 되게 하옵소서.

오늘도 예배의 시종을 우리 주님께 맡기오며 거룩하신 예수님 이름으로 기도드립니다. 아멘.

 **2월 3주**

사랑과 은혜가 풍성하신 하나님 아버지!

지난 일주일 동안도 우리가 살고 있는 이 땅에는 크고 작은 사건 사고들이 있었지만 아무 사고 없게 보호하여주신 하나님 아버지께 진심으로 감사와 찬송드립니다.

하나님 아버지, 저희들은 이처럼 베풀어주신 은혜 속에서 살아왔지만 그 은혜를 조금도 보답하지 못하고 불순종했습니다. 이 시간 이 예배를 통해서 이 강퍅한 우리의 심령을 주님의 그 사랑으로 녹여주옵소서.

이 시간 또 죄로 물들고 잘못된 우리의 삶을 주님의 재단 앞에 내려놓습니다.

귀한 예배를 통해서 또 성령의 말씀을 통해서 진심으로 반성하고 회개하는 이 시간 되게 해주시옵소서.

하나님 아버지, 특별히 감사한 것은 이번에 우리 목사님 위임식과 집사, 권사 임직 등 큰 행사를 주님께서 허락하시고 주관하셔서 뜻 안에서 마칠 수 있도록 은혜 베풀어 주셔서 진심으로 감사드립니다.

이제 우리 교회는 하나님 앞에 공인된 교회로서 하늘에서 주시는 그 사명과 책임을 다할 수 있게 하옵소서.

또 앞으로 우리 교회가 어떠한 죄악 되고 타락한 사회 속에서도, 어떠한 고난과 고통 속에서도, 어떠한 핍박과 박해 속에서도, 어떠한 전시와 비상사태 속에서도 살아 있는 그리스도와 함께 생명력을 가지고 이 땅에서 영원히 그리스도에 생명을 가지고 천국의 사명을 감당하게 하옵소서.

하나님 아버지, 우리 교회가 이번 기회를 통해서 기도하는 공동체, 일하는 공동체가 되게 해주시옵소서. 또 예배 드리는 공동체, 배움의 공동체가 되게 해주시옵소서.

또 아론과 훌이 모세의 팔을 붙잡고 팔을 올려줌으로 이스라엘이 승리한 것같이 이번 기회를 통해서 우리 교회가 하나가 되어서 합심하여 기도하고 성정하게 하옵소서.

서로 힘을 합하여 무엇이든지 구하면 하늘에 계신 너희 아버지께서 다 이루어주신다고 하신 주님, 저희들 이 시간 그 하나된 마음으로 목사님 그의 팔을 올려줌으로 성령충만한 교회가 되게 해주시옵소서.

우리 주님이 함께 함으로 승리하는 교회가 되게 해주시옵소서.

오늘도 예배의 시종을 우리 주님께 맡기오며 거룩하신 예수님 이름으로 기도드립니다. 아멘.

2월 4주

영광 받으시기에 합당하신 하나님 아버지!

이 시간 약하고 부족한 저희들을 부르셔서 우리 주님의 귀한 은총과 은혜속에서 신령한 하늘의 복으로 예배드리게 하여주심을 진심으로 감사와 찬송 드립니다.

하나님 아버지, 저희들 세상에 흩어져 살면서 주님의 말씀 속에서 믿음 안에서 살지 못했습니다.

이 시간 주님께서 찾아오셔서 우리의 영혼을 깨워주옵소서.

주님과 만남으로 우리의 영에 눈을 뜨게 하옵소서. 우리의 간절한 기도와 말씀속에서 성령충만 받아서 주님이 우리 앞에 나타나시며 "너를 사랑하고 네가 믿는 예수"라고 말씀하시는 주님의 음성을 듣게 하옵소서.

주님을 통해서 은혜를 받고 성령충만 받아서 진심으로 회개하고 뉘우치는 거룩한 예배가 되게 해주시옵소서.

하나님 아버지, 올해 우리 교회 표어처럼 "오직 주님만 섬기는 교회, 오직 말씀만 붙드는 교회, 오직 주님만 바라보는 교회"가 되어서 우리에게 부여하신 그 사명과 책임을 다해 하나님 앞에 큰 영광을 돌리는 귀한 구원의 공동체가 되게 해주시옵소서.

하나님 아버지, 올 한 해도 이 구원의 방주를 이끌어갈 목사님께 주님의 지혜와 총명을 주시고 귀한 능력을 주시옵소서.

"다 내게로 오라 이곳에 오면 영원히 살리라!"하신 주님의 구원의 방주가 되어 영원히 마르지 않는 생명수가, 새로운 말씀과 은혜로 병을 치료하고 고쳐 주는 능력 있는 교회가 되게 해주옵소서.

주님의 신령한 복이 또 하늘에서 주시는 은혜의 말씀이 넘치는 우리 교회가 되게 해주시옵소서

오늘도 귀한 성전에서 흘러나오는 찬양의 소리가 높고 위대하신 여호와 하나님을 기쁘시게 하고 송축하고 영광 돌리게 하옵소서.

기도의 소리가, 말씀의 힘과 능력이 수많은 영혼들이 죽어간 세상을 깨우게 하시고 잠자는 영혼을 흔들어 깨워서 성령의 도우심으로 부흥하고 이끌어가는 구원의 방주가 되게 해주시옵소서.

세상을 살아가면서 실망하고 좌절하고 낙심하는 일이 있더라도 주님께서 공급해주시는 성령의 힘으로 꿈과 소망과 희망을 가지고 살아가는 저희들 되게 해주시옵소서.

오늘도 예배의 시종을 우리 주님께 맡기오며 거룩하신 예수님 이름으로 기도드립니다. 아멘.

2월 5주

예수께서 이르시되 생명의 떡이니 내게 오는 자는 결코 주리지 아니 할 터이요 나를 믿는 자는 영원히 목마르지 아니하리라 (요 6:35)

오늘도 하늘의 아름다운 보고를 여시고 은혜의 빛을 비추사 기도와 말씀으로 성령과 영감을 통해 대화의 통로가 열리고 천국의 모든 기쁜 소식이 전달되게 해주시옵소서.

오늘도 저희들 성령님께서 움직이게 하시고 우리가 할 수 있는 일을 또 가르쳐 주시옵소서. 하나님 아버지, 저희들 세상 어디로 가든지 목적지가 주님의 뜻 가운데 있게 하시고 우리 주님이 임재하신 곳이 되게 해 주시 옵소서.

오늘도 저희들에게 세상을 살아갈 귀한 말씀을 주시고 또 세상을 이끌어 갈 지혜와 총명과 능력의 말씀을 주시옵소서.

하나님 아버지, 우리가 하고자 하는 모든 일들과 우리의 모든 계획들을 주님의 목적대로 인도해주시며 세상을 정복할 수 있는 힘과 능력을 주시옵소서.

이 시간 성령님을 통해서 움직이게 하시며 또 지시받기를 원합니다.

성령안에서 대화와 기쁜 소식들이 오가게 하옵소서.

세상의 욕심, 고집, 자존심, 시기, 질투, 유혹과 정욕을 다 버리게 하옵소서.

또한 과음, 과식 등 헛된 욕심을 버리게 하여주옵소서.

항상 믿음 안에서 마음을 비우고 양보하고 사랑으로 세상을 살아가게 하옵소서.

하나님 아버지, 오늘도 우리에게 그 얼굴로, 그 사랑으로, 주님의 그 겸손하심으로, 그 희생과 봉사정신으로 세상 사람들에게 본이 되어 살아가게 하옵소서.

주님의 지혜와 총명을 주셔서 둔한 입술을 벌려 주옥같은 주님의 말씀들을 감동과 영감을 주는 말씀으로 전하여 세상을 변화시키게 하옵소서.

오늘도 예배의 시종을 우리 주님께 맡기오며 거룩하신 예수님 이름으로 기도드립니다. 아멘.

3월 1주

사랑과 희생을 손수 보여주신 하나님 아버지!

우리의 죄를 위하여 십자가를 지시고 갖은 수치와 모욕를 당하시며 마지막 피 한방울 땀 한 방울까지도 우리를 위해서 쏟으시며 희생하신 주님의 고귀한 희생과 사랑이 있었기에 저희들 이처럼 죄에서 해방되고 새 생명을 가지고 주님의 자유와 평화와 행복을 가지고 살아갈 수 있습니다.

일주일 동안 이 세상 살면서 주님의 고귀한 사랑과 은혜 속에서 살아왔지만 사랑과 은혜를 잊어버리고 세상 재미에 따라 재물도 팔고 친구도 팔고 유혹과 마귀 사탄에 파는 저희들이었습니다.

이 시간 이 귀한 예배를 통해서 우리 주님께서 우리를 위해서 십자가에서 땀 흘리시고 피 흘리시며 사랑과 희생을 다하신 것을 기억하면서 진심으로 반성하고 회개하오니 저희를 용서하여 주옵소서.

이 시간 또 목사님의 귀한 성령의 말씀을 통해서 은혜를 받고 성령 충만 받아서 주님 앞에 사명과 책임을 다하는 저희들 되게 해주시옵소서. 저희들 서로 사랑하고 기도하는 공동체가 되게 해주시옵소서.

자복하고 회개하여 우리 주님 앞에 가장 충성된 귀한 종들이 되게 해주시옵소서.

사순절 특별기도회를 통해서 신령한 은혜를 받아 우리 주님의 손에 못자국, 허리에 창자국, 머리에 가시 면류관을 생각하여 사랑과 희생의 흔적을 본받아 우리 가족을 사랑하고 이웃을 사랑하며 주님처럼 겸손과 희생으로 살아가는 저희들 되게 해주시옵소서.

하나님 아버지, 이 세상을 살아가는 동안 힘들고 어렵고 좌절하고 실망하고 또 그러한 고비가 있을 때마다 우리 주님께서 십자가에 고난과 고통을 당하시며 인내하며 사랑을 베푸신 것을 기억하면서 믿음 안에서 말씀 속에서 강건하게 살아가는 저희들 되게 해주시옵소서.

하나님 아버지!

오늘도 예배를 위해서 수고하는 찬양대, 식당봉사, 또 안내, 청소, 여러 봉사자들의 손길들이 있습니다. 우리 주님께서는 다 알고 계시오니 위로해 주시고 하늘의 복으로 채워주옵소서.

예배의 시종을 주님께 맡기오며 거룩하신 예수님 이름으로 기도드립니다. 아멘.

3월 2주

"여호와께서 너를 위하여 하늘의 아름다운 보고를 여시사 네 땅에 때를 따라 비를 내리시고 네 손으로 하는 모든 일에 복을 주시리니" (신 28:12)라고 말씀하신 하나님, 오늘도 우리의 영혼을 흔들어 깨우사 소생하게 하시고 말씀과 성령으로 변화되고 주님이 주신 복으로 주님을 찬양하게 하여주옵소서.

하나님 아버지, 주님께서 심히 고민하시고 고통당하시며 부르짖는 기도 소리를 듣지 못하고 항상 깨어서 곁에 있으라 하신 말씀을 듣지 못하고 세상을 즐기면서 방탕과 죄악 속에서 살았습니다.

이 시간 부족한 저희들을 용서하여주옵소서.

이 시간 우리 목사님 전하실 성령의 말씀을 주셔서 주님께서 고통과 고난당하시고 또 고민하시고 부르짖는 기도 소리를 깨닫게 하셔서 이 시간 천국 문이 열리게 하옵소서.

성령충만 받게 하시고 이 땅에 주님의 나라가 오게 하시고 주님의 평화가 오게 하여주옵소서.

사도 바울이 옥중에서 한 기도와 찬송으로 옥터가 움직이고 진동하고 옥문이 열리는 기적의 현상이 사순절 기도를 통해서 기도의 진동이 이 시간 우리 주님을 만나보고 큰 체험을 얻어 세상 사람들에게 살아 계신 주님을, 그 겸손과 사랑을 보여주게 하옵소서.

예배를 위해서 수고하는 찬양대, 또 교사로서, 식당에서, 청소, 안내로서, 교회 차량운전으로, 이 밖에 보이지 않게 수고하는 여러 교우들에게 주님께서 한 사람 한 사람 찾아주셔서 위로해주시고 은혜를 받게하여 주시옵소서.

예배의 시종을 우리 주님께 맡기오며 이 모든 말씀을 거룩하신 예수님 이름으로 기도드립니다. 아멘.

3월 3주

그 동안 얼었던 땅을 녹여주시고 세상에 텅 비어 있는 모든 공간들을 우리 하나님이 따스한 빛으로 녹이셔셔 우리 주님의 새 생명을 채워 주신 것에 감사드립니다.

오늘도 생명의 빛을 우리에게 비추사 잠들었던 우리의 영혼을 깨워 주소서.

사랑과 희생으로 이 땅에 오신 주님!

우리를 위해서 십자가에서 고통과 고난을 당하시며 땀과 피를 흘리신 사순절을 맞이했습니다.

우리 주님께서 받으신 십자가에서의 고난과 희생을 통해 지금 이처럼 자유와 행복과 소망과 평화를 가지고 살아갈 수 있게 하여주심을 진심으로 감사드립니다.

하나님 아버지, 저희들 고난주간을 맞이해서 더욱더 우리 이웃을 사랑하고 화해하고 용서하게 해주시옵소서.

또 삶에 힘들고 고달팠던 것은 이 시간 주님의 사순절 그 모습을 기억하면서 삶을 인내하며 극복해가는 저희들 되게 해주시옵소서.

또 선한 싸움으로 이겨서 선한 열매, 성령의 열매를 맺게 하여 주옵소서. 세상의 죄악을 물리치게 하옵소서.

또 이 땅에 불의와 부정을 물리치게 하옵소서.

우리 주님을 기억하면서 주님의 고난에 적극 참여하는 저희들 되게 해주시옵소서.

주님과 함께 기도하면서 고통을 나누게 하옵소서.

기도 속에서 은혜를 받아서 성령충만 받게 해주시옵소서.

성령안에서 금년도 우리 교회 표어처럼 말씀과 기도의 문이 넓게 열리게 하시고 감사와 찬양의 입이 넓게 열려 무리의 행군 나팔소리로 견고한 성을 무너뜨리게 한 것처럼 우리 주님 앞에 해결하지 못한 이웃을 사랑하지 못한 장벽, 시기하고 질투하는 장벽, 고민과 우리 주님을 가리는 모든 사탄의 장벽을 찬양과 기도의 권능으로 무너뜨리는 이 시간 되게 해주시옵소서.

하나님 아버지, 우리의 감사와 찬양과 말씀의 기도 소리가 지금 세상에 잠들어 있는 수많은 영혼들을 흔들어 깨우는 놀라운 역사가 있게 해주시옵소서.

이번 주간을 통해서 우리 교회가 더욱더 아름다운 예배 공동체, 배움의 공동체, 기도의 공동체가 되게 해주시옵소서.

오늘도 예배의 시종을 우리 주님께 맡기오며 거룩하신 예수님 이름으로 기도드립니다. 아멘.

3월 4주

> 이에 말씀하시되 내 마음이 매우 고민하여 죽게 되었으니 너희는 여기 머물러 나와 함께 깨어 있으라 하시고 (마 26:38)

우리 주님을 따르는 종이 되게 하소서!

"너희는 여기 머물러 나와 함께 깨어 있으라"하신 주님, 이 시간 주님의 마음과 생각과 뜻을 같이하면서 그 날을 기다리는 저희들 되게 해주시옵소서.

지금 주님과 함께 깨어 기도하면서 회개하는 저희들 되게 해주시옵소서.

또 주님과 같이 준비하고 주님 나라를 위해서 기다리는 저희들 되게 해주시옵소서.

주님께서 고난 겪고 계실 때에 저희들 함께 깨어 있지 아니하고 세상 재미따라 세상에서 즐거움으로 마귀사탄과 같이 보냈습니다.

이 시간 저희들을 불쌍히 보시고 우리의 모든 허물과 죄를 다 용서하여 주옵소서.

진심으로 반성하고 회개하는 저희들 되게 해주시옵소서.

부족한 저희들 회개하고 뉘우치고 겸손한 마음으로 주님의 뜻을 따르고자 이 부족한 손을 주님께로 뻗어 주님의 손을 붙잡습니다.

이 시간 용서하여 주옵소서.

우리의 이웃을 용서하게 하시고, 우리의 형제를 용서하게 하옵소서.

또 우리의 이웃을 사랑하게 하시고, 우리 형제를 사랑하게 하옵소서.

세상의 유혹과 즐거움 마귀사탄 다 물리치게 하옵소서.

피흘리시는 주님의 무거운 십자가를 지고 골고다로 향하는 저희들
되게 해주시옵소서.

세상에서 조롱받고 수치와 핍박을 받더라도 우리 주님의 십자가를
짊어지게 하옵소서.

그 자리를 지키게 하시고 주님의 곁을 떠나지 않게 하옵소서.

주님과 같이 기도하는 저희들 되어서 주님의 부활을 지켜보며 다시
살아나신 부활의 주님을 가장 먼저 전하는 깨어있는 저희들 되게 하
옵소서.

주님께서 피흘리시며 지고 가신 십자가를 붙들며 기도하는 저희들
되게 해주시옵소서.

이제 세상의 모든 유혹과 시험과 마귀사탄을 주님의 이름으로 물리
치게 하옵소서.

하나님 아버지, 이 시간 세상이 우리를 비방하고 욕하고 조롱하여
도, 주님을 십자가에서 죽게 만든 로마 병정마저도 다 용서하여주옵
소서.

내 원수까지도 용서하며 사랑하는 저희들 되게 해주시옵소서.

우리가 사는 이 땅에 주님의 희생을 통해서 주님의 평화가, 사랑과
용서가 있게 하여주옵소서.

주님의 나라가 오게 하옵소서.

오늘도 예배의 시종을 주님께 맡기오며 거룩하신 예수님 이름 받들
어 기도드립니다. 아멘.

 **3월 5주**

모든 기도와 간구를 하되 항상 성령 안에서 기도하고 이를 위하여 깨어 구하기를 항상 힘쓰며 여러 성도를 위하여 구하라 (엡 6:18)

거룩하신 아버지 하나님!

오늘도 우리 주님의 귀한 날을 주시고 주님의 말씀과 은혜 속에서 살아갈 수 있게 하여 주심을 진심으로 감사드립니다.

오늘은 주님께서 고난주간을 마무리하고 예루살렘으로 입성하신 종려 주일입니다.

하나님!

마지막까지 주님의 고난을 기억하면서 기도에 힘쓰며 우리 주님 곁을 떠나지 않고 깨어 있는 저희들 되게 해주시옵소서. 항상 성령안에서 기도하며 살아가는 저희들 되게 해주시옵소서.

이 시간 저희들을 향한 그 부르짖음과 통곡의 기도 소리를 듣게 하옵소서.

저희들은 듣기는 들어도 깨닫지 못하고 보기는 보아도 알지 못합니다.

간절한 주님의 그 음성을 듣고 회개하는 저희들 되게 해주시옵소서.

이 세상에서 분쟁하고 시기하고 탐욕하고 미워하고 싸우며 살아가는 저희들 주님의 그 사랑을, 그 자비와 긍휼을 베풀지 못하며 살았습니다.

이 시간 주님을 붙잡고 진심으로 반성하고 회개하게 하옵소서.

저희들 자복하고 회개하며 주님의 손을 붙잡고자 합니다.

저희들 손을 잡아 일으키시며 세우시고 십자가의 보혈의 피로 죄 씻김 받게 하옵소서.

이 시간 병들고 허약하고 고통받는 모든 사람들 십자가의 보혈을 받고자 주님께로 향합니다.

그들의 손을 잡아 일으켜 세우시며 건강하고 강한 힘을 주시옵소서. 하나님 아버지, 가난하고 불쌍한 사람들, 그 보혈의 피를 받고자 주님께로 향합니다.

일으켜 세우시고 보리떡 다섯 개로 축복하사 오천 명을 먹이시고 남았던 그 기적과 복의 역사가 일어나서 복에 복을 주시는 이 시간 되게 해주시옵소서.

이 시간 또 예배를 위해서 봉사하는 찬양대, 교사, 식당, 안내 등 힘쓰고 애쓰는 여러 손길이 있습니다.

정성을 모아 수고할 때마다 위로해주시고 하늘의 신령한 복으로 채워주옵소서.

예배의 시종을 우리 주님께 맡기오며 거룩하신 예수님 이름으로 기도드립니다. 아멘.

4월 1주

우주 만물을 우리에게 주시고 이 세상을 사랑하시는 하나님 아버지!

그 동안 얼었던 땅을 따뜻한 빛으로 녹여주시고 세상의 모든 만물들이 생육하고 번성하게 하시고 새로운 싹이 트고 꽃이 피고 산과 들과 강과 바다가 더욱더 아름답게 조화를 이루게 하시며 오늘도 저희들을 위해서 쉬지도 아니하시고 주무시지도 않으시고 자비로우신 하나님 아버지, 찬양과 감사와 영광을 드립니다.

하나님 아버지, 오늘도 이 거룩한 예배를 통해서 또 목사님께서 전하시는 말씀을 통해서 차갑고 냉랭하고 막혀있던 우리의 마음의 문이 열려 은혜를 받고 성령충만 받게 하여주옵소서.

더욱더 큰 믿음을 소유하고 사명과 책임을 감당하는 이 시간 되게 해주시옵소서.

주님께서 비쳐주시는 성령의 빛이 메시지가 전달되게 하시고 환상이 우리 마음에 비치게 하여주옵소서.

하나님 아버지, 저희들 이 세상 살면서 아름다운 모습 보이지 못하고 남을 미워하고 시기하고 질투하고 교만하게 살았습니다.

이 시간 말씀 가운데서 기도 속에서 주님과의 만남이 이루어져서 주님과 닮은 모습으로 사랑과 화해와 용서와 겸손으로 변화되는 저희들 되게 하여주옵소서.

이 시간 저희들 은혜 받고 성령충만 속에서 기도하게 하여주옵소서.

우리의 간절한 기도의 힘이, 기도의 진동이, 기도의 향기가 지금 잠들어 있는 수많은 영혼들을 흔들어 깨우는 놀라운 역사가 있게 하여주옵소서.

하나님 아버지, 저희들이 부르짖는 기도마다 하나 하나 들어주시고 응답받고 축복받는 이 예배가 되게 하여주옵소서.

또 예배를 위해서 봉사하는 찬양대, 교사로, 식당에서, 안내로, 차량운전으로, 그 밖에 보이지 않게 섬기는 여러 손길들이 있습니다.

정성을 모아 수고할 때마다 위로와 하늘의 신령한 복으로 채워주옵소서.

예배의 시종을 주님께 맡기오며 거룩하신 예수님 이름으로 기도드립니다. 아멘.

 **4월 2주**

우주 만물을 창조하시고 우리 인간을 창조하신 하나님 아버지!

이 땅에 수많은 생명체가 생육하고 번성하며 오늘도 충만한 은혜를 베풀어주심을 감사드립니다.

우리를 위해서 피와 땀을 흘리시고 고난과 고통을 당하시며 십자가에서 못 박혀 돌아가시고 오늘 다시 부활하신 주님을 진심으로 기뻐하고 우리에게 부활의 첫 열매를 주신 하나님 아버지께 진심으로 감사와 찬송드립니다.

부족한 저희들 고난과 고통을 함께 나누지 못하고 세상 재미따라 치우쳐 살아왔습니다.

저희들 이 귀한 예배를 통해서, 귀한 말씀을 통해서 진심으로 반성하고 회개하오니 용서하여 주옵소서.

목사님께서 전하시는 귀한 말씀을 통해서 은혜를 받고 성령충만 받아서 다시 부활하신 주님을 만나보게 해주시옵소서.

머리에는 가시면류관, 허리에는 창자국, 손에는 못자국 있는 것을 확인하고 성령충만 받는 은혜의 시간되게 해주시옵소서.

하나님 아버지, 이 부활절 예배를 통해서 우리 주님께서 배푸신 그 사랑과 겸손과 희생을 이 시간 소유하게 하여주시옵소서.

세상에서 살아가는 동안 우리 주님께서 이루어주신 그 참사랑을, 그 희생을, 그 흔적을 남기게 하여주옵소서.

오늘 부활의 기쁨을 통해서 저희들 다시 일어서게 하시고 새로운 희망과 용기를 갖게 하여주옵소서.

이 시간 예배를 위해서 봉사하는 찬양대, 교사로서, 식당에서, 안내로서, 차량운전으로, 그 밖에 섬기는 여러 손길이 있습니다. 정성을 모아 수고할 때마다 위로와 하늘의 신령한 복으로 채워주옵소서.

예배의 시종을 우리 주님께 맡기오며 거룩하신 예수님 이름으로 기도드립니다. 아멘.

4월 3주

너는 마땅히 공의만을 따르라 그리하면 네가 살겠고 네 하나님 여호와께서 네게 주시는 땅을 차지하리라 (신 16:20)

항상 우리에게 꿈과 희망을 주시는 하나님 아버지!

부족한 우리에게 위대한 꿈과 희망을 가지고 살아가게 하시고 가난하고 굶주리고 어렵게 살아가는 고통에서 건지시어 이처럼 크게 넓히시고 이끌어주신 하나님 아버지께 진심으로 감사드립니다.

이 세상에서 살아가는 동안 교만하고 거만하고 타락하고 하나님을 멀리할 때에 실패와 절망과 좌절과 낙심으로 방황할 수밖에 없는 저희들이란 것을 깨닫게 하시고 희망과 복과 기업을 주시는 하나님을 붙잡고 살아가는 저희들 되게 해주시옵소서.

이 시간 항상 기도하게 하시고 항상 기뻐하며 감사하며 주를 섬기는 백성들 되게 해주시옵소서.

오늘도 저희들이 살아가는 이 세상 위에 우리 주님의 영광과 평화와 평강이 온누리에 임하게 하옵소서. 또 저희들이 운영하는 기업들에도 함께하여 만사형통하게 해주시옵소서.

만인이 평등하고 자유와 행복과 인권이 보장되는 아름다운 나라가 되게 해주시옵소서. 항상 하나님의 은혜속에서 계명과 율법을 지키며 하나님 앞에 순종하며 살아가는 이 민족이 되게 해주시옵소서.

그러나 우리 사회를 되돌아볼 때에 도덕과 윤리가 없어지고 타락과 방탕과 음란과 살인과 부정부패가 난무하고 있습니다.

소돔과 고모라 성과 같이 의인은 하나도 없는 현실입니다. 하루 속히 이 민족이 하나님 앞에 회개하고 돌아오게 해주시옵소서.

마음을 다하고 뜻을 다하고 성품과 온힘을 다하여 하나님을 섬기며 믿음과 선을 행하고 살아가는 이 민족이 되게 해주시옵소서.

우리 민족이 항상 하나님의 말씀에 귀를 기울이고 책망과 훈계로 바르게 살며 말씀을 잊지 않게 하여주옵소서.

하나님의 말씀에 순종해서 더욱더 강하고 담대한 민족, 하나님의 능력으로 전진하는 이 민족이 되게 해주시옵소서.

이스라엘의 솔로몬 왕이 통치하는 시대처럼 튼튼한 국력과 강한 힘이 있는 민족이 되게 해주시옵소서.

항상 하나님의 정의로운 나라가 되게 하시고 하나님의 성전으로 모이는 민족이 되게 하시고 정치와 사회, 모든 국가 기관이 주님께서 주시는 지혜로 통치하고 하나님의 말씀이 지배하는 이 나라가 되게 해주시옵소서.

이 모든 말씀을 거룩하신 예수님 이름으로 기도드립니다. 아멘.

4월 4주

예수께서 이르시되 나는 부활이요 생명이니 나를 믿는 자는 죽어도 살겠고 무릇 살아서 나를 믿는 자는 영원히 죽지 아니하리니 이것을 네가 믿느냐 (요 11:25-26)

생명과 부활이신 하나님 아버지!

말라 있던 이 땅위에 주님의 빛을 통해 새싹이 트고 만물이 다 소생하는 새 생명의 계절을 주심을 감사드립니다.

저희들 일주일 동안 우리 주님을 고민하게 만들었고 고통과 슬픔을 안겨 주었습니다.

또 공포와 죽음으로 주님을 십자가에 못박게 만들었습니다.

이제 부활하신 주님과 함께 진심으로 회개하고 반성하는 저희들 되게 해주옵소서.

주님과 함께 준비하고 깨어서 기도하는 저희들 되게 해주시옵소서.

하나님 아버지! 이 시간 마음과 뜻과 정성을 모아 드리는 이 예배가 되게 하시고 또 목사님께서 전하시는 말씀을 통해서 천국 문이 열려서 하늘에서 내려주시는 신령한 말씀과 복으로 큰 기쁨을 누리는 저희들 되게 해주시옵소서.

은혜 받고 성령충만 받게 하여 주시옵소서.

오늘도 말씀과 성령의 큰 체험 속에서 부활하신 우리 주님께서 우리 앞에 나타나시며 그 상처와 흔적을 만지며 확인해서 우리에게 주시는 구원의 확신과 부활 확신을 얻게 하시며 말씀이 일점 일획도 변하지 않고 이루어진다는 사실을 확실히 믿고 살아가게 하옵소서.

오늘 성령이 우리에게 임하시어 온 유대와 사마리아와 땅끝까지 이르러 증인이 되라는 그 말씀에 책임을 다하는 저희들 되게 해주시옵소서.

능력과 사랑과 부활의 아버지!

오늘 고통과 슬픔과 죽음과 절망 속에서 어두움을 걷히게 하시며 새 희망과 생명과 부활과 광명의 빛을 우리 교회에 비추어주시옵소서.

저희들 그 빛을 통해서 서로 용서하고 사랑하며 화합과 화평, 평화가 이루어져서 진정으로 성령 안에서 합심의 기도가 이루어지게 해주시옵소서.

우리 주님께서 십자가에서 남겨주신 흔적으로 이웃을 사랑하고 용서하며 온유와 겸손으로 변화는 저희들 되게 해주시옵소서.

예배의 시종을 우리 주님께 맡기오며 이 모든 말씀을 거룩하신 예수님 이름으로 기도드립니다. 아멘.

 **4월 5주**

요한은 물로 세례를 베풀었으나 너희는 몇 날이 못되어 성령으로 세
례를 받으리라 하셨느니라 (행 1:5)

오늘도 저희들을 위해서 하늘의 아름다운 보고를 여시고 빛을 비추
시사 이 땅에 수많은 생명들이 생육하고 번성하며 산과 나무, 꽃이 아
름답게 조화를 이루며 충만함으로 섭리하여주신 하나님 아버지께 진
심으로 감사와 찬송과 영광을 드립니다.

우리 주님의 곁을 떠나 세상에서 살아온 저희들 이 시간 주님의 백
성이 되고자 천국에서 베푸시는 말씀과 성령이 있는 주님의 전에 모
였습니다.

부족한 저희들 주님의 마음을 아프게 하였지만 사랑으로 품어주옵
소서.

세상을 다스리시는 하나님 아버지, 오늘도 우리의 간구와 기도로
마음과 마음이 하나된 이 예배를 통해서 오순절 다락방에 임하였던
성령이 임하게 하여주옵소서.

성령을 통해서 하나가 되고, 성령을 통해서 부흥하고, 성령을 통해
서 기적이 일어나게 하옵소서.

오늘도 저희들에게 주님께서 주시는 만나와 생명수가, 또 오병이의 기적과 앉은뱅이를 일으키시고 병든 자를 고쳐주시며 죽은 나사로를 살리신 기적을 통해서 우리를 이끌어주옵소서.

살아 계신 하나님을 체험하고 큰 기쁨을 갖는 이 시간 되게 해주옵소서.

예배를 위해서 수고하는 찬양대 또 교사로서, 식당에, 안내로서, 청소와 차량봉사로서, 이 밖에도 보이지 않게 봉사하는 성도들이 있습니다.

주님께서 위로해주시고 하늘의 복으로 채워주옵소서.

예배의 시종을 주님께 맡기오며 이 모든 말씀을 거룩하신 예수님 이름으로 기도드립니다. 아멘.

5월 1주

꺼져가는 불도 끄지 않으시고 상한 갈대도 꺾지 않으시며 용서와 사랑으로 우리를 이끌어주신 하나님 아버지, 감사하고 감사합니다.

지난 한 주간 귀한 은혜 속에서 살게 하시고 또 이 시간 신령한 말씀과 복으로 예배드리게 허락해주심을 진심으로 감사드립니다.

하나님 아버지, 저희들 이 세상 살면서 주님의 그 아름다운 모습대로 살지 못하고 교만하고 오만하고 타락하고 방탕하게 살았습니다.

이 시간 목사님의 말씀을 통해서 성령충만 받아서 강퍅하고 오만한 심령을 주님의 사랑으로 녹여주옵소서.

또 저희들 은혜를 받고 성령충만 받아서 합심하여 기도할 때 이 시간 성령의 불을 지피는 기도의 용광로가 되게 해주시옵소서.

이 시간 저희들 은혜를 받고 성령충만 받아서 회개하고 자복하고 반성하게 하여주옵소서.

하나님 아버지, 이 시간 성령의 은사를 통해서 우리 주님 앞에, 우리 교회 앞에 모든 사람들과 공동체 앞에 더욱더 겸손과 온유, 순종과 충성으로 살아가는 저희들 되게 하여주옵소서.

너희 중에 두 사람이 땅에서 합심하여 무엇이든지 구하면 하늘에 계신 아버지께서 그들을 위하여 이루게 하신다고 하신 주님, 이 시간 합심하여 기도드리니 오순절 다락방에 임하였던 그 성령이 임하게 하옵소서.

이 시간 은혜를 받고 성령충만 받아서 주님 앞에 사명과 책임을 부여받는 이 귀중한 예배가 되게 해주시옵소서.

하나님 아버지, 성령강림을 통해서 우리가 은혜를 받고 말씀을 받아서 주님의 그 길을 따라가는 저희들 되게 해주시옵소서.

성령의 은사를 통해 우리 주님의 겸손과 사랑과 온유와 나눔과 희생을 통해 우리 가족이 하나 되고 교회가 하나 되고 사회가 하나 되고 나라가 하나되는 역사가 일어나게 해주시옵소서.

성령강림을 통해서 우리 교회가 배움의 공동체, 교제하며 기도하는 공동체, 일하며 나누는 공동체가 되게 하여주옵소서.

예배를 위해서 봉사하는 찬양대, 교사, 식당 봉사 등 여러 손길들이 있습니다.

정성을 모아 수고할 때마다 하늘에서 주시는 위로와 신령한 복으로 채워주옵소서.

예배의 시종을 주님께 맡기오며 이 모든 말씀을 거룩하신 예수님 이름으로 기도드립니다. 아멘.

5월 2주

오늘 내가 네게 명령하는 여호와의 규례와 명령을 지키라 너와 네 후손이 복을 받아 네 하나님 여호와께서 네게 주시는 땅에서 한없이 오래 살리라 (신 4:40)

새 생명을 주신 하나님 아버지!

오늘도 우리에게 따뜻한 빛과 바람과 비를 주시고 모든 만물들이 생육하고 번성하고 자라게 하시며 산과 들과 바다와 강이 더욱더 아름답게 조화를 이루게 하시고 꽃이 피고 잎이 피고 더 푸르게 물들어 가는 아름다운 5월을 주셔서 진심으로 감사드립니다.

하나님 아버지, 저희들 이 세상 살면서 우리 주님의 말씀 속에서 살지 못하고 또 주님의 아름다운 모습대로 살지 못했습니다. 주님께서 가르치신 그 말씀대로 살아가지 못했습니다.

주님의 그 흔적을, 그 겸손과 사랑을 남기지 못했습니다.

이 시간 이 귀한 예배를 통해서, 목사님께서 전해주신 말씀을 통해서 은혜를 받고 성령충만 받아서 진심으로 회개하고 용서받는 거룩한 시간이 되게 해주시옵소서.

이 시간 새로운 성령의 말씀을 통해서 변화되고 거듭나고 겸손과 사랑과 순종으로 살아가는 저희들 되게 해주시옵소서.

5월은 가정의 달입니다. 자라나는 우리 자녀들 주님에 말씀 안에서 양육하고 훈계하고 교육하여 온전하게 자라게 하옵소서.

그리하여 우리 사회에서나 교회에서 동일하게 훌륭한 주님의 일꾼이 되게 해주시옵소서.

또 그들을 위해서 기도하는 부모가 되게 해주시옵소서.

무엇보다도 말씀으로 주님을 섬기는 자녀들이 되어서 대대로 믿음의 후손이 되게 해주시옵소서.

아브람에게 약속한 것처럼 자손이 하늘의 별과 같이 바다의 모래와 같이 큰 민족을 이루게 하시고 보이는 곳을 기업으로 이루며 지경을 넓혀 복의 민족이 되게 해주시옵소서.

솔로몬과 같이 훌륭한 지혜의 일꾼이 되게 해주시옵소서.

가정이 무엇보다도 주님이 중심이 되고 말씀이 되어서 받는 가정이 되게 해주옵소서.

성경 말씀이 인격이 되고 교육이 되고 지식이 되는 가정이 되게 해주시옵소서.

항상 말씀이 그 귀에서 떠나가지 않게 하여주옵소서.

항상 말씀을 읽어가고 말씀을 사모하는 가정들이 되게 해주옵소서.

오늘도 예배의 시종을 주님께 맡기오며 이 모든 말씀을 거룩하신 예수님 이름으로 기도드립니다. 아멘.

 **5월 3주**

우주만물을 창조하시고 아름다운 강과 바다와 산과 들을 주시며 온통 아름다운 꽃과 실록으로 물들인 충만함을 주심을 진심으로 감사드립니다.

믿음은 들음에서 나며 들음은 말씀에서라고 하신 하나님!

오늘도 저희들 말씀 안으로 모이게 하셔서 하나님! 말씀을 듣게 하시고 또 그 말씀을 통해서 믿음으로 성령충만함을 얻게 하여주심을 진심으로 감사드립니다.

이 예배를 주관하시고 함께하여주시며 우리의 간구와 부르짖음을 들어주시는 하나님, 이 시간 우리의 간구와 뜻이 이루어지게 하옵소서.

말씀을 전하실 우리 목사님 능력의 말씀을 권능의 말씀을 허락하옵소서.

말씀을 통해서 천국 문이 열리게 하시고 천국의 열쇠를 주시옵소서.

저희들 이 귀한 예배를 통해서 은혜를 받고 성령충만 받게 하옵소서. 이 시간 귀한 말씀이 우리에게 큰 믿음이 되어서 사명과 책임을 다하는 저희들 되게 해주시옵소서.

하나님 아버지, 우리 교회가 총동원 주일을 앞두고 있습니다.

먼저 기도로 준비하는 저희들 되게 해주시옵소서.

저희들 우리 주님을 따라서 세상에서 소금과 빛의 역할을 다하기를 원합니다.

주어진 사명과 책임을 다하는 저희들 되게 해주시옵소서.

세상에서 주님의 그 흔적을 곳곳에 남기게 하여주옵소서.

주님의 사랑과 희생을, 십자가에서 흘리신 보혈의 피를 세상에 남기게 하여주옵소서.

주님의 그 온유와 겸손을 이 땅에 남기게 하옵소서.

하나님 아버지, 이번 우리 교회 전도의 큰 행사를 통해서 모두가 은혜를 받고 성령충만 받게 해주시옵소서.

온 유대와 사마리아와 땅끝까지 이르러 증인이 되라는 전도의 사명을 감당하는 저희들 되게 해주시옵소서. 예배를 위해서 봉사하는 찬양대, 주일학교 교사, 식당에서, 그 밖에 여러 손길들이 있습니다. 정성을 모아 수고할 때마다 하늘의 위로와 신령한 복으로 채워주옵소서.

오늘도 예배의 시종을 주님께 맡기오며 거룩하신 예수님 이름으로 기도드립니다. 아멘.

5월 4주

지혜로운 아들은 아비의 훈계를 들으나 거만한 자는 꾸지람을 즐겨 듣지 아니하느니라 (잠 13:1)

사랑의 하나님 아버지!

이 세상에는 많은 사람들이 살고 있지만 부족한 저희들을 택하사 우리 하나님의 귀한 백성이 되게 하시고 이 시간 우리 하나님의 신령한 복으로 예배드리게 하여주신 은혜 진심으로 감사와 찬송드립니다.

하나님 아버지, 일주일 그 동안도 저희들 주님 안에서 살아가지 못했습니다.

불순종하여 세상 재미로 살아온 저희들이옵니다.

이 시간 주님의 그 사랑을 통하여 우리의 영혼이 새 생명을 얻게 하여주옵소서.

목사님의 귀한 말씀 가운데서 성령충만 받아서 이 시간 영의 눈을 뜨게 하옵소서.

죽어가는 우리의 영혼을 성령의 말씀으로 충만케 하여주옵소서.

주님께서 이 시간 저희들에게 나타나시어 "네가 믿는 예수"라고 말씀하여 주옵소서.

이 시간 저희들 반성하고 뉘우치고 회개하게 하옵소서.

사랑의 본체이신 하나님께서 저희들에게 사랑으로 채워주시옵소서.

특별히 가정의 달을 맞이했습니다.

다시 한 번 우리 교회에 성도들의 가족들을 기억하여주옵소서.

한 가정도 어려운 고난과 고통이, 또 갑작스런 사고와 병환으로 근심하고 걱정하는 일이 없게 하여주옵소서.

항상 주님께서 우리 가정에 중심이 되어서 주님 가정으로 이끌어주시고 주님의 사랑으로 가정을 다스리시고 채워주옵소서. 말씀과 성령으로 행복한 가정들이 되게 해주시옵소서.

하나님의 은혜 속에서 화목하는 우리 교회 가족들이 되게 해주시옵소서.

이 시간 또 우리 교회 자녀들을 위해서 기도합니다.

우리 교회 자녀들에게 믿음과 건강과 지혜와 총명을 주시옵소서.

방탕한 자식을 위해서 날마다 기도해서 기도에 이끌려 회심하고 돌아와서 세계적인 성직자가 된 아우구스티누스의 어머니 모니카와 같이 자녀들을 위해서 기도하는 부모들이 되게 해주시옵소서. 또 자식에게 마땅히 물려줄 재산이 없어서 하나님의 말씀과 성경 책으로 교육하고 훈계하고 진리의 말씀을 유산으로 물려준 링컨의 어머니와 같이 저희를 자녀들을 위해서 기도하고 하나님의 말씀을 유산으로 물려주는 귀한 가정들이 되게 해주시옵소서.

주 안에서 진실하게 자랄 수 있도록 기도하고 말씀으로 양육하고 훈계 하며 자랄 수 있게 인도하는 부모가 되게 해주시옵소서.

오늘도 예배의 시종을 주님께 맡기오며 거룩하신 예수님 이름으로 기도드립니다. 아멘.

 **5월 5주**

일곱 번씩 일흔 번이라도 용서해주시는 하나님!

저희들은 항상 빚진 자입니다.

저희들 이웃을 용서하지 못하고 사랑하지 못하고 미워하고 욕하고 분쟁하고 분열하고 싸우며 살았습니다.

하나님의 진정한 사랑과 용서를 모르고 살았습니다.

주님께서는 저희들을 항상 사랑해주시고 용서해주시는데, 그 사랑과 용서를 잊은 채 죄를 짓고 사는 부족하고 강퍅한 저희들입니다.

이 시간 하나님께서 주시는 사랑과 말씀속에서 더욱더 은혜 받고 성령충만 받아서 진심으로 반성하고 회개하게 해주시옵소서.

오늘 주의 백성들 마음과 뜻과 정성과 온 힘을 모아 주님을 섬기며 주님의 말씀에 순종하고 겸손하고 온유하게 우리의 몸을 산제사로 드리는 주님의 성전이 되게 해주시옵소서.

우리의 행실과 마음을 주님이 인도하시옵소서.

이제 주의 백성들 주시는 그 말씀으로 은혜를 받고 성령이 임하여서 권능을 받아 예루살렘과 온 유대와 사마리아와 땅끝까지 이르러 주님의 복음을 전하는 증인이 되게 해주시옵소서.

오늘도 입을 통해서 나오는 말들이 하늘에서 주시는 능력과 권능을 받아서 나오는 감동의 언어들이 되게 해주시옵소서.

농담 속에서도 주님의 소리가 대화 속에서도 주님의 말씀이 나오게 하옵소서.

그 말을 듣고 감동이 일고 기적이 일어나게 성령의 강한 힘을 주시옵소서.

세상에는 죄악과 거짓과 탐욕이 있는 곳, 술취하고 방탕하고 정욕과 마귀사탄이 있는 곳, 가지도 않게 하시고 서지도 않게 하옵소서.

베드로에게 주신 그 권능과 능력과 큰 은혜의 역사가 오늘 저희들에게서 일어나서 이 땅에 우리 주님의 나라가 임하게 하여주옵소서.

솔로몬과 같은 지혜와 총명을 주시고 결단과 지도력을 주시옵소서.

이 시간 하늘에서 주시는 말씀을 따라 살고 하늘에서 주시는 성령을 따라 사는 저희들 되게 해주시옵소서.

또 다윗과 같은 담대하고 강한 용맹과 능력이 있는 주의 백성들이 되게하시고 여호수와 같은 강하고 담대한 믿음을 주시옵소서.

말씀을 전하실 우리 목사님 주님께서 주시는 성령의 두루마리를 입고 하늘 문이 열리는 기적의 통로가 되게 하옵소서.

천국에서 일어나는 신비한 성령의 역사, 기적의 역사가 이곳에서 일어나게 하옵소서.

이 모든 말씀을 거룩하신 예수님 이름으로 기도드립니다. 아멘.

6월 1주

이 세상을 사랑하시고 섭리하시는 하나님 아버지!

이제 녹음으로 짙어져가는 6월을 주시고 모든 만물들이 생동하게 하시는 은혜와 섭리 안에서 살게 하여주심을 진심으로 감사드립니다.

우리의 삶을 돌이켜 볼 때 주님의 그 사랑을 잊어버리고 세상 속에서 살아왔음을 고백합니다.

이 시간 이 귀한 예배를 통해서 성령충만 받아서 진심으로 반성하고 회개하고 용서받는 예배가 되게 해주시옵소서.

또 말씀을 전할 목사님, 성령의 두루마리를 입히시고 하늘의 능력과 권세를 주셔서 우리 주님께서 갈릴리에서 행하시고 베푸신 성령의 역사로 힘을 주시옵소서.

이 시간 말씀 속에서 하늘의 능력을 받아서 우리 속에 주님의 믿음이, 주님의 사랑이 더 성장하고 합심하여 기도할 때 우리 교회가 부흥되고 화합되게 해주시옵소서. 우리 교회가 주님의 뜻이 있어서 하늘에서 지으신 노아의 방주가 되게 해주옵소서.

이 구원의 방주를 통해서 세상에서 죽어가는 수많은 영혼들에게 새 생명을 전하게 하옵소서.

이 구원의 방주를 통해서 세상에서 가난하고 불쌍하게 사는 모든 사람들에게 새로운 희망과 소망을 전하게 하옵소서.

또 세상에서 병들고 고통받고 좌절과 실망속에서 살아가는 모든 사람들에게 기적과 이적을 베푸시는 주님, 그들에게 건강을 주시고 주님께서 높이 들어 써주셔서 새로운 광명의 세상을 살아가게 하옵소서.

하나님 아버지, 우리 나라가 총체적인 어려움에 놓여 있습니다.

노사분쟁, 사상초유의 고유가와 또 원자재 폭등으로 경제적으로 큰 어려움을 겪고 있습니다. 또 정치적으로는 갈등, 분쟁, 이기주의가 팽배해 있어 총체적 동시다발적으로 난국에 처해 있습니다.

하나님 아버지, 이러한 위기와 난국을 극복하는 길도 말씀으로 믿음 안에서 해나가게 하옵소서.

주님의 사랑과 평화 겸손, 화합과 협력으로 잘 극복해나가는 지혜로운 우리 나라가 되게 해주시옵소서.

이 나라의 대통령께도 하나님께서 함께하셔서 솔로몬의 지혜와 총명을 주시옵소서.

이 나라를 우리 주님의 반석 위에 튼튼히 세우게 하옵소서.

오늘도 예배의 시종을 주님께 맡기오며 거룩하신 예수님 이름으로 기도드립니다. 아멘.

 **6월 2주**

> 이와 같이 성령도 우리의 연약함을 도우시나니 우리를 마땅히 기도
> 할 바를 알지 못하나 오직 성령이 말할 수 없는 탄식으로 우리를 위하여 친히
> 간구하시느니라 마음을 살피시는 이가 성령의 생각을 아시나니 성령이 하나님
> 의 뜻대로 성도를 위하여 간구하심이니라 (롬 8:26-27)

　우주 만물을 지으시고 다스리시는 하나님!

　우리에게 귀한 생명과 풍성함을 주시며 때로는 메마른 땅에 단비를
적시어 주시고 또 강렬한 햇빛을 주셔서 산과 들과 세상의 모든 만물
들이 푸르름이 짙어져가는 여름을 주시고 섭리하여주셔서 진심으로
감사와 찬송드립니다.

　이 시간 우리의 마음에도 뜨거운 성령의 계절이 오게 해주옵소서.

　뜨거운 기도와 은혜로 성령의 열매가 맺어지는 성령의 계절이 되게
해주시옵소서.

　하나님 아버지, 저희들 일주일 동안도 세상의 탐욕속에서 시기하고
질투하고 비방하고 뽐내고 자랑하며 살았습니다. 이 시간 우리의 죄
짐을 지고 주님의 재단 앞에 나왔사오니 우리의 모든 죄와 허물을 내
려놓게 하시고 주님의 말씀을 통해 성령의 뜨거운 불로 녹여서 오직
순종하고 온유하고 겸손하고 기도하는 사람만 되게 해주시옵소서.

하나님 아버지, 우리 교회 공동체 안에는 세상의 모든 것은 아무것도 없게 하여주시옵소서.

오직 주님 안에서 기도하는 일만 하는 우리 공동체가 되게 하여주옵소서. 우리 공동체 안에는 우리 주님의 그 한없는 사랑과 희생, 용서와 화해 충만한 은혜만이 가득하게 하옵소서.

이 시간 또 말씀을 전하시는 목사님 주의 능력으로 성령으로 붙들어 주옵시고 힘 있고 권세있는 말씀을 주셔서 은혜 받고 성령충만 받는 저희들 되게 해주시옵소서.

귀한 말씀이 우리에게 세상을 올바르게 살아가게 하는 이정표가 되게 하시고 세상에서 소금과 빛의 역할을 다해서 하나님께서 주신 세상을 하나님이 보시기에 참 아름답게 변화시키는 저희들 되게 해주시옵소서.

이 시간 또 우리 교회 성도들의 가정 가정을 두루 살펴주시고 앞으로 무더운 여름철 건강도 지켜주시며 한 가정도 병들고 고통받고 어려운 가정이 없게 해주시옵소서.

우리 하나님께서 가정에 중심이 되셔서 바르게 인도하시고 보호하셔서 건강하고 행복하게 살아가는 귀한 가정들이 되게 해주시옵소서.

예배를 위해서 봉사하는 찬양대, 주일학교 교사, 식당에서, 그 밖에 여러 손길들이 있습니다. 정성을 모아 수고할 때마다 하늘의 위로와 신령한 복으로 채워주옵소서.

예배의 시종을 주님께 맡기오며 이 모든 말씀을 거룩하신 예수님 이름으로 기도드립니다. 아멘.

6월 3주

평안을 너희에게 끼치노니 곧 나의 평안을 너희에게 주노라 내가 너희에게 주는 것은 세상이 주는 것 같지 아니하니라 너희는 마음에 근심하지도 말고 두려워하지도 말라 (요 14:27)

오늘도 하나님의 빛이 우리에게로 비추사 산과 들과 강과 바다에 수많은 생명들을 살아가게 하시고 더 강한 빛을 비추사 이 땅이 더 푸르름으로 충만한 생동하는 계절로 섭리해주심을 진심으로 감사와 찬송드립니다.

하나님 아버지, 일주일 동안도 순종하지 못한 저희들 주님의 전에 모였습니다.

이 시간 이 완악하고 강퍅한 우리의 심령을 주님의 그 사랑과 성령의 빛으로 녹여주옵소서.

우리 주님의 눈이, 주님의 그 얼굴이 우리에게로 향하사 주님의 영이 떠나가지 않게 하옵소서.

이 예배가 마음과 뜻과 정성을 모아 드리는 예배가 되어서 이 시간 말씀으로 역사하는 힘을 통해 은혜를 받고 성령충만 받게 하여주옵소서.

하나님 아버지, 말씀을 전하실 목사님 하늘의 능력의 기적과 힘을 주시고 우리 교회를 이끌어갈 신비한 주님의 지팡이를 주시옵소서.

하늘에서 주시는 성령의 폭포수를 만나게 하시고 하늘에서 주시는 영에 양식을 맛보는 신비한 영혼의 세계로 이끌게 하옵소서.

이 시간 우리 교회에 성령으로 채워주옵소서.

주님의 이름으로 놀라운 역사가 일어나게 하옵소서. 저희들 어렵고 힘들게 살아 마음에 큰 상처로 상한 심령들이 있습니다.

그들의 심령을 감싸주셔서 성령으로 위로받게 하옵소서.

또 온갖 질병으로 시달리고 고통받는 성도들도 있습니다. 그들을 도우시고 그 심령들이 치료받는 놀라운 주님의 은혜가 나타나게 하옵소서.

하나님 아버지, 우리에게 주시는 6월은 6·25전쟁이 있었던 달입니다. 전쟁이 일어난 지 3일만에 서울이 완전히 잿더미가 되고 남으로 피난길을 걸어야 했던 그 고난의 행렬!

또 천진 난만한 어린 학생들까지도 전선에서 몸을 바쳐 싸워야 했던 그 긴박하고 급박했던 순간 순간들!

그 고난의 역사를 잊지 않고 살아가게 하옵소서.

하나님 아버지, 자유를 위해서 이 나라를 위해서 희생된 그 영혼들과 또 교회를 지키며 신앙을 지키며 순교한 수많는 그리스도인, 이 시간 우리 주님의 품에서 위로받게 하옵소서.

그들의 죽음이 헛되지 않도록 사랑과 화합과 단결로 튼튼한 나라, 튼튼한 국력을 가진 강한 이 나라가 되게 해주시옵소서.

하나님 아버지, 이제 창을 쳐서 낫을 만들고 칼을 쳐서 보습을 만들어 다시는 전쟁을 하지 않는 평화의 우리 한반도가 되게 해주시옵소서.

오늘도 예배의 시종을 주님께 맡기오며 거룩하신 예수님 이름으로 기도드립니다. 아멘.

 **6월 4주**

> 사망아 너의 승리가 어디 있느냐 사망아 네가 쏘는 것이 어디 있느
> 냐 …… 우리 주 예수 그리스도로 말미암아 우리에게 승리를 주시는 하나님께
> 감사하노니 (고전 15:55-57)

　오늘도 우리를 위해서 아름다운 하늘의 보고를 여사 녹음으로 짙어
져가는 생동하는 계절을 우리에게 주시고 새로운 열매를 맺게 하시며
그 생명의 빛을 통해서 육체의 정욕과 육체의 욕심과 방탕과 가시나
무를 주님의 성령으로 녹여주시며 생명의 나무를 통해서 성령의 열
매, 사랑과 충성과 겸손, 온유 맺어지는 저희들 되게 해주옵소서.

　오늘도 목사님의 귀한 말씀을 통해서 천국 문이 열려서 천국에서
일어나는 신비한 체험과 주님의 기쁜소식 또 능력의 말씀들을 주셔서
우리의 둔한 입술을, 막혀 있던 귀와 눈과 마음의 문이 열려서 세상에
서 복음을 전할 수 있는 능력을 주옵소서.

　애굽에서 고통받던 민족을 이끌어내시며 그들을 승리하게 하시고
젖과 꿀이 흐르는 가나안 땅으로 인도하신 하나님 아버지!

　저희들도 이 보훈의 달을 통해 그 날의 아픔과 고통 속에서 여호와
하나님께서 강한 팔을 펴사 이 민족을 이끌어주시고 자유와 평화를 주
신 축복의 하나님 아버지를 잊지 않고 섬기며 살아가게 하여주옵소서.

서울이 3일만에 공산군에 점령당하고 남으로 피난길을 걸어야 했던 그 긴박했던 순간 순간들, 천진 난만한 소년들까지도 전선에서 있어야 했고, 어린 자녀와 처와 가족을 남겨놓고 전선에 있었던 그 영영들을 잊지 않고 살아가게 하옵소서.

하나님께서 주신 이 자유와 평화와 행복은 이처럼 많은 희생과 아픔과 땀과 고통 속에서 얻는다는 그 교훈을 깨닫게 하여 주시고 우리 주님을 붙잡고 튼튼한 이 나라 강한 이 민족이 되게 해주옵소서.

모든 성읍이 불에 탔고 토지는 목전에서 이방인에게 삼켜졌으며 모든 건물과 땅이 황폐해지고 폐허가 된 그 절망과 기근의 세계에서 가장 못사는 나라를 세계 10대 경제대국 이끌어주신 하나님 아버지께 다시 한 번 감사드립니다. 주님을 섬기며 살아가는 이 민족이 되게 해주옵소서.

항상 우리 공동체 안에 함께하시고 임재하시는 하나님, 오늘도 저희들에게 사랑과 은혜를 베풀어 주옵소서.

오늘도 병으로 고통받고 해결하지 못한 고통을 안고 주님 앞에 찾아왔습니다.

이 시간 우리의 그 아픈 상처를 감싸주시고 위로해주시며 건강을 허락해주옵소서.

오늘 기도와 간구를 통해서 주님을 붙잡고 만사형통하는 저희들 되게 해주옵소서.

오늘도 예배의 시종을 우리 주님께 맡기오며 이 모든 말씀을 거룩하신 예수님 이름으로 기도드립니다. 아멘.

 **7월 1주**

> 자기의 육체를 위하여 심는 자는 육체로부터 썩어질 것을 거두고 성
> 령을 위하여 심는 자는 성령으로부터 영생를 거두리라 (갈 6:8)

거룩하고 존귀하신 하나님 아버지!

오늘도 우리 하나님을 공경하는 주의 백성 들을 거룩한 주님의 몸
된 성전으로 불러 주시고 이 시간 하나님의 신령한 말씀과 복으로 예
배드리게 하여주심을 진심으로 감사드립니다.

그 동안 저희들 세상 살면서 믿음 안에서 말씀 안에서 살아가지 못
하고 주님께서 우리에게 주신 사명과 책임 감당하지 못했습니다.

거룩한 이 예배를 통해서 목사님의 귀하신 말씀을 통해서 완악한
우리의 마음을 성령께서 녹여주셔서 주님의 생명의 나무를 통해서 선
을 이루는 사랑으로 변화시켜 주시옵소서.

말씀을 통해서 변화되어서 악한 세상을 이겨나갈 수 있는 귀한 믿
음을 주시옵소서.

하나님 아버지, 이 세상 살면서 주님의 뜻을 이 땅에서 이루기 위한
하나님의 도구가 되어야 할 저희들이건만 불순종한 요나와 같이 좋아
하는 모습대로 육체의 쾌락을 따라 정욕대로 탐욕대로 살았습니다.

이 시간 교회 앞에 내려놓습니다.

진심으로 반성하고 회개하고 용서받는 거룩한 예배가 되게 하여주옵소서.

하나님 아버지, 귀한 말씀과 예배를 통해 은혜를 받고 성령충만 받아서 주신 그 사명과 책임을 다하는 저희들 되게 해주시옵소서.

하늘의 모든 권세를 우리에게 주셨으니 가서 모든 민족을 제자로 삼으라고 하신 주님, "회개하라 천국이 가까웠다"고 하신 주님, 저희에게 사명과 책임을 감당하는 능력 주셔서 우리 주님의 그 사랑과 감동을 전해서 우리 주님에 나라가 오게 하여주옵소서.

그 십자가의 보혈의 피를, 그 사랑을 전해서 지금 세상에서 죽어가는 모든 영혼들을 구원하게 하옵소서.

온 유대와 사마리아와 땅끝까지 이르러 증인이 되는 저희들 되게해주시옵소서.

하나님 아버지,

우리 교회가 초대 교회처럼 배움의 공동체, 교제하는 공동체, 기도하는 공동체, 일하는 공동체, 예배하는 공동체, 나눔의 공동체가 되게 하여주옵소서.

또 주님의 그 사랑을 전하고 그 희생을 전하고 십자가의 흔적을 남겨서 세상에 아름다운 덕을 세우게 하옵소서

이 시간 또 예배를 위해서 봉사해하는 찬양대 주일학교 교사 식당에서, 그 밖에 여러 손길들이 있습니다 정성을 모아 수고할 때마다 하늘의 위로와 신령한 복으로 채워주옵소서.

이 모든 말씀 거룩하신 예수님 이름으로 기도드립니다. 아멘.

7월 2주

사랑과 은혜가 풍성하신 하나님 아버지!

오늘도 우리에게 무더운 여름, 장열하고 뜨거운 태양빛을 통해서 모든 열매의 시작을 주시고 또 믿음으로 말씀으로 이 무더위를 이기며 살아갈 수 있도록 은혜 베풀어주심을 진심으로 감사드립니다.

존귀하시고 거룩하신 하나님 아버지!

올 한 해도 이제 상반기가 지났습니다. 그 동안도 우리 교회를 하나님의 은혜와 말씀과 능력과 섭리로 이끌어주시고 하나님께서 이스라엘 민족에게 목이 마를 때에 물을 준비하시고 배가 고플 때에 만나와 메추라기를 준비하여 주시사 저희들에게도 주님이 택한 준비된 영의 양식을 주옵소서.

이 시간 우리의 영혼을 주님의 성령으로 채워주시옵소서.

오늘도 우리 주님의 성령의 폭포수를 만나게 하옵소서.

저희들 영을 튼튼히 해서 우리가 헤매이고 있을 때에 갈 길을 예비해주시고 낙심하고 좌절하고 있을 때에 큰 희망과 용기를 얻기를 바랍니다.

이 땅을 경영하고 계시는 주님, 오늘도 우리에게 물질의 복으로 교회와 가정과 기업을 경영하고 운영하고 살아가게 하여주심을 다시 한 번 감사드립니다.

하나님 아버지, 이 뜨거운 여름철을 맞이해서 우리 교회가 여러 가지 행사를 준비하고 있습니다. 여름성경학교, 수련회, 각 부서의 모임을 통해서 무더위로 지쳐 쓰러지는 저희들이 아니라 사랑과 은혜와 성령충만 속에서 풍성한 열매로 맺는 저희들 되게 해주시옵소서.

주님께서는 한 사람보다 두 사람이 낫다고 하셨습니다.

합심의 기도를 들어주신다고 하셨습니다.

이번 우리 교회 수련회를 통해서 더욱더 합심하여 기도할 수 있게 하여주옵소서.

그 합심의 기도를 통해서 우리 교회가 더욱더 성령이 임하는 공동체가 되게 해주시옵소서.

또 이 시간 단 위에 서신 우리 목사님을 기억하시고 말씀을 선포하실 때에 성령의 능력으로 붙들어 주시옵소서.

그 말씀을 통해서 저희들 성령충만 받고 회개의 운동이 일어나게 하옵소서.

오늘도 예배를 위해서 수고하는 찬양대, 식당에서, 또 안내로서 이 밖에 돕는 여러 손길들이 있습니다. 정성을 모아 수고하고 봉사할 때마다 우리 주님께서 하늘의 신령한 복으로 채워주옵소서.

이 시간 예배의 시종을 우리 주님께 맡기오며 모든 말씀을 우리 예수님 이름으로 기도드립니다. 아멘.

7월 3주

하늘과 땅과 우주만물을 지으시고 다스리시는 하나님!

우리에게 생육하고 번성하게 하시며 메마른 땅에 단비를 적시어 주시고 강한 햇빛을 주셔서 세상의 모든 만물들이 강하고 성숙하게 자라게 하셔서 이 땅에 사는 동안 부족함이 없이 살아가게 섭리하여주심을 진심으로 감사드립니다.

이 시간 또 이 예배를 통해서 지난 한 주간의 삶을 되돌아 보면서 우리의 죄를 회개하는 시간을 허락해주셔서 감사드립니다.

하나님 아버지, 저희들 지난 한 주간 세상에 살면서 우리 주님께서 주신 그 사명과 책임 다하지 못하고 믿음 안에서 주님이 가르쳐주신 말씀 안에서 살지 못했습니다.

이 귀한 예배를 통해서 우리 주님의 음성을 통해 부름을 받고 은혜를 받고 성령충만 받아서 진심으로 반성하고 회개하게 해주시옵소서.

주님께서 주신 그 달란트로 사명과 책임을 다하는 충성된 저희들 되게 해주시옵소서.

오늘도 주님의 귀한 말씀을 듣고 단 위에 서신 목사님을 성령의 능력으로 붙드시고 전하시는 말씀마다 듣는 자 모두가 은혜를 받고 성령충만 받는 복 된 예배가 되게 해주시옵소서.

이 예배를 위해서 수고하시는 모든 분들 봉사하는 모든 성도들을 기억해주시옵소서.

특별히 이 시간 하나님 앞에 영광을 돌리는 찬양대 위에 함께하셔서 더욱더 천사의 그 음성을 통해서 높고 위대하신 하나님께 송축하며 큰 영광을 돌리게 하옵소서.

하나님 아버지, 피곤하고 무더운 여름철을 맞아 우리 교회가 여러 가지 행사를 하고 있습니다.

청년회 수련회 각 부서 야유회 또 단합대회, 특별히 여름성경학교를 위해 수고하는 교사들을 기억하시고 주님의 지혜와 총명을 주셔서 어린 심령들을 살리고 양육하는 데 부족함이 없게 해주시옵소서.

여름 행사기간 여러 가지 준비하고 계획하는 손길마다 주님의 복으로 채워주시옵소서.

우리 교회가 여름행사를 통해 더욱더 은혜를 받고 성령의 열매가 많이 맺혀 주님께 큰 영광을 돌리는 향기로운 제사가 되게 해주시옵소서.

오늘도 예배를 위해서 수고하는 여러 손길들이 있습니다.

정성을 모아 수고할 때마다 우리 주님께서 하늘의 신령한 복으로 채워주옵소서.

예배의 시종을 우리 주님께 맡기오며 모든 말씀 거룩하신 예수님 이름으로 기도드립니다. 아멘.

7월 4주

나는 빛으로 세상의 왔나니 무릇 나를 믿는 자로 어둠에 거하지 않게 하려 함이로라 (요 12:46)

오늘도 우리에게 강렬한 태양의 빛으로 생동하는 계절 여름을 주시고 때로는 소나기를 주셔서 온통 녹음으로 짙어지게 하시며 또 그 뜨거운 태양의 열로 모든 만물들이 열매를 맺고 익어가게 하셔서 모든 생명체가 풍성하게 살아갈 수 있게 은혜 베풀어 주시고 섭리해주신 하나님 아버지께 감사와 찬송과 영광을 드립니다.

하나님 아버지, 오늘도 30도가 넘는 폭염 속에서도 저희들에게 이 더위를 이길 수 있는 강건한 체력과 건강을 주시고 또 아침부터 깨우사 주님을 찾고 활동할 수 있는 강한 힘과 체력을 주신 것을 진심으로 감사합니다.

우리 주님의 뜨거운 말씀으로 하늘의 능력의 말씀으로 은혜를 받고 성령충만 받아서 주님의 향기를 드러내고 흔적을 남기는 성령의 열매를 맺게 하여주옵소서.

위대한 전도자 사도 바울에 말씀처럼 세상에서 육체에 정욕, 음행과 호색하는 것과 우상숭배 하는 것과 원수맺는 것과 분쟁과 시기와 질투와 분열과 투기와 술 취함, 허랑방탕 등 이 모든 육체에 속한 소욕들을 다 우리 주님의 십자가에 못 박게 하옵소서.

그리하여서 내 몸에 오직 주님의 그 흔적만 남게 하옵소서.

오직 말씀으로 능력을 받고 은혜를 받고 성령충만 받아서 주님의 생명의 나무를 통해서 사랑과 온유와 겸손과 충성의 열매를 맺는 저희들 되게 해주옵소서. 우리 주님의 그 흔적을 우리의 모습에서 남기는 저희들 되게 해주시옵소서.

이제까지 저희들 이 세상에서 육체의 정욕에 따라 육체에 속한 소욕에 따라 살아왔습니다. 이제 성령충만 받아서 성령의 열매로 결실을 맺어 착하고 진실되게 의롭게 거룩하게 살아가게 하옵소서.

주님 앞에 선을 행하며 살아가는 저희들 되게 해주시옵소서.

하나님, 저희들 항상 기도하고 항상 감사하며 살게 하시고 항상 기쁨으로 살아가게 해주시옵소서.

이 시간 목사님께서 전하실 귀한 성령의 말씀을 통해서 은혜를 받고 성령충만 받게 하옵소서.

또 예배를 위해서 수고하는 우리 찬양대를 기억하셔서 능력을 베푸사 이 시간 하늘에서 들려오는 주님의 음성을 듣는 능력의 찬양이 되게 해주시옵소서.

이 시간 위대하시고 거룩하신 여호와 하나님을 진심으로 송축하고 영광 돌리는 찬양이 되게 해주시옵소서.

이 모든 말씀을 거룩하신 예수님 이름으로 기도드립니다. 아멘.

 **7월 5주**

 빛의 열매는 착함과 의로움과 진실함에 있느니라 (엡 5:9)

오늘도 30도가 웃도는 아주 무더운 여름입니다. 전국이 연일 폭음 주의보까지 이르고 또 저녁에는 열대야로 잠을 이르지 못할 정도로 강렬한 태양빛이 우리를 힘들게 하지만 이러한 무더위 속에서도 저희들에게 강건한 힘을 주시고 또 강한 체력을 주셔서 이 더위를 이겨가며 살아갈 수 있게 은혜 베풀어 주시고 인도하신 하나님 아버지께 진심으로 감사와 찬송과 영광을 드립니다.

하나님 아버지, 오늘도 우리 하나님께서 주시는 강렬한 태양의 빛을 통해 세상의 모든 만물들이 춤을 추는 녹음으로 짙어져가게 하시고 또 그 빛을 통해 모든 식물들이 귀한 결실과 열매를 맺게 하셔서 우리의 모든 생명체가 그 열매를 먹게 하시고 풍성하게 살아갈 수 있도록 은혜 베풀어주셔서 이 우주만물을 섭리해주신 하나님 아버지께 진심으로 감사와 찬송드립니다.

또 말씀을 선포할 목사님 성령의 힘을 주셔서 그 말씀을 통해서 천국 문이 열리고 지금 하늘에서 일어나고 있는 신비한 성령의 역사, 죽은 자를 살리시고 앉은뱅이를 일으키시며 보리떡 다섯 개와 물고기

두 마리로 오천 명을 먹이신 그 오병이어의 기적과 이적이 이 시간 저희들이 있는 성전에서도 일어나게 하옵소서.

우리 주님이 우리 교회를 떠나지 않게 저희들 주님 앞에 순종하며 기도하게 해주시옵소서.

하나님 아버지, 본격적인 여름휴가와 여름행사, 피서철을 맞이했습니다.

특별히 안전사고가 없게 하시고, 우리의 건강도 지켜주시옵소서.

우리 교회 주일학교가 여름성경학교를 합니다.

또 중·고등부 수련회, 청년회 수련회가 있습니다. 모든 교회 기관들이 수련회와 각종 여름행사를 갖습니다.

이러한 행사를 통해서 아름다운 우리의 자연과 또 이 자연을 다스리시는 여호와 하나님의 그 섭리에 감사하며 감동을 받으며 주 안에서 하나 된 공동체가 되게 하시고 서로가 기도 속에서 교제하며 은혜를 받고 성령충만 받고 성령의 열매가 맺어지는 이 여름행사가 되게 해주시옵소서.

하나님 아버지, 행사를 통해 성령충만 받고 그 열매를 통해서 더욱더 착하게 살아가게 하시고 진실되게 살아가게 하시며 의롭게 살아가는 우리 교회가 되게 해주시옵소서.

또 기도하는 공동체 배움의 공동체가 되게 해주시옵소서.

예배드리는 공동체 교제하는 공동체가 되게 해주시옵소서.

이 모든 말씀을 거룩하신 예수님 이름으로 기도드립니다. 아멘.

8월 1주

> 오직 여호와를 앙망하는 자는 새 힘을 얻으리니 독수리가 날개치며 올라감 같을 것이요 달음박질하여도 곤비하지 아니하겠고 걸어가도 피곤하지 아니하리로다 (사 40:31)

상한 갈대도 꺾지 아니하시고 꺼져가는 심지도 끄지 않으신 하나님 아버지!

오늘도 불효하고 불순종한 저희들을 사랑으로 감싸시며 하나님의 백성으로 삼으신 것을 진심으로 감사드립니다.

오늘도 저희들을 불러모으사 교만하고 오만하고 순종하지 못한 잘못을 내려놓고 진심으로 반성하고 회개하기를 원합니다.

이 예배를 통해서 우리 주님을 가장 닮은 모습으로 변화되는 저희들 되게 해주옵소서.

오늘도 이 구원의 방주를 통해서, 목사님께서 전하시는 성령의 말씀을 통해서 신비하고 아름다운 하늘의 보고를 열어 주옵소서.

성령으로 역사하여주시고 하나님께서 주시는 큰 기쁨과 은혜가 충만하게 하여주옵소서.

오늘도 병들고 아프고 고통받고 사는 우리 성도들이 있습니다.

가난하고 힘들고 소외받고 사는 성도들이 있습니다.

실패하고 좌절하고 실망하고 낙심하고 사는 성도들도 있습니다.

낮고 낮은 사람들의 친구가 되신 주님, 오늘도 저희들과 함께해주시고 부족한 저희들의 손을 잡아주시고 일으켜 세워주시옵소서.

하나님 안에서 모든 것이 해결되고 만사 형통하는 저희들 되게 해주옵소서. 주님께서 주시는 큰 기쁨과 소망과 희망을 찾는 이 예배가 되게 해주옵소서.

예배를 위해서 수고하는 찬양대, 또 교사로서, 식당에서, 안내로서, 또 청소로, 차량 운전으로, 보이지 않게 수고하는 손길들을 우리 주님께서 한 사람 한 사람 찾아주시고 위로해주시며 하늘의 신령한 복으로 채워주옵소서.

오늘도 예배의 시종을 주님께 맡기오며 이 모든 말씀을 거룩하신 예수님 이름으로 기도드립니다. 아멘.

8월 2주

전능하신 하나님 아버지!

저희의 모든 기쁨과 복의 근원이 되시며 우주만물을 다스리신 하나님 아버지, 이 시간 저희들이 드리는 이 예배가 모든 정성과 뜻을 모아드리는 귀한 예배가 되게 해주시고, 하나님 앞에 큰 영광을 돌리는 거룩한 예배가 되게 해주시옵소서.

하나님 아버지!

부족한 저희들 지난 일주일 동안 세상에 살다가 이 시간 주님의 품으로 돌아왔습니다.

부족하고 허물 많은 저희들을 기억하여주시고 우리의 잘못된 삶, 세상에서 지은 죄, 주님을 멀리하고 살았던 그 잘못을 주님을 통해서, 만남을 통해서 강퍅한 우리 그 심령이 성령으로 변화되어서 그 보혈의 피로 씻김 받게 하여주옵소서.

자기 백성을 보호하시고 인도하신 하나님 아버지!

무더운 여름 장마가 계속되고 있습니다. 우리 성도들 홍수에나 어떠한 재난에 피해가 없게 하시고 주님께서 건강도 지켜주옵소서. 병들고 고통받고 어려움을 당하는 가정들이 없게 해주시옵소서.

우리 주님께서 우리의 중심이 되어서 가는 곳마다 인도하시고 보호하여주옵소서.

또 우리 교회가 여름성경학교, 중·고등부 수련회, 또 각 부서의 단합대회 등 여러 행사를 진행하고 있습니다.

이 행사를 준비하고 진행하는 모든 분들에게 함께 하셔서 주님의 지혜와 총명을 주시고 성령충만을 주셔서 건강도 지켜주옵소서.

이러한 여름 행사를 통해서 우리 교회가 뜨겁게 은혜를 받고 성령충만 받아서 더욱더 아름답고 합심하는 교회가 되게 해주시옵소서.

하나님의 말씀에 순종함으로 사람들이 조롱하고 비웃어도 바로 선노아와 같이 우리 교회를 이끌어가시는 귀한 목사님, 세상에서 알아주지 않더라도 하나님의 말씀 위에서 이끌어가는 리더가 되게 하시고 성도들을 위해서 생명수를 준비해서 모세와 같이 훌륭한 지도자, 또 부족함이 없는 구원의 방주를 이끌어가게 하여주옵소서.

우리 교회 모든 성도들을 오늘도 생육하고 풍족하고 충만하게 살아갈 수 있도록 인도하는 능력 있는 목사님 되게 해주시옵소서.

이 시간 예배를 위해서 봉사하는 찬양대, 주일학교 교사, 식당에서, 그 밖에 여러 손길들이 있습니다. 정성을 모아 수고할 때마다 위로와 하늘의 신령한 복으로 채워주옵소서.

오늘도 예배의 시종을 우리 주님께 맡기오며 거룩하신 예수님 이름으로 기도드립니다. 아멘.

8월 3주

> 내가 너희 지파의 수령으로 지혜가 있고 인정받는 자들을 취하여 너희의 수령을 삼되 곧 각 지파를 따라 천부장과 백부장과 오십부장과 십부장과 조장을 삼고 (신 1:15)

모세를 지도자로 보내주신 하나님!

모세를 통해 이스라엘 민족 하나님의 백성을 이끌어갈 지도자로, 또 그들의 조직과 분담 개각을 하게 하셔서 하나님의 민족이 기반과 기틀 행정을 담당함으로 최초의 신정 국가를 건설하는 나라를 세우게 하신 하나님 아버지!

또 그들에게 계명과 율법 언약을 주셔서 하나님의 백성으로 삼으신 하나님!

저희들이 사는 이 나라도 하나님을 믿는 민족이 되게 하여주심을 진심으로 감사와 찬송드립니다.

이 민족에게도 해방과 광복을 주시며 이승만 대통령을 초대 대통령으로 주시고 그 지도자를 통해서 이 땅에 복음을 전파하게 자유를 주신 것 진심으로 감사드립니다.

또 복음화가 이루어지게 하시며 이처럼 오늘날 기독교 국가로써 살아갈 수 있게 하여주신 것을 감사드립니다.

건국의 지도자 이승만 대통령으로 당시 안정되지 않는 혼란 속에서 이 나라를 자유민주주의 국가로 조직과 제도 헌법을 만들어나가게 하시며 하나님의 말씀을 지키게 하시며 그 말씀에 순종하고 겸손하며 어려운 현실을 잘 극복할 수 있는 능력과 지혜와 총명을 주신 것을 다시 한 번 감사와 찬송드립니다.

또 당시에 극도 혼란과 좌우 충돌로 이 나라는 더욱더 혼란에 빠져들고 마침내 북한이 남침하여 6·25전쟁이 일어나 같은 민족 같은 나라에서 동족상잔이란 민족전쟁을 치러야 했다.

우리 하나님께서 우리에게 자유를 주시고 또 이 땅을 지키게 해주셔서 감사합니다.

이러한 역사적 상황 속에서도 우리나라를 지금껏 돌보아주시고 부흥하게 해주신 하나님, 지금의 지도자들도 기도로 세워주시며 우리 믿는 자들이 더욱 바로 서게 해주시옵소서. 오로지 하나님께서만 영광 받으시기를 원하며 이 모든 말씀을 거룩하신 예수님 이름으로 기도드립니다. 아멘.

 8월 4주

오늘도 주의 백성을 위하여 하늘의 보고를 주시고 폭음과 장열한 그 태양의 빛이 우리를 피곤하고 힘들게 하지만 저희들에게 새 힘을 주시고 건강을 주셔서 이 더위를 이길 수 있는 튼튼한 체력과 건강을 주신 은혜 진심으로 감사 찬송을 드립니다.

이제 본격적인 여름 피서철이 되었습니다.

특별히 우리 성도들 이 무더위를 이길 수 있도록 새 힘과 건강을 주시옵소서.

또 피서지를 찾아 산으로 계곡으로 또 기도처로 이동할 때도 복잡한 도로에서나 계곡 어디서나 안전사고 없게 하여주시며 갑작스런 장애물이 우리 앞에 나타날지라도 이를 피할 수 있는 지혜와 판단력으로 안전운행할 수 있는 능력을 주시옵소서.

하나님 아버지, 이 예배를 위해서 말씀을 듣고 단 위에 서신 목사님 성령의 권능으로 붙드시고 그 말씀이 선포될 때마다 우리의 마음이 변화되고 새로운 기쁨과 평안 성령충만 받는 이 시간 되게 해주시옵소서.

저희들의 합심 기도와 간구로 말씀의 문을 열어주시며 천국의 문을 열어서 그리스도의 새로운 비밀과 은혜를 허락해주시옵소서.

성령의 말씀을 통해서 병들고 고통받는 사람들 새 힘을 통해 건강하게 일어나 걸어가는 이 귀한 예배가 되게 해주시옵소서.

하나님 아버지, 우리에게 주신 이 8월은 잊지 못할 자유와 주권을 주신 광복의 달입니다.

이 민족이 주님의 말씀으로 굳게 서게 하시고 솔로몬의 그 지혜와 총명으로 정치를 바로 세워주옵소서.

화합과 단결로 하나되게 하여주옵소서.

이 민족이 말씀으로 하나님 앞에 겸손과 순종함으로 다시는 종의 멍에 를 매지 않게 하여주옵소서.

또 그 날의 고난과 가난, 그 날의 슬픔과 고통, 그 날의 억압과 식민통치를 잊지 않고 살아가게 하옵소서.

또한 그 날의 함성과 기쁨과 감동과 감격도 잊지 않고 살아가게 하옵소서.

지금까지 이 민족을 이끌어주시고 구원해주시고 성장하고 발전하고 복을 주신 하나님 아버지를 잊지 않고 살아가게 하옵소서.

화합과 단결로 힘을 모아 강한 민족 튼튼한 국력를 가진 이 나라가 되게 하여주옵소서.

이 시간 또 예배를 위해서 봉사하는 찬양대, 교사, 식당에서, 그 밖에 여러 손길들이 있습니다.

정성을 모아 수고할 때마다 위로와 하늘의 신령한 복으로 채워주옵소서. 오늘도 예배의 시종을 우리 주님께 맡기오며 거룩하신 예수님 이름으로 기도드립니다. 아멘.

 8월 5주

이는 그리스도 예수 안에 있는 생명의 성령의 법이 죄와 사망의 법
에서 너를 해방하였음이라 (롬 8:2)

오늘도 우리를 빛과 생명으로 인도하시는 하나님 아버지, 감사하옵
나이다.

우리에게 호흡과 생명을 주시고 지금 세상에서 일어나는 폭우와 태
풍 큰 재난과 변화 속에서도 저희들을 지켜주시고 안전한 길로 인도
하신 우리 하나님께 진심으로 감사와 찬송드립니다.

오늘도 이 예배를 통해서 우리의 영혼과 심령의 문을 열게 하옵소서.

하나님께서 우리의 영혼을 깨워주시옵소서.

우리 마음속에 세상의 악한 마음 고집과 미움, 시기와 질투, 세상의
교만과 분쟁, 악한 것들 이 시간 다 녹여주옵소서.

오늘 우리의 마음에 온유와 겸손과 주님의 사랑만 간직한 우리들이
되게 해주옵소서.

이 시간 말씀을 전하실 목사님에게 능력의 힘을 주시옵소서.

우리 주님의 마음을 감동시키고 주님의 마음을 움직이셔서 성령의
빛으로 우리에게 비추어주옵소서.

오순절 다락방의 그 성령의 역사가 지금 우리 공동체 안에서 임하

게 하옵소서.

성령을 통해서 더욱더 아름다운 공동체로 나눔의 공동체가 되게 해주옵소서. 또 이 시간을 통해서 주님의 기적과 이적이 일어나고 은혜가 충만하게 하옵소서.

오늘도 우리에게 성령님이 오셔서 말씀을 온전히 받고 말씀대로 살아가게 하옵소서.

우리에게 주신 이 8월은 주님께서 이 민족에게 광명의 빛을 주신 광복 66주년을 맞이했습니다.

이 민족에게 어둠 속에서 빛을 주시고 노예와 억압과 고통에서 자유함을 주신 하나님 아버지!

오늘 이 나라가 광복이 있기까지 독립을 위해서 투쟁하고 지하에서 기도하고 독립운동한 성직자들, 기독청년들, 희생된 민족의 지도자들의 믿음과 신앙 값진 희생을 잊지 않고 살아가게 하옵소서.

그 영영들 주님께서 천국에서 위로해주시옵소서.

이 민족의 반석 되시며 이 나라의 건국 뿌리가 되신 하나님!

폐허가 된 이 땅에 자유를 주시고 민주주의와 근대화의 열강으로 이끌어주신 하나님 아버지!

오늘 우리에게 세계에서도 가장 큰 교회를 세우시고 또 성령으로 이끌어갈 능력 있는 주님의 종들을 주시며 하나님의 관심과 영광의 빛으로 성령의 촛대를 이 나라로 옮겨주옵소서. 또 이 민족이 교만과 허랑방탕과 부정부패 분쟁과 비방, 우상숭배하지 않게 해주옵소서.

항상 깨어서 공의로운 길로 가는 이 민족이 되게 해주옵소서.

오늘도 예배의 시종을 주님께 맡기오며 거룩하신 예수님 이름으로 기도드립니다. 아멘.

여호와의 말씀이니라 너희를 향한 나의 생각을 내가 아나니 평안이요 재앙이 아니니라 너희에게 미래와 희망을 주는 것이니 (렘 29:11)

사랑과 은혜가 풍성하신 하나님 아버지!

오늘도 우리에게 새로운 빛과 바람과 비를 내려 주시며 황금 물결로 아름다운 계절 가을를 주시고 우리 모든 인간과 생명체들이 풍성하게 살아갈 수 있도록 곡식과 열매를 주신 그 사랑과 은혜 베풀어주심을 진심으로 감사드립니다.

역사하시는 하나님 아버지, 지금부터 57년 전 북한 남로당의 개입으로 여순반란사건이 일어나고 극도의 혼란과 폭동 속에서도 이곳을 지켜주시고 또 6.25전쟁을 통해 사랑의 사도 손양원 목사님과 두 아들이 공산군에 의해 순교 당하고 그 순교의 피가 묻어 있는 이곳에 하나님께서 상처를 치유하시고 기념으로 주님의 사랑의 교회를 세우신 것을 감사를 드립니다.

앞으로도 이 지역을 대표해서 복음의 등불, 성령의 등불을 켜서 이 지역을 복음화 하게 하여주옵소서.

또 손양원 목사님의 사랑의 상징으로 그 역사적 의미가 깊은 유서 깊은 새 예루살렘교회의 역할을 다하는 성령으로 부흥되는 우리 교회

가 되게 해주시옵소서

하나님께서 주신 그 사랑의 교회가!

올해로 어연 역사에 반세기가 되는 50주년 되었습니다.

하나님 아버지!

앞으로도 우리 교회를 더욱더 사랑해주시옵고 주님께서 강한 팔을 펴사 우리 교회를 이끌어주시옵소서.

또 우리 교회를 이끌어가실 목사님 더욱더 하늘의 권세와 능력과 말씀을 주시고 지혜와 총명을 주시옵소서.

사도 바울처럼 능력의 일꾼으로, 사명의 일꾼으로, 충성된 종으로 큰재, 제목으로 써주시옵소서

이번 50주념기념 총동원 전도주일, 우리 주님께서 함께해주시옵소서.

이번 50주년 총동원 주일을 통해 우리 교회가 더욱더 주님의 은혜와 성령충만 받게 해주시옵소서.

또 하늘에서 지으시고 허락하신 큰 노아의 방주가 되어서!

이 지역 많은 사람들에게 복음을 전하고 주님의 새생명으로 영생하게 하옵소서.

새로운 주님의 평화와 사랑를 갖는 주님의 교회가 되게 해주옵소서.

많은 사람들이 우리 교회로 와서 은해 받고 성령 받고, 살아 있는 우리 주님을 체험하는 교회가 되게 해주옵소서.

이 시간 예배를 위해서 봉사하는 찬양대, 주일학교 교사, 식당에서, 안내로, 차량봉사, 그 밖에 여러 손길들이 있습니다.

정성을 모아 수고할 때마다 위로와 하늘의 신령한 복으로 채워주옵소서.

오늘도 예배의 시종을 우리 주님께 맡기오며 거룩하신 예수님 이름으로 기도드립니다. 아멘.

 **9월 2주**

복의 근원이 되시는 하나님 아버지!

그 동안도 우리를 보호하시고 복된 길로 인도해주셔서 감사와 영광을 올려드리옵나이다.

아름다운 결실의 계절 가을을 우리에게 주시고 많은 곡식과 열매들을 주셔서 우리의 모든 생명체가 부족함이 없이 살아갈 수 있도록 오늘도 우리에게 은혜 베풀어주심을 진심으로 감사드립니다.

하나님 아버지, 우리에게 주신 9월은 우리 교회가 51주년이 되는 달이기도 하며 또 고유의 명절인 추석을 앞두고 있는 달입니다.

우리 교회가 파란만장한 시련과 고난이 있어도 좌절하지 않고 역사를 이어가는 힘을 받고 지금까지 부흥할 수 있었던 것은 우리 주님이 이 성전 안에서 지키시고 함께하시며 이끌어주신 것 때문임을 알고 진심으로 감사드립니다.

앞으로도 우리 주님이 중심이 되어서 이끌어주시고 우리 주님의 말씀과 성령에 뜨겁고 기도의 불이 뜨거운 성령의 촛대가 되어서 우리 주님 앞에 영광 돌리는 교회가 되게 해주옵소서. 목사님을 기억하여주셔서 주님의 지혜와 총명, 능력과 성령의 말씀으로 채워주시옵소서.

사도 바울처럼 큰 일꾼으로 위대한 전도자로 마지막까지 하나님 앞에 충성과 사명을 다하는 하나님이 귀히 쓰시는 아름다운 주님의 종이 되게 해주시옵소서.

생명을 주시기도하고 거두시기도 하신 하나님 아버지!

우리의 곁을 떠난 사랑하는 권사님이 계십니다.

우리 하나님께서 예비하신 영원한 나라에 가서 우리 주님과 함께 계실 것을 믿습니다. 슬픔에 잠긴 유족들을 위로해주시고 권사님의 뜻을 받들어 구원의 확신을 갖고 살아가는 주님 앞에 충성을 다하는 귀한 가족들이 되게 해주시옵소서.

또 병으로 고생하는 성도들도 있습니다.

죽은 자도 살리시고 많은 병자들을 고치시는 능력의 주님께서 은혜를 베풀어주시고 불쌍히 여기사 능력으로 다시 건강을 찾는 기적이 일어나게 해주시옵소서.

이 시간 예배를 위해서 봉사하는 찬양대, 주일학교 교사, 식당에서, 안내로, 차량봉사로, 그 밖에 여러 손길들이 있습니다.

정성을 모아 수고할 때마다 위로와 하늘의 신령한 복으로 채워주옵소서.

오늘도 예배의 시종을 우리 주님께 맡기오며 거룩하신 예수님 이름으로 기도드립니다. 아멘.

9월 3주

> 🕊 나는 포도나무요 너희는 가지라 그가 내 안에 내가 그 안에 거하면
> 사람이 열매를 많이 맺나니 나를 떠나서는 너희가 아무것도 할 수 없음이라
> (요 15:5)

오늘도 하나님의 빛이 우리에게로 향하사 우리를 그 사랑으로 감싸
주옵소서.

우리 삶을 되돌아보게 하시며 세상에서 우리 생각 대로 살아온 저
희들 교만하고 오만하고 사명과 책임을 다하지 못한 무거운 죄짐들을
이 시간 다 내려놓게 하여주옵소서.

저희들의 심령을 주님의 성령으로 녹이셔서 뜨거운 사랑 안에서 진
심을 반성하고 회개하는 저희들 되게 하여주옵소서.

주님을 통해서 새로운 삶을 살아가는 저희들 되게 하여주옵소서.

오늘도 간절한 기도를 통해서 우리 주님을 감동시키는 이 예배가
되게 해주옵소서.

우리 주님의 사랑으로 변화되는 저희들 되게 하여 주시며 오늘도
말씀을 전하실 목사님 성령의 두루마리를 입히시고 능력의 말씀이 선
포되게 하여주옵소서.

천국 문이 열리고 신실한 세계로 저희들을 끌어주시고 하나님께서 베푸시는 환상과 꿈과 체험이 있게 하여주셔서 확신된 믿음을 갖는 저희들 되게 해주옵소서.

병들고 아프고 힘들게 살아가는 성도들 또 고민하고 해결 받지 못한 어려운 일들, 주님과의 만남을 통해서 해결받게 하시고 우리의 기도와 간구를 들어주셔서 고쳐주시고 치료하여주셔서 주님의 종으로 써주옵소서.

오늘도 예배를 통해서 기쁨과 소망 성령충만 받게 하여주옵소서.

예배를 위해서 봉사하는 찬양대, 또 교사로, 식당봉사로, 교회 청소로, 또 안내로, 차량 봉사로 수고하는 여러 손길들이 있습니다. 한 사람 한 사람을 찾아주시고 위로해주시며 하늘의 복으로 채워 주옵소서.

예배의 시종을 우리 주님께 맡기오며 이 모든 말씀을 거룩하신 예수님 이름으로 기도드립니다. 아멘.

9월 4주

그는 시냇가에 심은 나무가 철을 따라 열매를 맺으며 그 잎사귀가 마르지 아니함 같으니 그가 하는 모든 일이 다 형통하리로다 (시 1:3)

오늘도 우리에게 사랑과 은혜를 베풀어주신 하나님 아버지!

얼마 전만 하여도 산과 들녘에 나뭇가지마다 춤을 추던 생동감이 흐르는 장열한 태양 빛은 이제 서서히 지고 들녘마다 곡식들이 고개를 숙이고 황금 빛으로 물들기 시작하는 결실과 열매와 풍성함으로 섭리해주심을 진심으로 감사드립니다.

우리 하나님께서 약속하신 젖과 꿀이 흐르는 가나안 땅을 주신 그 축복이 이 땅에도 임하게 하여주옵소서.

이 귀한 예배를 통해서 좋은 하나님의 말씀을 통해서 은혜를 받고 성령충만 받아서 결실로 맺어지는 저희들 되게 해주시옵소서.

말씀을 전할 목사님에게도 주님의 능력과 강한 팔로 들어 사용하시고 이 시간 하늘의 말씀을 통해서 천국 문이 열리게 하옵소서.

그리하여 하늘의 좋은 소식을 전하는 선택받는 주의 사자가 되게 하여주옵소서.

말씀 속에서 하늘 문이 열려서 성령의 단비가 우리에게 임하게하옵

소서.

오순절 다락방에 임하였던 성령의 역사가 우리 교회 안에 임하게 하옵소서. 하나님 아버지, 우리의 간절한 기도와 또 합심 기도를 통해서, 이 예배를 통해서 하나님의 마음을 움직일 수 있는 능력이 임하게 하옵소서.

주님께서 우리 곁에 오셔서 앞으로 되어지는 모든 계획과 꿈이 이루어지는 시간 되게 해주시옵소서.

하는 일마다 함께하셔서 만사형통으로 기업을 소유하는 저희들 되게 해주시옵소서.

이 시간 성령충만 받아 주신 사명과 책임를 잘 감당하는 저희들 되게 해주시옵소서.

또 병들고 고통받는 가정들도 있습니다.

또 어렵고 가난으로 고난받는 가정들도 있습니다. 우리 주님께서 항상 살펴주시옵소서.

또 기억하셔서 강한 능력으로 치료하여주시고 건강하게 해주시고 하늘의 복으로 평안함을 찾는 우리 성도들 가정 가정이 되게 해주시옵소서.

예배를 위해서 봉사하는 찬양대, 주일학교 교사, 식당에서, 안내로, 차량봉사로, 그 밖에 여러 손길들이 있습니다.

힘을 다하여 수고할 때마다 주님의 위로가 넘쳐나게 하시고 하늘의 신령한 복으로 채워주시옵소서.

오늘도 예배의 시종을 우리 주님께 맡기오며 거룩하신 예수님 이름으로 기도드립니다. 아멘.

9월 5주

> 오직 성령의 열매는 사랑과 희락과 화평과 오래 참음과 자비와 양선과 충성과 온유와 절제니 이 같은 것을 금지할 법이 없느니라 (갈 5:22-23)

사랑과 은혜가 풍성하신 하나님 아버지!

저희들을 위해서 이 세상을 창조하시고 또 아름답고 풍성하고 풍족한 곳에서 살게 하셔서 이처럼 나무마다 아름다운 열매들, 또 들녘에는 황금빛으로 물들어 익어가는 곡식들, 또 나무마다 가지각색으로 아름다운 풍경이 풍요롭게 살아갈 수 있는 계절을 주심을 진심으로 감사드립니다.

무르익어가는 이 결실의 계절을 맞이해서 저희들도 성령의 열매가, 천국의 귀한 사랑의 열매, 기도의 열매, 능력의 열매, 그 아름다운 은혜의 열매들이 익어가서 우리 주님 앞에서 귀한 영의 양식들이 되게 해주옵소서.

천국에서 그 영혼의 창고에 가득 채울 수 있는 저희들 되게 해주시옵소서.

저희들 기도하고 순종하고 맡은 사명과 책임을 다해서 하나님 앞에 영광을 돌리며 맡겨주신 달란트의 사명을 다해 우리 주님 앞에 드리는 이 결실의 계절 가을이 되게 해주시옵소서.

약하고 부족한 저희들 이 시간 주님의 강한 말씀을 주시고 강한 믿음을 주시옵소서.

저희들 세상 살아가는데 좌로나 우로나 치우치지 않게 하옵소서. 세상에서 즐겁고 재미있는 죄악에 넘어가고 유혹되지 않게 하옵소서.

우리 주님의 길을 잘 선택해서 주의 길을 가고 의의 길로 가게 하옵소서. 또 방탕하고 타락한 곳, 주님을 싫어하는 사람들과 어울리지 않게 하옵소서.

성령과 은혜로 살아서 주 안에서 열매맺는 저희들 되게 해주시옵소서.

추수할 때 쭉정이가 되어서 불에 태워지는 저희들 되지 않게 해주시옵소서.

알곡이 되어서 주님의 창고에 가득히 쌓여지는 저희들 되게 해주시옵소서.

세상으로 치우쳐 있는 저희들 주님의 그 얼굴을 주시고 주님 그 음성을, 그 목소리를 주시옵소서.

저희들에게 성령의 말씀을 주시옵소서.

감동의 말씀을, 은혜로운 말씀을, 능력의 말씀을 주시옵소서.

둔하고 미련한 우리의 입술과 머리를 주님께서 변화시켜주시옵소서. 입을 벌려 주님의 그 음성이 나오게 하옵소서.

지혜를 주셔서 마음을 녹이는 은혜의 말씀을 주시옵소서.

오늘도 예배의 시종을 우리 주님께 맡기오며 거룩하신 예수님 이름으로 기도드립니다. 아멘.

10월 1주

우리를 은혜로 구원하여주신 하나님 아버지!

일주일 동안도 저희들 이 세상 살면서 세상에 치우쳐 넘어지고 쓰러지고 갈래 갈래 찢어진 갈대와 같은 영혼을 오늘도 깨우시고 치유하시며 그 사랑으로 우리 마음을 녹여주시고 우리 영혼이 소생할 수 있게 하옵소서.

또 이 시간 이 귀한 주님의 몸 된 성전에서 신령한 말씀과 하늘의 복으로 예배드리게 하여주심을 진심으로 감사드립니다.

하나님 아버지, 저희들 세상 살면서 베풀어 주신 그 사랑과 은혜 속에서 살아왔지만 그 사랑을 깨닫지 못하고 주님을 멀리하고 잊어버리고 세상 속에서 살아왔습니다.

이 귀한 예배를 통해서, 또 우리 목사님께서 전하시는 귀한 성령의 말씀을 통해서 은혜를 받고 성령충만 받아서 살아 계신 하나님 아버지를 보고, 또 살아 계신 우리 주님을 보고 확신된 믿음을 갖게 하여주옵소서. 하나님 아버지, 주님의 귀한 말씀 속에서 주시는 은혜와 믿음 안에서 저희들 진심으로 반성하고 뉘우치며 또 성령충만 받는 이 거룩한 시간 되게 하여 주옵소서.

하나님, 우리 교회가 총동원 주일을 앞두고 있습니다. 먼저 기도로 준비하는 저희들 되게 해주시옵소서.

이번 행사를 통해서 기도의 부흥이 일어나게 해주시옵소서.

이번 행사를 통해서 주님의 그 사랑으로 불타고 주님의 살아 계신 성령의 말씀으로 불타서 이 땅에서 귀한 새 생명을 전하는 구원의 방주가 되게 하여주옵소서.

목사님께 우리 주님의 능력과 말씀과 성령의 두루마리를 입히시고 진정한 구원의 사명을 감당하는 우리 교회가 되게 해주시옵소서.

누구든지 와서 주님의 그 이름을 부르는 자는 다 구원받게 하여주시고 말씀을 들음으로써 복을 받고 은혜 받게 하여주옵소서.

이번 행사를 통해서 우리 모두가 기도에 응답받게 해주시옵소서.

또 축복의 은사, 치유의 은사, 새로운 기쁨과 희망과 소망, 감격의 큰 영적인 체험을 갖게 해주시옵소서. 이 시간 예배를 위해서 봉사하는 찬양대, 주일학교 교사, 식당에서, 그 밖에 여러 손길들이 있습니다.

정성을 모아 수고할 때마다 위로와 하늘의 신령한 복으로 채워주옵소서. 오늘도 예배의 시종을 우리 주님께 맡기오며 거룩하신 예수님 이름으로 기도드립니다. 아멘.

10월 2주

오늘도 살아 계셔서 저희들을 지키시는 사랑의 하나님 아버지!
그 은혜와 사랑을 진심으로 감사드립니다.

저희들에게 이 아름다운 수확의 계절 풍성한 가을을 주셔서 오늘도 모든 생명체가 풍성하게 살아갈 수 있도록 섭리해주신 하나님 아버지 진심으로 감사와 찬송을 드립니다.

저희들도 아름다운 결실의 계절을 통해 말씀과 은혜와 성령 속에 살아서 아름다운 열매로 풍성하게 수확하는 은혜를 주시옵소서.

하나님 아버지, 저희들 주님께서 주신 그 달란트 감당하지 못하고 주님 앞에 사명과 책임을 다하지 못했습니다.

세상 재미따라 흘러가는 물결따라 주님의 말씀과 믿음대로 살아가지 못했습니다.

이 시간 잘못된 우리의 삶을 주님 앞에 고백합니다.

은혜 속에서 말씀 속에서 진심으로 반성하고 회개하고 뉘우치는 저희들 되게 해주시옵소서.

모든 것을 해결받는 이 시간 이 예배가 되게 해주시옵소서.

말씀을 전할 목사님께 주님의 지혜와 총명을 주시고 하늘의 권능과 성령의 두루마리를 입히시고 말씀 가운데서 성령충만 받게 해주시옵소서. 사도 바울과 같은 큰 일꾼, 큰 사람 훌륭한 전도자가 되게 해주시옵소서. 오직 우리 주님만 바라보며 희생과 사명을 다하는 주님의 지도자가 되게 해주시옵소서.

특별히 또 우리 교회에 병으로 고통받는 권사님과 성도들도 계십니다. 이 시간 우리 주님께서 갈릴리 여러 지방에서 많은 병자들을 고치시던 그 기적과 이적을 우리 교회 안에 주셔서 성령을 통해서 새 힘을 얻고 새로운 소망과 큰 기쁨으로 살아가게 하옵소서.

오늘도 저희들 세상 어디서나 누구를 만나든 주님을 닮은 사람과 인연이 되어서 항상 좋은 일들로 채워주시옵소서.

주님 안에서 만사형통하는 저희들 되게 해주시옵소서.

예배를 위해서 봉사하는 찬양대, 주일학교, 식당에서, 청소와 차량 봉사, 그 밖에 여러 손길들이 있습니다.

정성을 모아 수고할 때마다 위로와 하늘에 신련한 복으로 채워 주옵소서. 오늘도 예배의 시종을 우리 주님께 맡기오며 거룩하신 예수님 이름으로 기도드립니다. 아멘.

10월 3주

우리의 역사를 주관하신 하나님 아버지!

10월은 시원하고 아름다운 수확의 계절입니다. 하나님 아버지!

올해도 이처럼 저희들에게 풍성하고 풍요로운 수확의 계절을 주신 것을 진심으로 감사드립니다.

결실의 계절을 통해서 주님 앞에 기도하고 순종하고 충성을 다해서 성령의 열매로 결실을 보는 저희들 되게 해주시옵소서.

주님께서 주시는 그 보혈의 피를 통해 십자가의 희생을 통해 성령의 열매를 맺는 저희들 되게 해주시옵소서. 저희들 많은 열매와 씨앗들, 풍성한 알곡들이 되어서 우리 주님께서 천국에서 추수하고 타작할 때에 귀한 우리 주님에 알곡으로 남아 하늘나라에 귀한 보물창고에 가득히 쌓아놓은 자들이 되게 하여주옵소서. 쭉정이가 되고 가라지가 되어서 불에 태워지는 저희들 되지 않게 하여주옵소서.

10월 한 달도 저희들 우리주님 앞에 충성 봉사를 다하고 순종하며 겸손하게 살아서 잘했다 칭찬받는 저희들 되게 해주시옵소서 주님!

이 한 달도 항상 기도하며 항상 기뻐하며 항상 주님께 감사하며 살아가는 저희들 되게 해주시옵소서. 이 시간 목사님께서 주님목사님께서 교회에서 말씀을 선포하고 또 부르짖는 그 기도 소리를 들어 주옵소서 능력에 능력을 더해주시고 성령의 두루마리를 입혀주옵소서. 능력 있는 종이 되게 해주시고 충성을 다하며 순종하고 겸손한 종이 되게 해주시 옵소서 하나님 아버지!

그리하여 능력있는 그 말씀과 기도가 우리의 마음을 변화시키는 감동과 책망, 성령의 본체가 되게하여 주옵소서.

성령의 말씀이 병들고 약하고 고통받고 힘없이 살아가는 우리 성도들의 가슴 가슴을 파고들게 하시고, 우리의 마음과 심장을 파고들어서 우리를 변화시키고 성령충만 받아 기적의 역사가 일어나 새로운 광명을 찾는 이 순간이 되게 해주시옵소서. 뜨거운 성령 속에서 만남이 이루어지는 귀한 예배가 되게 해주시옵소서.

오늘도 예배의 시종을 우리 주님께 맡기오며 거룩하신 예수님 이름으로 기도드립니다. 아멘.

10월 4주

오늘도 하늘의 아름다운 보고를 여사 우리에게 서늘한 바람과 햇빛을 주셔서 산과 들과 온 세상이 황금물결로 곡식의 보고를 주시고 섭리해주신 하나님 아버지께 진심으로 감사드립니다.

오늘도 세상 속에서 동화되고 혼합되어 살아온 저희들입니다. 이 시간 우리 주님의 그 가르침 사랑과 희생과 절제와 자비, 주님의 그 보혈의 피로 선한 일을 쌓아서 선한 나무가 되게 하여주시고, 선한 열매가 맺어지는 저희들 되게 해주시옵소서. 저희들도 이 시간 우리 주님처럼 행함의 믿음을 주시옵소서. 희생의 믿음을 주시옵소서. 능력의 믿음을 주시옵소서. 사망권세를 이기시는 주님 저희들에게도 하늘의 능력과 권세를 주 옵소서. 그 가르침을 받아 실천하는 믿음을 주셔서 저희들을 말씀 위에, 주님의 날개 밑에, 반석 위에 세워주셔서 주님을 통해 생명의 아름다운 열매가 맺어지고 선한 나무가 되게 해주시옵소서. 천국의 열매가 맺어지게 하옵소서.

오직 의인이 되어서 선을 이루고 선한 열매, 의로운 열매가 되게 해주시옵소서. 세상의 교만하고 오만한 자들과 타락하고 방탕한 곳에 어울려서 악독한 열매가 되어 심판날에 찍어 불에 태우는 그러한 불행한 저희들이 되지 않게 하옵소서. 오직 선한 열매를 맺게 하옵소서. 저희들 오직 선한 길을 택하고 의로운 길을 택해서 좌로나 우로나 치우치지 아니하며 주님께서 주시는 지혜와 총명을 주셔서 우리 집과 기업을 주님께서 지켜주시는 튼튼한 주님의 반석 위에 짓는 저희들 되게 해주시옵소서.

저희들 이 세상 불법과 불의와 부정과 부패와 손잡아 부패한 열매가 맺어지는 일이 없도록 항상 인도하시고 지도하여주옵소서. 하나님 아버지, 또 병들고 고통받고 어려움을 당하는 가정이 없게 하여주옵소서. 우리 주님께서 사망권세를 이기신 그 보혈의 피를 통해서 새 힘을 얻고 새로운 기운을 받아서 새로운 건강을 가지는 주님을 통해서 큰 기쁨과 소망을 가지고 살아가는 저희들 되게 해주시옵소서.

이 모든 말씀을 거룩하신 예수님 이름으로 기도드립니다. 아멘.

11월 1주

> 그러므로 형제들아 내가 하나님의 모든 자비하심으로 너희를 권하노니 너희 몸을 하나님이 기뻐하시는 거룩한 산 제물로 드리라 이는 너희가 드릴 영적 예배니라 (롬 12:1)

항상 우리와 함께하시는 하나님 아버지!

지금까지 저희들을 사랑의 품 안에서 이끌어주심을 감사드립니다. 주의 백성을 낮이면 구름기둥 밤이면 불기둥으로 인도하시고 보호해주시며 이 한 해 동안도 풍성하고 풍요롭게 이끌어주심을 감사드립니다.

그 동안도 저희들 이 세상 살면서 주님 앞에 순종하지 못했습니다. 이 시간 강퍅한 심령을 주님의 그 사랑으로 녹여주옵소서. 오늘도 시들어가고 연약한 우리 심령에 오셔서 성령의 불로 태우소서.

또 죄로 물든 우리 허물을 주님 앞에 내려놓습니다. 오늘도 귀한 예배를 통해서 주님께서 주시는 성령의 그 말씀을 통해서 진심으로 반성하고 뉘우치고 용서받는 이 거룩한 예배가 되게 해주시옵소서.

우리 목사님께서 전하시는 말씀 속에서 은혜를 받고 성령충만 받아서 주님을 붙잡고 사랑과 희락과 자비, 충성, 온유 같은 성령의 열매를 맺는 저희들 되게 해주옵소서.

우리 교회가 그 동안 계획하고 한 해 동안 기도했던 중요한 일을 앞두고 우리 목사님께서 가르치고 훈련시키고 기도로 준비해온 교회 일꾼을 뽑는 큰 행사를 앞두고 있습니다.

이번 일을 통해서 더욱더 기도로 준비하고 주님 안에서 택함을 받은 일꾼을 뽑는 모든 일이 주님의 뜻대로 이루어지게 해주시옵소서.

우리 교회가 훌륭한 많은 일꾼을 뽑아서 더욱더 하나님앞에 공의로운 교회가 되게 해주시옵소서. 새로운 일꾼을 통해서 초대 교회에 주셨던 성령강림이 임하게 하옵소서. 우리 교회가 기도의 공동체가 되게 해주시옵소서. 또 배움의 공동체, 일하는 공동체, 서로 교제하는 아름다운 믿음의 공동체가 되게 해주시옵소서. 주님을 받들어 섬기는 교회, 주님 앞에 더욱더 승리하는 교회가 되게 해주시옵소서. 이 시간 또 예배를 위해서 봉사하는 찬양대, 주일학교 교사, 식당에서, 청소로, 차량 운전으로, 그 밖의 여러 손길들이 있습니다. 정성을 모아 수고할 때마다 위로와 하늘의 신령한 복으로 채워주옵소서.

오늘도 예배의 시종을 우리 주님께 맡기오며 거룩하신 예수님 이름으로 기도드립니다. 아멘.

 **11월 2주**

> 만일 우리가 우리 죄를 자백하면 그는 미쁘시고 의로우사 우리 죄를
> 사하시며 우리를 모든 불의에서 깨끗하게 하실 것이요 (요일 1:9)

우리의 생사화복을 다 주관하시고 우리 모든 인간이 풍성하게 살아
갈 수 있도록 이 우주만물을 섭리하여주신 하나님 아버지. 감사합니다.

오늘 여기 모인 부족한 저희들 세상에서 육체의 정욕대로 세상의
재미대로 우리의 영혼을 저버리고 살아왔습니다. 이 시간 저희들은
죄로 물든 그 허물을, 세상에서 지은 모든 죄를 우리 주님의 재단 앞
에 내려놓습니다. 이 귀한 예배의 말씀 가운데서 은혜를 받고 성령
충만 받아서 자복하고 회개하는 저희들 되게 해주시옵소서.

말씀을 통해서 하늘에서 주시는 성령을 통해서 큰 기쁨의 주님을
마음껏 소유하는 은혜 받는 이 거룩한 이 시간 되게 해주시옵소서.

우리 교회를 기억하여주시고 주님의 그 말씀을 통해서 그 말씀 안
에서 하나가 되어 합심하여 기도해서 우리 교회가 믿음으로 하나 된
교회가 되게 해주시옵소서. 아름다운 기도의 공동체가 되게 해주시옵
소서.

아론과 훌이 모세의 팔을 붙잡고 받들어올림으로 이스라엘 민족 앞

으로 전진하고 승리한 것같이 교회당회를 비롯해서 모든 기관이 하나가 되어 목사님의 팔을 붙들어 올려줌으로 힘차게 전진하며 승리하는 우리 교회와 가정들이 되게 해주시옵소서.

우리 교회 모든 교우가 말씀과 믿음으로, 사랑과 화합으로 하나가 되어목적지까지 한 사람도 이탈하고 낙심하고 원망하고 거역함 없이 모두가 약속의 땅 가나안 복지까지 들어가게 해주시옵소서.

항상 믿음으로 감싸주시고 성령으로 감싸주옵소서.

이 시간 예배를 위해서 봉사하는 찬양대, 주일학교 교사, 식당에서, 청소와 차량운전으로, 그 밖에 여러 손길들이 있습니다.

정성을 모아 수고할 때마다 하늘의 위로와 신령한 복으로 채워주옵소서.

오늘도 예배의 시종을 주님께 맡기오며 거룩하신 예수님 이름으로 기도드립니다. 아멘.

 **11월 3주**

> 여호와께서 너를 위하여 하늘의 아름다운 보고를 여시사 네 땅에 때를 따라 비를 내리시고 네 손으로 하는 모든 일에 복을 주시리니 네가 많은 민족에게 꾸어줄지라도 너는 꾸지 아니할 것이요 (신 28:12)

잃은 양을 찾으시는 선한 목자이신 아버지 하나님!

수확의 계절 가을을 맞이하여 무엇보다 우리 주님의 생명의 나무를 붙잡고 성령의 열매가 맺어져가는 저희들 되게 해주시옵소서.

지난 일주일 동안도 세상에 살다가 주님의 날을 맞이하여 주님의 품으로 모이게 하시며 은혜와 신령한 하늘의 말씀과 하늘의 복으로 예배드리게 하여주심을 진심으로 감사와 찬송을 드립니다.

이 거룩한 예배를 통해서 그 동안 세상에서 잘못된 삶, 죄와 그 허물을 이 시간 어두웠던 우리의 눈과 영혼이 광명의 빛으로 깨어나서 주님을 찾고 회개하고 뉘우치는 저희들 되게 해주시옵소서.

또 목사님께서 전하시는 귀한 성령의 말씀을 통해 하늘 문이 열려서 은혜를 받고 성령충만 받는 저희들 되게 해주시옵소서.

오늘 말씀을 통해서 천국에서 일어나고 있는 신비한 성령의 역사들을 저희들 체험할 수 있는 귀한 시간 되게 해주시옵소서.

저희들 이 시간을 통해서 영의 양식을 공급받게 해주시고 생명의 양식을 공급받는 거룩한 예배가 되게 해주시옵소서.

또 기도의 능력과 힘을 통해 세상을 잘 살아가는 주님의 지혜와 총명을 공급받는 이 시간 되게 해주시옵소서.

말씀을 전할 목사님 성령 두루마리를 입히시고 능력의 지팡이를 주시며 양떼를 이끌어가는 데 부족함이 없이 지혜와 총명을 주시며 피곤치 않게 건강도 주시옵소서.

우리 교회 공동체를 항상 두루 살펴주옵소서.

한 가정도 병들고 고통받고 고난과 어려움에 처하지 않게 해주시옵소서.

병든 자는 우리 하나님께서 고쳐주시고 건강을 주시옵소서.

또 가난하고 어렵게 살아가는 형제들에게 복을 채워주셔서 항상 주님이 중심이 되어 살아가는 귀한 가정들이 되게 해주시옵소서.

또 우리 교회가 예배를 통해서 더욱더 아름다운 공동체가 되게 해주시옵소서.

기도하는 공동체, 배움의 공동체, 교제하는 공동체가 되게 해주시옵소서.

초대 교회처럼 아름다운 공동체가 되게 해주시옵소서. 이 시간 예배를 위해서 봉사하는 찬양대, 주일학교 교사, 식당에서, 그 밖에 여러 손길들이 있습니다.

정성을 모아 수고할 때마다 위로와 하늘의 신령한 복으로 채워주옵소서.

오늘도 예배의 시종을 우리 주님께 맡기오며 거룩하신 예수님 이름으로 기도드립니다. 아멘.

11월 4주

오늘도 저희들을 위해서 우주만물을 다스리시며 태양을 주시고 바람을 주시고 생명과 호흡을 주셔서 행복하게 살아갈 수 있도록 은혜 베풀어 주시고 섭리해주신 하나님 아버지 진심으로 감사와 찬송을 드립니다.

오늘도 저희들 주님의 그 모습대로 살지 못하고 사명과 책임을 다하지 못하며 불순종한 요나처럼 세상을 즐기면서 살아왔습니다. 이 시간 성령의 말씀을 통해서 진심으로 반성하고 뉘우치고 회개하는 저희들 되게 해주시옵소서. 하나님 아버지, 오늘도 저희들의 이 간절한 기도와 예배를 들어주시옵소서.

성령을 통해서 이 세상에 역사하시고 사역하고 계시는 통치를 이 시간 확인하게 하옵소서.

지금 세상에서 병들고 고통받고 힘들게 살아가는 백성들의 병을 고쳐주시고 또 일으켜 세우시며 눈을 뜨게 하시고 죽은 사람을 살리시며 또 보리떡 다섯 개와 물고기 두 마리로 오천명을 먹이신 그 기적

과 이적, 하늘에서 주시는 복을 이 시간 저희들도 직접 체험하고 가질
수 있게 해주시옵소서.

이 시간 우리 주님을 만나는 체험을 통해서 성령충만받게 하옵소서.

우리의 마음을 성령으로 불타게 하옵소서. 뜨거운 성령의 불로 세
상 사람들을 태우게 하옵소서.

불순종한 모든 죄를 태워서 주님의 모습만 남게 하옵소서.

사랑과 희생과 겸손으로 반성하고 회개하게 하옵소서. 성령을 통해서
저희들에게 주님의 광채가 세상을 향해 비추게 하여서 마귀사탄 교만하
고 오만하고 그 악독한 죄를 다 녹이게 하옵소서.

이 시간 저희들의 합심 기도를 통해서, 서로 소통되고 하나된 우리
공동체의 기도를 통해서 큰 성령의 역사가 일어나게 하옵소서. 기도
의 힘과 진동이 일어나서 세상을 변화시키게 하옵소서.

오늘도 예배의 시종을 우리 주님께 맡기오며 거룩하신 예수님 이름
으로 기도드립니다. 아멘.

11월 5주

예수께서 나아와 말씀하여 이르시되 하늘과 땅의 모든 권세를 내게 주셨으니 (마 28:18)

우리에게 사명과 책임을 주신하나님!

오늘도 저희들을 사랑하시고 주의 백성으로 택하사 귀한 생명 주시고 호흡 주시며 이 땅에 모든 생명체가 살아가는 데 부족함이 없도록 풍성한 열매를 주시고 풍족한 알곡과 곡식을 주시며 채소와 고기와 물고기를 주셔서 살아가는 데 풍족하게 은혜 베풀어 주시고 섭리해주신 하나님 아버지께 진심으로 감사와 찬송을 드립니다.

그 동안도 저희들 이 땅에서 살면서 주님께서 주신 말씀 속에서 믿음 안에서 살아가지 못했습니다.

세상에서 유혹에 넘어가고 정욕에 넘어가고 향략과 방탕 속에서 교만하고 오만하고 죄악 속에서 즐기면서 살아온 저희들입니다.

이 시간 불쌍한 저희들을 용서하여주옵소서.

예배를 통해서 전하시는 말씀을 통해서, 하늘에서 주시는 성령을 통해서 저희들 은혜 받아서 진심으로 반성하고 뉘우치고 회개하게 해주시옵소서.

말씀을 전하실 우리 목사님 하늘의 신령한 말씀을 주시옵소서. 성령의 말씀을 능력의 말씀을 주시옵소서.

이 시간 주님의 그 말씀으로 하늘 문을 열게 하시고 천국으로 들어가는 열쇠를 주시옵소서.

오늘 저희들을 우리 주님이 계신 곳을 향해 신비한 체험을 주시고 말씀을 통해서 새로운 언약과 계시를 받게 해주시옵소서.

오늘 저희들에게 주시는 그 은혜와 성령충만으로 하늘의 복을 주시고 또 병을 고쳐주시고 소경의 눈을 뜨게 하시며 앉은뱅이를 일으켜 세우시고 죽은 사람도 살리시는 권세와 권능의 주님을 이 시간 소유할 수 있는 저희들 되게 해주시옵소서.

어려운 병으로 고통받고 또 불쌍하고 힘들게 살아가는 우리 성도들도 있습니다.

이 시간 우리 주님께서 그 권세와 권능을 통해서 그들을 고쳐주시고 새 힘을 주시옵소서. 하늘의 복을 주시옵소서.

오늘도 예배의 시종을 우리 주님께 맡기오며 거룩하신 예수님 이름으로 기도드립니다. 아멘.

> 그들이 부르기 전에 내가 응답하겠고 그들이 말을 마치기 전에 내가 들을 것이며 (사 65:24)

역사를 주관하신 하나님 아버지!

오늘도 우리에게 생명 주시고 호흡 주시며 이끌어주시고 인도하여 주심을 진심으로 감사드립니다.

그러나 저희들 맡겨주신 그 사명과 책임을 다하지 못했습니다.

이제 얼마 남지 않은 한 해를 기도로 준비하고 기도 속에서 깊이 회개하며 기도로 마무리하여 올 한 해를 기도의 열매로 맺는 저희들 되게 해주옵소서.

아기 예수님이 오시는 사랑의 계절을 맞이했습니다. 아름다운 달을 맞이해서 우리 교회가 기도하는 공동체가 나눔의 공동체, 서로 위로하고 감싸는 공동체, 교제하는 공동체가 되게 해주옵소서. 주님 앞에 사명과 책임을 다하며 세상에서 빛과 소금의 역할을 다해서 주님이 오시는 그 길이 평탄케 되기를 원합니다.

이 시간 목사님께서 전하시는 말씀 속에서 저희들 은혜를 받고 성령충만 받아서 주님을 만나보게 해주옵소서.

하늘에서 주시는 성령의 체험 속에서, 주님께서 내게 주시는 그 말씀과 은혜 속에서 큰 기쁨을 누리는 이 시간 되게 해주옵소서. 오늘도 세상에서 가난하고 힘들게 살아가는 모든 사람들이 또 실패하고 방황하고 낙심하는 모든 사람들이 살아 계신 말씀을 통해 새로운 소망을 갖고 희망을 갖고 기쁨 속에서 꿈과 희망을 가지고 살아가게 하옵소서.

병들고 아프고 고통 속에서 살아가는 우리 성도들 주님께 기도하여 주님께서 주시는 그 능력의 기쁨 속에서 살아가게 하옵소서.

이 시간 예배를 위해서 수고하는 찬양대, 또 교사로, 안내로, 청소 봉사로, 식당 봉사, 차량 봉사로, 그 밖에도 보이지 않게 수고하는 여러 손길들 주님께서 한 사람 한 사람 찾아서 위로하시고 하늘의 복으로 채워주옵소서.

오늘도 예배의 시종을 우리 주님께 맡기오며 이 모든 말씀을 거룩하신 예수님 이름으로 기도드립니다. 아멘.

12월 2주

거룩하시고 존귀하신 하나님 아버지!

올 한 해도 저희들에게 변함없는 사랑과 은총으로 인도하여주심을 진심으로 감사드립니다.

올 한 해도 저희들 삶을 되돌아볼 때에 부족하고 불안전하며 또 주님의 뜻대로 말씀과 믿음 안에서 맡기신 그 사명과 책임을 다하지 못했습니다. 우리에게 주신 그 달란트의 사명과 책임을 다하지 못했습니다.

귀한 예배를 통해서, 말씀을 통해서 진심으로 반성하고 회개하고 뉘우치는 되게 해주시옵소서. 이제 올 한 해도 며칠 남지 않았습니다. 이 남은 기간에 성령의 말씀으로 깨어서 지혜 있는 다섯 처녀처럼 기름과 등불로 준비해서 예수님을 기다리고 맞이하는 저희들 되게 해주시옵소서.

다가오는 새해에는 기도로 준비하고 말씀으로 준비해서 우리 집과 기업을 튼튼한 반석 위에 짓도록 해주시옵소서.

바람이 불고 비가 오고 창수가 져도 무너지지 않는 저희들 되게 해주시옵소서. 다가오는 새해에는 죄악으로 멸망한 소돔과 고모라와 같은 죄악으로 멸망당하는 불행의 역사가 오지 않게 해주시옵소서. 주님이 주시는 희망과 소망으로 살아가는 밝은 미래가 되게 해주시옵소서.

이 땅에 주님의 나라를 위해서 항상 기도하고 충성하고 진실된 삶으로 헌신하고 희생하는 저희들 되게 해주시옵소서.

하나님 아버지, 말씀을 전할 목사님에게 주님의 권세와 능력을 주시옵소서. 이 시간 성령의 뜨거운 말씀이 소외받고 버림받고 춥고 어두운 구석 구석에 새로운 희망과 소망이 되게 해주시옵소서. 우리 주님의 따뜻한 사랑이 전달되게 해주옵소서.

예배를 위해서 봉사하는 찬양대, 주일학교 교사, 식당에서, 그 밖에 여러 손길들이 있습니다. 정성을 모아 수고할 때마다 위로와 하늘의 신령한 복으로 채워주옵소서.

오늘도 예배의 시종을 주님께 맡기오며 거룩하신 예수님 이름으로 기도드립니다. 아멘.

12월 3주

너희가 기도할 때에 무엇이든지 믿고 구하는 것은 다 받으리라 하시니라 (마 21:22)

존귀하시고 거룩하신 하나님 아버지!

때를 따라 이른 비와 늦은 비를 주시고 세상 만물에게 은혜의 단비를 내려주시며 보살펴주시는 하나님 아버지, 그 은혜와 사랑과 섭리에 진심으로 감사와 찬송을 드립니다.

이제 올 한 해도 꼭 한 달밖에 남지 않았습니다. 주님께서 우리에게 주신 달란트 사명과 책임, 주님을 위해서 충성하지 못했습니다. 세상 유혹에 넘어가고 세상 속에서 살아온 저희들이옵니다. 이 시간 저희들 신령한 하늘의 말씀을 통해서 은혜를 받고 성령충만 받아서 남은 기간 동안 지혜와 슬기 있는 사람같이 항상 깨어 있어 기름과 등불을 준비해서 주님을 맞을 준비로 한 해를 잘 마무리하는 저희들 되게 해주시옵소서.

우리 교회를 이끌어가신 목사님, 성령의 두루마리를 입히시고 주의 능력의 지팡이로 양떼를 푸른 풀밭으로 쉴 만한 물가로 인도하시는 부족함이 없는 목자가 되게 해주시옵소서.

이스라엘 민족이 약속의 땅을 향해 출애굽하면서 아말렉과 전쟁에서 모세를 중심으로 하나가 되어 힘을 합칠 때에 그들이 전진하며 승리한 것처럼 우리 교회가 말씀과 성령 속에 하나가 되어 힘차게 전진하게 해주시옵소서.

두 사람이 합심하여 구하면 하늘에 계신 아버지께서 다 들어 주신다고 하신 주님, 저희들 사랑으로 하나 되어 기도하는 공동체가 되게 해주시옵소서. 이스라엘 민족이 하나님께서 약속하신 땅을 목전에 두고 악평과 거짓, 갈등과 분쟁하고 우상숭배로 많은 사람들이 죽어 복 땅을 완전 정복하지 못한 아쉬움이 남아 있었음을 압니다.

오늘 여기 모인 우리 교회 공동체는 올 한 해를 마무리하고 준비하면서 겸손과 순종과 말씀과 화합으로 하나가 되어 큰 뜻을 이루어내게 해주시옵소서.

우리에게 약속하신 천국 그 목적지까지 한 사람도 낙오되고 좌절하고 원망하고 후회지 않도록 다 들어가는 아름다운 우리 교회 공동체가 되게 해주시옵소서. 하나님께서 약속하신 땅 젖과 꿀이 흐르는 땅 가나안을 기업으로 받는 우리 교회 성도들이 되게 해주시옵소서.

오늘도 예배의 시종을 주님께 맡기오며 거룩하신 예수님 이름으로 기도드립니다. 아멘.

 **12월 4주**

> 나는 너희로 회개하게 하기 위하여 물로 세례를 베풀거니와 내 뒤에
> 오시는 이는 나보다 능력이 많으시니 나는 그의 신을 들기도 감당하지 못하겠
> 노라 그는 성령과 불로 너희에게 세례를 베푸실 것이요 (마 3:11)

　이천 년 전 유대국 베들레헴 낮고 낮은 구유에서 첫 울음으로 우리에게 기쁨과 소망, 사랑으로 오신 주님, 그 주님의 사랑을 통해서 올 한 해도 우리에게 변함없는 은혜로 이끌어주심을 진심으로 감사드립니다.

　이 시간 저희들이 귀한 예배를 통해, 우리 목사님께서 전해주시는 신령한 성령의 말씀을 통해 은혜를 받고 성령충만 받게 하여주옵소서. 올 한 해도 말씀 안에서 살아가지 못한 저희들 남을 미워하고 시기하고 완악하고 강퍅한 마음을 이 시간 그 사랑으로 녹여주옵소서. 또 우리에게 오셔서 우리 영혼을 살려 주옵소서. 우리의 잘못된 삶, 또 우리의 죄 이 시간 하나 하나 떠오르게 하시고 귀한 말씀을 통해서 진심으로 반성하고 회개하는 저희들 되게 해주시옵소서.

　하나님 아버지, 올 한 해 동안도 이루지 못하고 성취하지 못한 우리의 꿈들, 또 때로는 좌절하고 실패하여 낙심하고 유혹에 넘어가기

도 했던 저희들을 사랑으로 감싸주옵소서. 상처를 치료하여주시고 이 시간 소망과 기쁨을 주옵소서. 어리석고 부족하고 미련한 저희들을 용서하여주옵소서.

또 저희들에게 새로운 시작을 주시는 하나님, 이 시간 저희들에게 지혜와 총명, 능력과 새로운 성령의 말씀을 주시옵소서. 얼마 남지 않은 이 한 해도 잘 마무리하게 하시고 또 새로운 마음으로 출발할 수 있게 하옵소서.

다음 주면 성탄절입니다. 유대국 베들레헴 낮고 낮은 구유를 찾아서 아기 예수님께 용서와 사랑을 구하며 이 땅에 진정한 평화가 올 수 있도록 기도하고 준비하는 저희들 되게 해주시옵소서. 예수님이 계시는 곳 낮고 낮은 곳을 찾아서 경배하는 저희들 되게 하여주옵소서. 또 병들고 슬퍼하고 고통받고 버림받고 버려지고 소외받는 사람들, 또 가난하고 불쌍한 사람들을 위해서 아기 예수님께서 오셔서 진정한 사랑을 주시옵소서.

이 시간 예배를 위해서 봉사하는 찬양대, 주일학교 교사, 식당에서, 돕는 손길들이 있습니다.

정성을 모아 수고할 때마다 위로와 하늘의 신령한 복으로 채워주옵소서. 오늘도 예배의 시종을 주님께 맡기오며 거룩하신 예수님 이름으로 기도드립니다. 아멘.

12월 5주

자기의 육체를 위하여 심는 자는 육체로부터 썩어질 것을 거두고 성령을 위하여 심는 자는 성령으로부터 영생을 거두리라 (갈 6:8)

택한 백성을 보호하시고 이끌어주시는 하나님 아버지!

올 한 해도 저희들에게 변함없는 사랑과 은총으로 인도하여주심을 진심으로 감사드립니다.

그 동안 우리의 삶을 되돌아볼 때 우리에게 주어진 사명과 책임을 다하지 못하고 주님의 뜻대로 못한 저희들이옵니다.

이 귀한 예배를 통해서 과거를 반성하고 회개하는 이 시간 되게 해주시옵소서. 이제 올 한 해도 며칠 남지 않았습니다.

이 기간 동안 성령 속에서 깨어나서 주님께서 우리에게 부여하신 그 사명과 책임을 다하고 믿음 안에서 성령의 열매 맺는 저희들이 되게 해주시옵소서. 주어진 달란트를 위해서 충성을 다하는 저희들 되게 해주시옵소서. 우리 주님께서 "내 충성된 종아, 네가 충성하였으니 더 큰 달란트를 주겠다"고 하실 수 있는 저희들 되게 해주시옵소서. 하늘의 신령한 복으로 채워주옵소서.

이제 이 한 해를 우리에게 주어진 사명을 충성함으로 마무리 하게 하옵소서. 또 새해를 위해서 말씀으로 준비하는 저희들 되게 해주시옵소서. 또 기도 가운데서 계획하고 설계하여 반석 위에 집을 짓는 저희들 되게 해주시옵소서. 비바람이 불고 창수가 나도 무너지지 않는 저희들 되게 해주시옵소서. 주님의 말씀에 따르고 순종하는 저희들 되게 해주옵소서.

또한 원로목사님을 위해서 기도합니다. 한 해를 보내면서 외로움이 없게 하시고 건강도 주시옵소서. 항상 교회를 위해서 기도하는 목사님 되게 해주시고 노후에 하나님의 큰 영광 받는 귀한 가정 되게 해주시옵소서.

또 말씀을 전할 귀한 담임목사님에게 주님의 지혜와 총명 주시고 하늘의 권세와 능력을 주옵소서. 이 시간 귀한 말씀이 정말 우리 사회에 소외받고 버림받고 춥고 어두운 곳에 새로운 희망과 소망의 빛이 되게 해주시옵소서. 또 병들고 고통받고 버림받은 사람들에게도 주님의 권능에 말씀으로 다가가서서 새힘을 얻고 치료받게 하여주옵소서.

오늘도 예배의 시종을 우리 주님께 맡기오며 거룩하신 예수님 이름으로 기도드립니다. 아멘.

Chapter **04**

주일 오후 예배를 위한
대표기도문

주일 오후 예배-1

사랑이 많으신 하나님, 저희들의 근심을 기쁨으로 변화시켜주시는 하나님 아버지의 크신 사랑과 은혜를 감사하오며, 오늘도 주일 오후 찬양 예배로 모였사오니, 저희들의 예배를 받아주옵소서.

저희의 기쁨과 즐거움을 감사의 노래로 드리기 위해 찬양예배로 모였사오니, 이 시간 드리는 찬양에 하나님의 은혜가 있게 하시며, 찬양 중에 주의 능력이 임하게 하여주옵소서.

바울과 실라가 옥중에서도 찬양했사오며, 다니엘이 기도할 수 없는 중에도 기도하며 하루에 세 번씩 감사한 것을 알고 있습니다. 저희의 믿음이 환경에 지배받지 않으며 절대 믿음으로 하나님을 찬양하게 하옵소서. 하나님의 전능하심을 믿사오니 저희를 찬양의 도구가 되게 하여주옵소서. 불의와 적당히 타협하며 사는 세속의 종이 되지 않게 하시며, 뿌리를 잃은 갈대처럼 세상에 떠다니는 어리석음을 범치 않게 하옵소서. 염려가 바뀌어 기도의 제목이 되게 하시고, 한숨이 변하여 찬양이 되게 하옵소서.

이 나라와 교회를 위하여 간구하오니, 정치의 혼란과 경제의 어려움으로 불안한 백성들의 마음을 위로하여주시고, 저들에게 평안을 주사 신음하는 민족에서 소망의 민족으로 되게 하옵소서. 저희가 주를 향하여 더욱 기도하게 하시고, 죽어가는 영혼들을 불쌍히 여기는 긍휼을 주옵소서.

예수님의 이름으로 간절히 기도드립니다. 아멘.

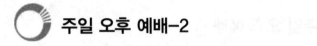

주일 오후 예배-2

사모하는 자를 만족케 하시며, 주린 영혼에게 좋은 것으로 채워주시는 하나님의 그 크신 사랑을 생각할 때 감사합니다. 저희에게 일찍이 믿음을 주셔서 말씀과 예배를 통하여 하나님 아버지를 만나게 하시니 감사합니다.

하나님께 나올 때만 순종하며, 생활 속에서는 경건의 모양만 남아 있는 저희들을 용서하여주옵소서. 피리를 불어도 춤추지 않고 애곡하여도 가슴을 칠 줄 모르는 세상을 한탄하면서도 저희 또한 감각 없는 자가 될까 두렵사오니, 은혜를 충만히 받는 시간이 되게 하옵소서. 문제가 해결되게 하시며, 질병이 치료되고, 답답한 심령이 새 힘을 얻는 복된 시간이 되게 하여주옵소서. 영적인 눈이 열리게 하사 신령한 세계를 바라보게 하시며, 믿음의 시야를 넓게 가짐으로써 주님의 세계를 바라보며 살아가는 복된 삶이 될 수 있도록 은혜 내려주옵소서.

"너희는 먼저 그의 나라와 그의 의를 구하라"(마 6:33)고 하신 주님의 가르침을 너무나도 잘 알고 있지만, 떠나지 않는 고통으로 인하여 늘 경직된 삶을 살 수밖에 없는 연약함을 불쌍히 여겨주시기를 원합니다. 모든 죄악된 습관들을 믿음으로 물리치게 하시고, 모든 어려움을 믿음으로 극복하게 하시며, 믿음의 주요 또 온전케 하시는 예수만 바라보고 살아가는 성도들이 되게 하옵소서. 달음박질하여도 곤비치 아니하고, 걸어가도 피곤함을 모르는 성도들이 되게 하여주옵소서.

예수님의 이름으로 기도드립니다. 아멘.

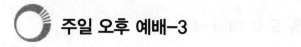

주일 오후 예배-3

저희들을 날마다 사랑하시는 하나님! 부족한 저희의 인생을 버려두지 아니하시고 주님의 백성으로 불러주셔서 빛과 진리 가운데로 인도하여주시고 하나님 자녀 삼아주시니 감사합니다.

오늘도 예배를 드리는 가운데 성령의 위로가 있게 하시고, 목사님을 통하여 주의 말씀을 받을 때에 위로부터 내리시는 계시의 은총을 충만히 받는 시간이 되게 하여주옵소서. 기관마다 세우신 귀한 주의 종들을 기억하시고, 저들을 통해서 주의 교회가 반석 위에 튼튼히 세워지게 하시며, 주의 나라가 날마다 확장되는 역사가 있게 하여주옵소서. "맡은 자들에게 구할 것은 충성이니라"(고전 4:2)고 하셨으니, 주님께서 주신 직분을 인하여 더욱더 눈물을 흘리며 무릎을 꿇는 자들이 되게 하옵소서.

가난하여 굶주리며 추위에 떠는 이웃들을 불쌍히 여기시고, 그들에게도 따뜻한 주님의 손길이 전달되게 하여주시고, 모두가 잘 살고 더불어 행복하게 사는 복지사회와 정의사회가 구현될 수 있도록 복 내려주옵소서. 예수님의 고난을 기억함으로 그들을 사랑하게 하시며, 그들의 필요를 공급할 수 있는 복을 허락하여주옵소서. 세상의 빛과 소금의 역할을 충실히 감당함으로 하나님의 영광을 드러내게 하옵소서.

이 시간에도 말씀을 전하시는 목사님께 능력을 더하여주셔서 권능의 말씀을 선포하게 하시고, 저희들은 그 말씀으로 살아가게 하옵소서.

예수 그리스도의 이름으로 기도드립니다. 아멘.

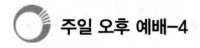

주일 오후 예배-4

　기쁨과 평안과 안전을 보장하시는 하나님 아버지! 오늘 하루도 주의 은택을 입어 주일을 성수하게 하시며, 오후 시간 주님을 사모하여 찬양과 말씀의 자리에 나오게 하심을 감사합니다.

　찬양 중에 임하시는 아버지, 오늘 찬양단의 찬양으로 영광 받으시며, 성도들에게 충만한 은혜의 시간이 되게 하여주옵소서. 황소를 드림보다 찬양의 제사를 기뻐하신다고 말씀하셨으니, 저희들의 입술이 찬양의 입술이 되게 하옵소서.

　의뢰하는 자의 하나님이 되시는 주여! 오늘 성도들이 주 앞에 나와 부르짖는 기도를 들어주옵소서. 마음의 상처는 싸매어주시고, 믿음의 시련을 당하는 성도들에게 위로와 응답을 주옵소서. 영적인 시험에 빠진 성도들을 기억하시고 건져주옵소서.

　의인의 간구를 기뻐하시는 하나님! 저희들의 성품이 성결하여지도록 인도하여주옵소서. 죄를 미워하게 하시고, 어둠을 물리치게 하여주옵소서. 남을 정죄하지 않게 하시고, 선으로 악을 이기게 하여주옵소서.

　오늘도 말씀을 증거하시는 목사님의 입술과 생각을 주장하시고, 그 말씀으로 저희들의 삶을 변화시켜주옵소서. 살아 있는 말씀이 역동적으로 활동하는 말씀충만한 성도들이 되게 하여주옵소서.

　예수 그리스도의 이름으로 기도드립니다. 아멘.

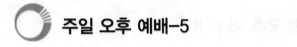

주일 오후 예배-5

거룩하신 하나님! 이 오후에 주님께 나와서 경배와 찬양을 드리게 하신 은혜를 감사합니다. 하나님이 창조하신 만물들이 겨울잠에서 깨어나 활동을 시작하듯이 저희들의 신앙도 새롭게 돋아나게 하옵소서. 봄비 같은 성령의 단비를 내려주사 메마른 심령을 해갈하게 하옵소서. 저희들 영혼에 따사로운 주의 자비와 사랑을 베푸사 용서받고, 풍요한 삶을 살게 하여주옵소서.

혼란스러운 세대 속에서 주님의 교회를 통하여 은혜를 공급받게 하시니 감사합니다. 주님께 열심을 품고 순종으로 섬기게 하시며, 천국에 소망을 두고 주님의 몸 된 교회를 사랑하며 봉사하게 하옵소서. 잎만 무성한 무화과처럼 열매 없는 삶이 되지 않게 하시고, 성령의 아름다운 열매들이 맺히게 하심으로 온전히 하나님을 찬양할 수 있는 복을 허락하여주옵소서. 저희를 강하고 담대하게 하사 세상을 이길 수 있는 힘을 허락하여 주시며, 주님의 향기를 풍기는 성도들이 되게 하여주옵소서.

이 시간 예배를 통하여 저희들의 심령이 새롭게 거듭나는 복을 허락하여주옵소서. 예배에 참여한 모든 심령들이 말씀을 통하여 은혜를 충만히 받고 돌아갈 수 있도록 주께서 도와주옵소서. 하나님께만 영광 돌리는 시간이 되게 하옵소서.

저희들을 사망에서 생명으로 옮기신 예수 그리스도의 이름으로 기도드립니다. 아멘.

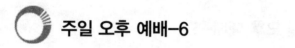

전능하신 하나님! 저희의 연약함을 강하게 하시는 주님의 은혜에 감사합니다. 하나님의 말씀을 의지하여 하나님의 전으로 나아와 저희의 연약함을 고백하게 하심을 감사합니다.

예수님의 은혜로 저희가 죄 사함 받아 의롭다 인정받았사오니, 주님의 사죄와 구속의 은혜에 감사를 드립니다. 이 시간 하나님께 드리는 예배가 향기 넘치는 산 제사가 되게 하여주옵소서. 예비하신 은혜를 넘치도록 받은 시간이 되게 하여주옵소서.

생명의 주인이 되시는 하나님! 지난 한 주간을 돌아보건대, 생명의 감사함을 잊고 살았음을 고백합니다. 생명은 죄와 죽음과 함께할 수 없음을 깨닫사오니, 이제 주님의 영원한 생명을 저희에게 허락하사 죽어가는 것들로부터 새로워지게 하옵소서.

사랑의 주님! 성령으로 역사하시고 인도하셔서 더욱 새로운 삶이 될 수 있도록 인도하여주옵소서. 무엇보다도 자기를 비워 종의 형체를 가져 사람과 같이 되셔서 십자가에 달리시기까지 인간을 사랑하신 주님을 본받게 하시고, 항상 자신을 순종시키며 아버지의 뜻을 따름으로 하나 됨을 실천하신 예수님을 본받아 성도들과 온전히 연합할 수 있게 하옵소서.

오늘도 말씀에 귀를 기울여 듣는 모든 자들이 성령의 역사하심을 체험하고 은혜 받는 시간이 되게 하여주옵소서.

예수 그리스도의 이름으로 기도드립니다. 아멘.

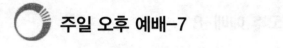

주일 오후 예배-7

사랑과 은혜가 충만하신 하나님!

지난 한 주간도 주의 사랑 가운데 보호함을 받고 은혜 가운데 살다가 오늘 예배를 드릴 수 있도록 은혜 내려주시니 감사를 드립니다. 일주일의 삶을 돌아보며 믿음으로 살지 못함을 자백하오니 용서하여 주옵소서.

주님께 나올 때마다 참된 쉼을 허락하여 주시고, 성령께서 함께 하심으로 주님이 맡겨주신 사명을 깨닫고 충성을 다하는 증인들이 되게 하여주옵소서.

저희의 눈이 오직 주님만을 바라볼 수 있게 하여주시고, 저희의 심령이 가난하여 주님만을 바라게 하옵소서. "내게 능력 주시는 자 안에서 내가 모든 것을 할 수 있느니라" 하셨으니, 주님의 능력을 의지함으로 굳건하게 살아갈 수 있는 저희들이 되게 하여주옵소서.

저희들 교회로 하여금 구원의 복음이 이 민족에게 전해지게 하옵시며, 기도로 새 역사를 일구는 기도하는 공동체가 되게 하여주옵소서. 주님의 마음과 성령의 능력이 이 땅에 충만하기까지 영적인 공동체로 사명을 다할 수 있는 교회가 되게 하여주옵소서.

이 시간, 말씀을 듣고, 깨닫고, 결단하게 하셔서 행함으로 승리하게 하시고, 상처받은 심령들이 치유 받는 시간이 되게 하옵소서.

예수님의 이름으로 기도드립니다. 아멘.

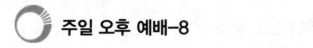

성령을 충만케 하심으로 권능을 허락하시는 하나님 아버지! 저희에게 새 생명을 허락하신 주님을 찬양합니다. 생활 가운데 그리스도의 증인이 되게 하시며, 이 오후 예배에 나와 다시 한 번 충만하게 하심을 믿고 감사를 드립니다.

사랑의 하나님! 저희의 죄에 대해서는 완전히 죽게 하시고, 주의 의에 대하여는 온전히 새로운 인격과 신앙을 갖춘 변화된 사람이 되게 하옵소서. 오는 한 주간을 말씀을 의지하고 살게 하여주옵소서.

이 시간 신령과 진정으로 드리는 예배가 되게 하여 주시고, 하나님 홀로 영광 받으옵소서. 예배가 저희의 생활의 토대가 되어 강퍅해지고 거칠어진 심령을 순화시키는 윤활유가 되게 하여주옵소서. 저희 모두를 하나님의 영으로 뜨겁게 감동시켜주사 말씀으로 은혜 받고 새로운 각오와 결심으로 신앙의 무장을 하게 하여주옵소서.

하나 됨을 위하여 간절히 기도하신 주님! 저희도 주님의 사랑 안에서 아름다운 동역자들이 되게 하여주옵소서. 가정에도 조화를 이루며 아름다운 동역이 있게 하시고, 사회도 자신만을 생각하는 주장들이 무너지고 상대를 높이고 상대의 영광을 위해서 서로 봉사하는 아름다움이 있게 하여주옵소서.

이 시간 예배드리는 가운데 보혜사 성령님이 친히 운행하심을 믿사옵고, 예수님의 이름으로 기도드립니다. 아멘.

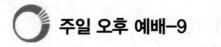

주일 오후 예배-9

살아 계신 하나님! 아름다운 날씨와 생동하는 기쁨을 이 땅에 허락하신 주님께 영광을 돌립니다. 교회에 임하신 성령의 불길이 앞으로도 계속해서 타오르게 하시고, 저희의 심령이 온전한 변화를 이루게 하여주옵소서.

새로운 성령의 힘으로 삶의 멍에를 짊어지게 하시고, 늘 주님을 향한 뜨거운 고백이 넘치는 신앙생활을 할 수 있도록 복 주옵소서. 새롭게 거듭나는 삶을 주님의 인도하시는 길로 저희가 순종할 수 있도록 복 주옵소서. 저희의 심령을 사로잡아주셔서, 마음을 쏟고 영혼을 쏟으며 회개하지 아니하고는 견딜 수 없는 마음을 주시고, 주님의 자녀로서 맡은 바 본분을 다할 수 있는 저희들이 되게 하여주옵소서.

늘 깨어 기도하며 진리로 무장하고 주님의 말씀을 방패삼아 악한 세력들을 물리치고 승전가를 부르면서 전진할 수 있는 굳건한 믿음이 되게 하여주옵소서. 오늘 주님께 참 예배를 드리기를 원하면서도 세상의 온갖 염려와 근심으로 인하여 무거운 마음으로 예배를 드리는 성도가 있는 줄로 압니다. 저들의 답답한 마음들이 예배를 드리는 동안 주님의 평안으로 채워지게 하시고, 주님의 말씀으로 위로받게 하시며, 신앙의 힘을 얻어서 소망이 넘치는 생활이 되게 하여주옵소서.

아직도 주님을 알지 못하는 많은 심령들이 주님의 은혜를 알 수 있는 기회를 허락하여주옵소서.

예수님의 이름으로 기도드립니다. 아멘.

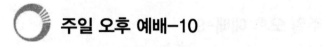

주일 오후 예배-10

흔들리는 자에게 반석이 되시며, 쫓기는 자에게 요새가 되시고, 위험을 당한 자를 건지는 여호와 하나님의 은혜를 감사하오며, 존귀와 영광을 드립니다.

모세가 손을 들 때 아멜렉을 파하고 이스라엘을 이기게 하신 하나님, 기도할 때 승리가 보장되는 줄 믿습니다. 온 교회와 성도들이 기도로 무장되게 하옵소서. 만물의 마지막이 가까웠으니 그러므로 깨어 근신하며 기도하게 하여주옵소서. 우리 교회가 새벽마다 기도하는 성도들로 넘치게 하여주옵소서. 저녁마다 눈물의 간구가 있도록 은혜를 주옵소서. 어려움을 기도로 이길 수 있도록 복 주옵소서. 목사님의 사역을 기도로 동역하게 하시고, 기관장들의 헌신을 기도로 돕게 하여주옵소서. 이웃을 정죄하지 않게 하시며 그들을 위하여 눈물로 기도와 간구를 올리게 하옵소서. 우리 교회가 시대적인 사명을 감당하게 하옵소서. 선지적인 사명을 허락하심으로 세상을 깨우게 하여주옵소서. 하나님께로 돌이키게 하시되 복음을 바로 외치게 하여주옵소서. 빛과 소금의 사명을 감당하게 하옵소서. 그리스도의 향기가 나게 하옵소서.

이 시간에 말씀이 선포되어질 때에 주님의 음성을 듣게 하시고, 그 말씀따라 살아가게 하옵소서. 오늘도 찬양 중에 함께 하시고, 기도에 응답을 주시며, 증거되는 하나님의 말씀에 변화되는 은혜를 주옵소서.

예수 그리스도의 이름으로 기도드립니다. 아멘.

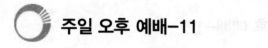

주일 오후 예배-11

거룩하신 하나님! 택하여 구원을 받은 아버지의 거룩한 백성들이 이 거룩한 성전에 모여 신령과 진정으로 예배를 드리오니, 이제 저희를 성령으로 거룩하게 하옵소서.

지난날의 저희들 죄를 사하여주시고, 허물을 가려주시고 의의 옷을 입혀 예배드리기에 합당한 형상으로 거듭나게 하옵소서. 예배하는 무리들 속에 엎드린 저희를 돌아보옵소서. 거룩한 성전에 나아가기에는 아직도 사랑의 마음이 열리지 못하였고, 영적 빈곤이 드러나는 저희들이오나 부족함을 깨닫고 머리 숙였사오니, 그냥 돌려보내지 마시고 주님의 사랑으로 채워주옵소서.

교회의 머리가 되시는 주님! 이 땅 위에 빛을 잃은 교회가 없게 하시고 세속의 부요로 채워지는 교회가 없게 하여주옵소서. 신령한 하나님의 은혜로 늘 충만한 교회가 되게 하옵소서. 길을 잃은 영혼들에게 등불이 되어줄 수 있는 교회가 되게 하시고, 슬픔으로 아파하는 영혼들에게는 진정한 위로를 줄 수 있는 교회가 되게 하옵소서. 참 빛을 찾을 수 없는 세상이지만 교회를 통하여 빛을 찾게 하시고, 안식을 얻을 수 없는 세상이지만 교회를 통해서 안식을 얻게 하옵소서.

이 시간에도 단 위에 서신 목사님을 기억하시고 성령의 능력을 덧입혀주셔서, 힘 있고 권세 있는 말씀을 증거하게 하옵소서.

예수님의 이름으로 기도드립니다. 아멘.

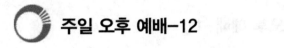

주일 오후 예배-12

여호와 닛시의 하나님! 물 가운데 지날 때에 침몰치 않게 하시며, 불 가운데 지날 때에 타지 않도록 하시는 능력의 하나님께 감사와 찬양을 드리나이다. 위험할 때마다 저희들을 보호하시고 지키시며 안위하여주옵소서.

사모하는 심령으로 이 시간에 나와 경배와 찬양을 돌리게 하심을 감사합니다. 신령한 찬미의 제사가 되게 하시고, 찬양 중에 거하시는 주를 만나는 복된 시간이 되게 하옵소서. 여호와의 이름을 높이며, 하나님의 얼굴을 구할 때에 기쁨이 충만하게 하옵소서. 마음의 간사함과 하나님을 원망한 죄악을 토설하오니 용서하여주옵소서. 교만과 완악한 말로 의인의 길을 굽게 하였다면 용서받게 하옵소서. 정직의 영을 사모하게 하시고, 성결의 은혜를 받게 하여주옵소서.

신령과 진정으로 예배하는 자들을 찾으시는 주님! 오늘 주일 오후 예배가 은혜의 시간이 되기를 원합니다. 성도의 간증에 은혜 받게 하시고, 선교단의 찬양에 은혜 받게 하시며, 목사님의 말씀에 은혜를 주옵소서. 위로가 넘치는 예배가 되게 하여주시고, 기쁨이 충만한 예배가 되게 하여주옵소서. 성도의 교제에 승리하게 하옵소서. 주 안에서 만날 때마다 사랑으로 문안하게 하시고, 모여서 기도하고 흩어져서 전도하게 도와주옵소서. 나눔의 신앙생활을 감당하게 하옵소서. 구원받는 이웃이 날마다 더하여지게 하옵소서.

예수 그리스도의 이름으로 기도드립니다. 아멘.

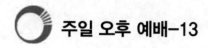

주일 오후 예배-13

생명이시며 빛 되시는 거룩하신 주 하나님 아버지! 저희들에게 복된 날을 허락해주셔서 아침부터 저녁까지 하나님을 찬양하며 예배하게 하시니 무한 감사합니다. 저희들의 예배를 받아주옵소서.

주님의 마음을 닮지 못하고 허영과 시기와 미움으로 가득 찬 생활을 하였고, 서로 사랑하라고 하셨던 주님의 가르침을 멀리하고 저희들의 욕망대로 살아왔습니다. 저희들의 모든 허물을 용서해주시고, 주님의 보혈로 씻어 주시옵소서. 그리하여 저희들이 주님을 믿는 성도로서 본분을 다할 수 있는 귀한 믿음을 허락하여 주옵소서.

전능하신 하나님 아버지! 이 시간 예배하는 모든 성도들에게 함께 하셔서 믿음이 연약한 심령들에게는 강하고 담대한 믿음을 주시고, 말씀에 갈급하고 굶주린 심령들에게는 말씀의 충만을 허락하여주옵소서. 세상에 시달리며 고민과 근심에 빠져 있는 성도들이 있사오니, 저들의 무거운 짐을 주님께서 맡아주시고 하늘의 참 평안을 내려주옵소서.

사랑으로 다스리시는 하나님! 우리 교회가 온전히 하나님의 영광을 드러내는 교회가 되게 하시고 이 세상에서 방부제의 역할을 감당하며 많은 생명들을 주님 앞으로 인도하여 구원의 기쁜 소식을 전파하는 데 부족함 없게 하옵소서.

감사와 찬양이 넘치는 예배가 되도록 주님 친히 주장하여주시기를 바라오며, 예수 그리스도 이름으로 기도드립니다. 아멘.

Chapter 05

수요 예배를 위한
대표기도문

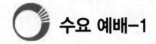 수요 예배-1

십자가의 사랑을 보여주신 주님! 지난 사흘 동안도 주님의 십자가의 은혜 속에서 평안함과 안식을 누리면서 지내다가 이 시간 주님께 예배와 기도의 시간 앞으로 나아오게 하심을 감사드립니다. 저희를 빛과 생명의 자리로 옮기신 주님의 구속의 은혜를 찬양하고 영광 돌리게 하여주옵소서.

거룩하신 하나님! 하나님의 사랑을 받고 살아가는 저희들이 부끄럽지 아니하도록 가정에서 성실하게 하시고, 사회에서 담대한 성도들이 되게 하여주옵소서. 하나님이 주시는 귀한 은혜로 세상을 이길 수 있는 복을 허락하여주옵소서. 또한 저희로 성도의 본분을 잘 감당하게 하시고, 저희의 삶이 하나님께 드려질 수 있도록 인도하여주옵소서.

사랑의 하나님! 이 예배를 통하여 하나님의 거룩한 뜻을 온전히 깨닫는 시간이 되게 하여주시고, 성령님께서 저들의 마음과 뜻을 온전히 주장하사 아버지만을 향하게 하여주옵소서. 저희의 마음을 청결하게 하셔서 하나님을 뵐 수 있는 복을 허락하여주옵소서. 하나님께 기도드릴 때에 귀 기울여 들어주시고 응답하여주옵소서. 놀라운 하나님의 사랑을 체험할 수 있는 귀한 믿음을 허락하여주옵소서.

오늘도 생명의 말씀을 전하시는 목사님을 붙들어주옵소서. 구원의 복음을 힘 있게 선포하실 수 있도록 이끌어주옵소서.

예수 그리스도의 이름으로 기도드립니다. 아멘.

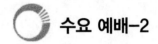

수요 예배-2

할렐루야! 구하는 자에게 응답하시며 모든 두려움에서 건지시는 하나님의 크신 은혜를 찬양합니다. 이 시간 은혜 충만하게 하옵소서. 곤고한 자들이 부르짖을 때마다 들어주시며, 환란을 만난 자들에게 구원자가 되신다고 하셨으니, 위로와 응답으로 임하옵소서.

사흘 동안의 허물과 죄악을 고백하오니 용서하여주옵소서. 혀를 악에서 금하게 하옵소서. 입술을 궤사한 말에서 금하게 하옵소서. 악을 버리고 선을 행하게 하여주시고, 화평을 찾아 따르게 하여주옵소서. 여호와의 눈은 의인을 향하는 줄 믿습니다. 마음이 상한 자에게 가까이 하시는 줄 믿습니다. 중심에 통회하는 자를 구원하시는 줄 믿습니다. 저희들에게 은혜를 주시어 의인의 반열에 서게 하여주옵소서.

은혜와 진리가 충만하신 하나님! 웃는 자와 함께 기뻐하게 하시며, 우는 자들과 함께 슬퍼하게 하여주옵소서. 조롱하는 자를 용서하며, 비방하는 자에게 인내하게 하여주옵소서. 선으로 악을 이기게 하시고, 사랑으로 미움을 극복하게 하옵소서. 억울한 순간들마다 십자가에 달리신 예수님을 바라보게 하옵소서.

사랑하는 성도들을 사단의 시험에 빠지지 않게 하시고, 사람의 유혹에 넘어가지 않도록 지켜주옵소서. 상한 심령마다 생수 같은 말씀으로 위로받게 하옵소서.

예수 그리스도의 이름으로 기도드립니다. 아멘.

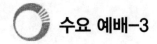

수요 예배-3

은혜의 하나님! 분주한 세상 소리에 주님의 음성을 듣지 못했고 화려한 세상의 환경에 영의 눈이 어두웠습니다. 이 시간 주님께 왔사오니 몸도 마음도 영혼도 씻어주옵소서. 지금 드리는 예배가 습관과 형식에서 벗어나 신령과 진정으로 드리는 영적인 예배가 될 수 있도록 도와주옵소서.

존귀하신 주님! 저희를 존귀하신 주님의 자녀로 삼아 주님의 전으로 불러주신 은혜에 감사하는 심정으로 저희의 이웃들을 돌아볼 수 있는 믿음을 허락하여주옵소서. 저희의 삶이 주님께 드려지는 예배가 되게 하여주옵소서. 저희의 성품을 변화시키고 저희의 마음에 주님의 사랑으로 넘쳐나도록 복을 주옵소서. 또한 이 세대에 진리를 찾고자 안타까워하는 심령들을 주님께로 인도할 수 있도록 지혜를 더하여주옵소서. 저희의 입술이 주님의 사랑을 증거하기를 원하오니 주장하여주옵소서. 저희의 발길이 닿는 그 어디에서나 주님의 복음을 증거할 수 있도록 복내려주옵소서.

이 시간 주님의 사랑의 말씀을 전하시는 목사님을 기억하사 성령의 권능으로 인도하시고 귀한 말씀이 들려질 때마다 성령님께서 동행하시고 저희의 삶에 직접적으로 간섭하심을 체험하는 귀한 시간이 되게 하시고 믿음의 좋은 씨앗이 될 수 있도록 복을 주옵소서.

예수 그리스도의 이름으로 기도드립니다. 아멘

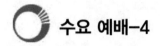# 수요 예배-4

사랑의 하나님! 이 귀한 시간에 하나님의 전에 나와 하나님을 찬양하고 기도할 수 있는 자리로 이끌어주신 은혜에 감사합니다. 저희의 기도에 응답하여주옵소서.

산 소망이 되신 주님! 저희가 주님을 경외함으로 세상을 이길 수 있는 귀한 복을 허락하여주옵소서. 오직 주님만이 나의 산성이시오 구원하실 분이심을 고백하오니, 저희를 지켜주옵소서. 저희의 삶을 주님께 맡기며, 미래 또한 희망과 확신으로 가득 찰 수 있도록 축복하여주옵소서.

기쁨의 근원이 되시는 하나님! 주님을 알게 하신 은혜를 감사합니다. 주님을 찬양하게 하심을 감사합니다.

주님을 사랑하게 하심을 감사합니다. 저희를 주님의 권위에 순종할 수 있는 귀한 믿음을 더하여주옵소서. 저희로 주님만을 사모하며 주님만을 찬양할 수 있는 귀한 복을 허락하여주옵소서.

거룩하신 주님! 주님이 주시는 귀한 기쁨을 믿지 않는 영혼들과 나눌 수 있는 기회를 허락하심으로 주님의 나라가 더욱 확장될 수 있는 복을 허락하여주옵소서. 저희에게 오신 기쁨의 주님을 증거할 때마다 성령의 역사하심으로 동행하여주시기를 간구합니다.

우리의 삶을 주님께서 친히 주장하시기를 간구하며, 거룩하신 예수 그리스도의 이름으로 기도드립니다. 아멘.

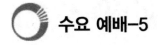

수요 예배-5

할렐루야! 거룩하신 하나님!

이 시간 저희의 모임에 성령을 허락하사 성결하게 하여주옵소서. 낮은 자를 돌아보시는 주님, 저희가 회개하는 마음으로 기도하오니 용서하여주시고, 은혜를 사모하게 하여주옵소서. 겸손히 구하오니 저희에게 필요한 지혜와 힘과 권능을 은사로 내려주옵소서.

소망이 되시는 주님! 주님께서 친히 만드신 가정마다 지켜주셔서, 혼란스럽고 앞길을 분별하기 어려운 시대 속에서도 평안을 잃지 않게 하시고 희망을 포기하지 않도록 인도하여주시기를 원합니다. 경제 침체로 인하여 심한 슬픔 속에 빠져 있는 심령들을 주님의 은혜로 건져주시고, 가뭄에 단비가 내리듯이 주님의 자비와 은총으로 봄날의 아름다운 꽃과 같이 생기가 가득한 사회가 되게 하여주옵소서.

교회로 하여금 이 땅의 피곤한 인생들에게 위로와 치유를 베푸는 소금과 빛의 역할을 감당하게 하시고, 교회의 지체된 저희가 바른 신앙, 성령의 능력으로 무장하여 가뭄으로 타들어가는 영혼의 밭에 해갈의 기쁨을 주는 단비가 되게하여 주옵소서.

말씀을 증거하실 목사님 위에도 성령의 단비를 부으사 주님의 말씀으로 해갈되어지는 역사가 일어나게 하옵소서. 주님께 몸을 드려 헌신하는 모든 이들의 수고가 주 안에서 헛되지 아니하고, 주님의 향기가 나타나게 하옵소서.

예수 그리스도의 이름으로 기도드립니다. 아멘.

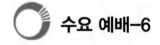

수요 예배-6

용서의 하나님! 지난 3일간도 주님의 도우심 아래 안전하게 지내다가 주님의 전으로 불러주신 은혜에 감사합니다.

저희가 이 세상을 살아가는 동안에 시험과 환란 중에 주님을 망각하는 일이 없도록 깨닫게 하여주시고, 영적으로 건강하게 하여주시고 육체적인 건강이 전부가 아님을 깨닫게 하여주옵소서. 또한 물질의 축복이 전부가 아님을 깨닫게 하여주옵소서. 믿음으로 부요케 하여주시고, 주님을 아는 지식으로 충만하게 하여주셔서 지혜롭고 겸손하게 하시고, 높아질수록 낮아지고, 가질수록 사랑을 베풀 수 있는 저희가 되게 하여주옵소서. 세상이 어둡다고 탓하지 않게 하시고, 세상의 죄악과 부딪치는 어려움으로 하나님을 원망하지 않게 하여주옵소서. 섬기는 본분을 지키게 하시고 성도다운 삶의 자세로 저희의 자리를 지키게 하여주옵소서. 저희의 의지와 노력으로 할 수 없는 성품이 변화되기를 원하오니 성령으로 변화시켜주옵소서.

이 험한 세상에 주님의 지체된 저희 교회들이 복음의 증인으로서의 역할을 감당할 수 있도록 하시고, 저희가 믿음의 본을 보임으로 처음 믿는 지체부터 정체되어 있는 지체까지 주님의 은혜를 사모하며 찬양할 수 있도록 은혜를 주옵소서. "오직 여호와를 앙망하는 자는 새 힘을 얻으리니 독수리가 날개치며 올라감 같을 것"(사 40:31)이라 하셨으니, 여호와 주 하나님을 앙망하는 은혜를 날마다 더하여주옵소서.

거룩하신 예수 그리스도의 이름으로 기도드립니다. 아멘.

수요 예배-7

소망을 주시는 하나님! 아버지의 사랑과 은혜로 인하여 영광과 감사를 돌립니다. 죄에서 치유하는 그리스도의 능력 안에서 새로운 피조물이 되게 하시며, 성령의 인도하심을 따라 날마다 사명을 감당하는 저희들이 되게 하여주옵소서.

사랑이 많으신 하나님! 지난 3일간 마음과 뜻을 다하여 주님을 섬기지 못했음을 고백합니다. 주님께서 저희를 사랑하신 것같이 서로 사랑하지 못했던 것을 고백합니다. 주님의 생명이 저희 영혼에 내재하지만 저희 욕망이 주님의 뜻을 거슬렀습니다. 저희를 긍휼히 여기시고 용서하여주옵소서.

은혜로우신 주님! 오늘도 이 전에 나와서 주님 앞에 예배드리기를 원하는 저희들 가운데 삶에 지치고 시달린 심령도 있을 줄 압니다. 원치 않는 질병으로 인하여 고통에 신음하는 심령들이 있는 줄도 압니다. 힘든 일이나 직장생활로 힘겨워하는 심령들도 있을 줄로 압니다. 여러 모양으로 고달픈 삶을 살고 있는 저들의 심령을 든든한 믿음으로 함께하여주옵소서.

육신이 지치고 피곤하여 신앙생활에 게을러지기 쉽사오니 더욱 열심히 신앙생활이 이루어질 수 있도록 복 내려주옵소서. 성도의 귀한 본을 보이게 하시고, 저희들의 삶이 주님께 드려지는 귀한 예배가 될 수 있도록 복 빌어주옵소서. 저희로 하나님의 선한 계획에 쓰임 받을 수 있도록 복 내려주옵소서.

예수 그리스도의 이름으로 기도드립니다. 아멘.

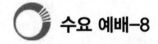

수요 예배-8

"나의 힘이신 여호와여 내가 주를 사랑하나이다."(시 18:1) 이 저녁에 저희의 발걸음을 주님의 교회로 인도하여주심을 감사드립니다. 죄많은 세상에서 주님을 잃어 지치고 힘들었던 영혼이 주님께 나아왔사오니 저희를 품에 안아주옵소서.

빈자리가 많이 있사오니 저들의 영혼을 주님 친히 인도하사 주님의 전으로 발걸음을 재촉하여주옵소서. 저들이 어디에 있든지 이 자리를 기억하게 하시고 주님께 나오는 것을 즐거워할 수 있는 귀한 믿음을 더하여주옵소서. 강함과 용기를 잃지 않게 하셔서, 늘 주님을 신뢰하는 복된 삶을 살아갈 수 있도록 하여주옵소서. 말씀 듣기를 사모하는 심정으로 주님의 전으로 달려나온 저희들에게 이 시간도 은혜 충만히 채워주시는 주님을 은혜를 체험할 수 있게 하옵소서.

저희들에게 세상이 알지 못하는 신령한 은혜를 채워주시고, 저희들로 인하여 주님의 교회가 든든히 서가고, 역사를 이끌 수 있는 도구로 사용하시기를 원합니다. 오늘도 주님의 말씀이 선포되어질 때 심령들이 변화되기를 원하오니, 주님의 말씀을 확실하게 깨닫는 시간이 되게 하옵소서. 말씀을 전하시는 목사님도 능력 있도록 성령으로 인도하시고, 열매 맺는 말씀이 될 수 있도록 권세를 더하여주옵소서.

예수 그리스도의 이름으로 기도드립니다. 아멘.

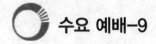 수요 예배-9

은혜가 충만하신 하나님! 저희의 삶을 인도하시고 지켜주시니 감사와 영광을 돌립니다. 저희의 찬송과 기도를 받으시고 저희가 드리는 예배가 하나님께는 영광이 되고, 저희 모두에게는 은혜가 되게 하옵소서.

평안의 주님! 저희는 오늘도 갈등과 불안과 염려 속에서 한시도 벗어날 수 없는 채로 주님 앞에 섰습니다. 저희의 작은 일에서부터 큰 일에 이르기까지 그 모두를 주님께 맡기오니 선한 길로 인도하여주옵소서.

긍휼의 하나님! 오늘도 복된 이 자리에 미참한 성도들이 있습니다. 긍휼히 여겨주옵소서. 어려운 때일수록 세상의 지혜나 처세술을 따라 분주히 움직이는 성도들이 되지 않게 하시고, 주님께 간구하고 기도하는 일에 열정을 쏟음으로써 주님의 음성을 듣기에 즐겨하는 성도들이 되게 하여주옵소서.

주님께서 세우신 일꾼들을 기억하시고, 자칫 열심이 식어지기 쉬운 이때에 넘어지는 믿음이 되지 않게 하시고 더욱 분발하여 주님이 주시는 상급을 바라보고 헌신과 충성을 다하는 복된 신앙이 될 수 있도록 함께하옵소서.

이 시간도 말씀을 전하실 목사님을 주님의 권능의 오른팔로 붙잡아주셔서 능력의 말씀으로 인도하여주옵소서. 이 시간 주의 진리로 가득 넘치는 시간이 되게 하여주옵소서.

예수 그리스도의 이름으로 기도드립니다. 아멘.

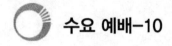

수요 예배-10

죽을 수밖에 없는 저희를 살리신 은혜를 감사합니다. 오늘 이 기도
회를 통하여 우리의 영혼이 고침을 받고 소생되며 능력 받는 시간이
되게 하여주옵소서. 그 피가 맘속에 큰 증거가 되게 하옵소서. 하나님
과 교통하는 시간이 되게 하여주옵소서.

저희의 지난날의 상처들은 보혈의 능력으로 해결 받게 하옵소서.
세상에 마음이 흔들릴 때도 있었고 주님의 기대대로 살지도 못했습니
다. 하나님이 부여하신 사명에 최선을 다하지 못했습니다. 땅에 떨어
지는 한 알의 밀알이 되지 못했습니다. 저희에게 주님의 거룩한 백성
으로서의 삶을 살아갈 수 있도록 도와주시기를 원합니다. 주님의 일
을 귀하게 여기며, 주님의 일에 최선을 다하는 충성스러운 성도들이
되게 하여주옵소서. 주님 앞에 충성하는 귀한 일꾼이 되게 하여주옵
소서.

진리가 되시는 주여! 죄악과 물질의 노예로 병들어가는 이 사회를
구하여주시기를 원합니다. 정치, 경제, 사회, 문화 전반에 걸쳐 부정
과 부패의 골이 깊어져만 갑니다. 힘과 돈만 의지하지 않게 하시고,
정의 사회가 구현되며 복지국가가 건설되게 하여주옵소서.

말씀을 전하시는 주의 사자를 기억하시어 하나님의 음성을 대언하
실 때 주님이 붙들어주시고, 불의 혀같이 갈라지는 능력의 말씀이 되
게 하옵소서.

예수님의 이름으로 기도드립니다. 아멘.

수요 예배-11

능력의 주님! 저희를 죄악에서 구원하사 하나님을 예배하며 찬양할 수 있도록 인도하여주심을 감사드립니다.

저희의 연약함을 잘 아시는 주님께서 저희의 모든 것을 주관하여주시고, 연약함으로 인하여 범죄치 않도록 하시고, 이기적인 마음과 교만함으로 이웃에게 상처를 주지 않도록 저희의 삶을 주장하여주옵소서. 주님의 주권을 인정하여 온전히 주님만을 의지하는 저희가 되게 하여주옵소서.

사랑의 주님! 주님의 성품을 닮아 저희도 사랑하게 하옵소서. 이웃들에게 주님의 자녀로서의 도리를 다하게 하옵소서. 날마다 주님을 닮게 하여주시기를 원합니다. 날마다 저희 가운데 성령의 열매가 맺혀지게 하여주옵소서. 순종하게 하시며 친절과 봉사로 주님의 자녀가 되게 하여주옵소서. 주님께서 십자가에서 고난을 받으사 저희가 구속을 받았사오니 삶 속에서 복음을 전하게 하옵소서.

저희를 구원하신 주님! 이 시간 삶의 어려운 문제들을 가지고 주님의 전으로 나아온 성도들이 있는 줄로 압니다. 기도를 들어 응답해주옵소서. 문제를 주님 친히 안으사 저들을 자유케 하시기를 원합니다. 이 시간 기도하는 모든 심령들 위에 주님 친히 강림하사 저 심령들이 주님의 은혜를 충만히 입어 새 힘으로 세상을 이길 수 있도록 복 내려주옵소서.

예수님의 이름으로 기도드립니다. 아멘.

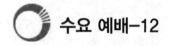

수요 예배-12

거룩하신 하나님! 이 시간 저희가 3일 기도회로 모였사오니 저희에게 주님의 은혜를 충만히 내려주시기를 간구합니다.

용서의 하나님! 그러나 저희가 온전히 주님의 뜻대로 살지 못하였음을 고백하오니 용서하여주옵소서. 주님의 사랑으로 세상을 이길 수 있도록 은혜를 더하여주옵소서. 온전히 주님을 의지할 수 있도록 복으로 더하여주옵소서.

교회를 사랑하시는 주여! 이 땅 위에 흩어진 많은 주님의 교회들을 위해서 기도드립니다. 교회가 성장해감에 따라 주님의 나라가 이 땅위에 확장되어질 수 있도록 은혜로 더하여주옵소서. 저희가 주님 나라의 증인이 될 수 있게 하시고, 저희의 모든 것을 주님 나라의 확장을 위해 드릴 수 있도록 하여주옵소서.

저희를 섬김의 종으로 삼아주신 은혜를 감사합니다. 저희의 기도를 들어 응답해주시고 죄악으로 인하여 시들어버린 주님과의 관계가 다시금 향기 나는 꽃으로 피어 새로운 기쁨이 넘치는 귀한 시간이 되도록 복내려주옵소서.

말씀 전하시는 목사님 위에도 함께하시고 저희에게 주님의 말씀을 전하실 때에 은혜 충만하도록 하여주옵소서. 저희의 예배와 기도를 기쁘게 받으시며, 하늘 문을 여시고 주님의 은혜를 부어주옵소서.

예수 그리스도의 이름으로 기도드립니다. 아멘.

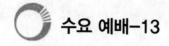

수요 예배-13

　공의로우신 하나님! 저희에게 아름다운 가을 하늘과 수확의 기쁨을 허락하신 사랑에 감사합니다. 하나님께서 기뻐하시는 영적인 열매를 더욱 알차게 맺을 수 있는 저희들이 되게 하여주옵소서.

　저희에게 평안과 기쁨을 주신 하나님! 너무도 많은 욕구와 만족만을 위해 살아가고 있는 저희들임을 발견합니다. 참되고 온유하고 겸손하게 살도록 가르쳐주신 주님의 진리를 외면한 결과, 저희의 영혼은 날로 그 빛을 잃고, 방황의 길에 빠져서 갈팡질팡하는 삶을 살았나이다. 주님의 보혈로 저희의 죄를 씻어주시고, 귀한 말씀 속에서 새 생명을 얻게 하옵소서.

　사랑의 주님! 시대의 어려움을 아시는 아버지께 간구하오니, 어려울 때일수록 하나님을 붙들게 도와주시고, 인간의 한계가 주의 시작임을 인정할 수 있는 믿음을 주옵소서. 어둡고 혼탁한 세상에 타협하지 않게 하시고, 절대 믿음으로 하나님을 바라볼 수 있게 하여주옵소서. 적당주의와 형식주의를 버리고, 사실적이고 역동적인 믿음을 주옵소서. 어느 때보다 세상에 그리스도의 진리가 필요하오니, 복음의 증인들이 되게 하옵소서. 저희의 입술이 주님 나라의 기쁨을 전하는 거룩한 입술이 되게 하시고, 주님의 증인으로 땅 끝까지 이르러 복음을 전하는 입술이 되게 하여주옵소서.

　주님 홀로 영광 받으시기를 원하오며, 거룩하신 예수 그리스도의 이름으로 기도드립니다. 아멘.

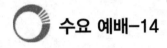

수요 예배-14

창조주 하나님! 하나님의 형상대로 지음을 받은 피조물들이 이곳에 모여 창조의 위대하심과 섭리를 찬송합니다. 저희들을 받아주옵소서.

은혜의 하나님! 저희에게 믿음의 눈을 뜨게 하셔서 삶을 돌아보게 하시고, 헛되고 잘못된 것들을 진실하게 주님 앞에 고백하게 하여주옵소서. 주님의 은혜로 하나님의 사랑을 늘 증거하게 하시고, 믿음이 더욱 신실하게 하셔서 세상에서 빛과 소금의 역할을 감당하게 하여주옵소서. 주님의 거룩하심을 나타내는 십자가의 군병이 될 수 있도록 은혜로 더하여주옵소서.

거룩하신 하나님! 이 시간 주님의 거룩하심으로 저희가 주님의 몸 된 교회를 위하여 헌신하도록 복 내려주옵소서. 주님의 신부인 저희들이 주님의 몸 된 교회를 위하여 헌신하는 것이 큰 기쁨임을 깨닫게 하옵소서. 저희를 통하여 주님의 향기가 발하게 하시고, 주님의 사랑을 세상에 널리 전할 수 있도록 저희에게 복 주옵소서. 저희에게 더욱 큰 사명을 허락하시기 전에 작은 일에 순종하는 것을 알게 하시고, 작은 순종일지라도 하나님의 은혜를 체험하는 귀한 순종이 되도록 은혜로 더하여주옵소서.

이 시간 선포되어지는 말씀으로 저희가 거듭나게 하시고, 주님의 크신 은혜가 풍성하게 임하시기를 원하오며, 거룩하신 예수 그리스도의 이름으로 기도드립니다. 아멘.

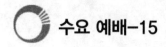 ## 수요 예배-15

지난 사흘동안도 보호하시고 지켜주시며 인도하신 하나님께 감사와 찬양을 돌립니다. 이 시간 저희의 마음 문을 활짝 열게 하시고, 하늘의 복을 받는 시간이 되게 하여주옵소서.

주님의 은총 속에 살면서도 저희는 삶이 늘 괴롭고 힘들다고 불평만 했습니다. 주님의 보혈로 정케 하셔서 용서받은 기쁨으로 주님께서 원하시는 길을 걷게 하옵소서. 세상을 이길 지혜와 능력을 내려주옵소서.

또한 아버지! 주님의 피로 값 주고 세우신 이 교회가 말씀이 충만한 교회가 되게 하시고, 주님의 사랑을 본받아 사랑이 식어가는 이 세대에 사랑의 빛을 나타내게 하옵소서. 은혜충만 말씀충만 성령충만한 교회가 되게 하시고, 저희 모두에게 성령의 충만함을 주셔서 죄악으로 병든 세상에 주님의 복음을 전하여 세상을 정결하고 깨끗하게 변화시키는 귀한 직분을 감당하도록 인도하여주옵소서. 한 알의 밀알이 되어서 세상에 구원의 소식을 전하고 만인에게 구원의 기쁨을 가져다주는 놀라운 역사가 이루게 하여주옵소서.

이 시간 목사님의 입술을 통해 나오는 말씀을 듣는 저희에게 감동을 주시고, 믿음이 약한 심령에게 확고한 믿음과, 시험 중에 있는 심령에게 승리의 확신을 주셔서 더욱더 굳건한 믿음으로 무장할 수 있도록 도와주옵소서.

예수님의 이름으로 기도드립니다. 아멘.

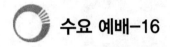

수요 예배-16

저희들과 함께하시는 주님! 지난 사흘 동안도 저희들을 은혜의 빛으로 인도하여주시다가 주님의 전으로 다시 불러주셔서 주님과 대면할 수 있게 하시고 기도로 교제할 수 있도록 이끌어주시니 감사합니다.

용서의 하나님! 성령의 인도함 속에서도 쾌락을 사랑하기를 즐기며, 이생의 안목과 정욕을 좇아 살기를 즐겼던 저희들을 긍휼히 여겨주시고 용서하여주시기를 원합니다. 더 이상 성령을 탄식하게 하는 죄악 된 일들을 하지 않도록 저희들의 심령을 성령의 능력으로 사로잡아주시고, 경건하고 거룩한 삶을 살아갈 수 있게 하여주옵소서.

은혜의 하나님! 이 시간도 주님의 전을 찾아 나온 성도들 중에 육신의 연약함, 질병의 무거운 짐을 지고 있는 성도가 있습니까? 주님께 간절한 마음으로 부르짖을 때 신음과 고통이 사라지고, 회복되고 치료되는 주님의 은총이 있게 하옵소서. 상한 심령 가지고 나온 심령들이 기도하는 가운데 주님의 위로하심과 격려하심 속에서 새로워지고 온전케 되는 역사가 있게 하옵소서.

이 시간도 주님의 몸 된 교회를 위하여 충성하는 이들을 통해서 주님의 나라가 확장되며, 복음이 전파되고, 교회가 든든히 서 갈 수 있도록 하옵소서.

예수 그리스도의 이름으로 기도드립니다. 아멘.

수요 예배-17

은혜의 주 하나님! 지난 사흘 동안도 주님의 보호하심 아래 평안을 맛보며 새 힘을 얻어 주님의 전으로 나아왔사오니 감사합니다. 신령과 진정으로 감사하고 찬양의 예배를 드리게 하옵소서.

믿음이 없어 세상을 바라보며 소망을 잃어가는 저희들에게 소망을 갖게 하여주옵소서. 세상의 헛된 유혹에 넘어가지 않게 하시고, 모든 일들이 주님의 주권 아래 있음을 알게 하여주옵소서. 이생의 안목과 육신의 정욕을 충족하는 데 허비하지 말게 하시고, 이제껏 맺지 못한 성령의 열매를 풍성히 맺는 기간이 되게 하여주옵소서.

오늘도 탄식하는 세상을 봅니다. 도움을 구할 수 있는 대상을 몰라 더욱 방황하는 저들을 불쌍히 여기고 긍휼히 여기사 주님을 바라볼 수 있는 눈을 열어주옵소서. 이 어렵고 힘든 때에 지친 삶을 도우실 분은 주님밖에 없음을 깨닫게 하옵소서. 방황하는 이 세대를 위하여 소망의 등대가 되는 교회가 되게 하여주옵소서. 저희들 또한 주님의 자녀로서 빛을 발하게 하심으로, 어려운 이웃들에게 주님의 소망을 나누어줄 수 있도록 복 내려주옵소서.

소원의 항구로 인도하시는 예수 그리스도의 이름으로 기도드립니다. 아멘.

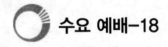

수요 예배-18

성도의 길을 평탄케 하시는 하나님! 한 해를 지켜주신 은혜를 감사합니다. 주님의 은혜로 올해도 이제 한 달밖에는 남지 않았습니다. 이 한 달을 주님의 영광을 위하여 헌신하도록 인도하여주옵소서.

저희의 연약함으로 지은 죄들과 교만함으로 지은 죄들과 게으름으로 지은 죄들을 모두 용서하여주옵소서. 주님의 은혜를 구하오니 저희의 기도를 들어 응답하옵소서.

사랑의 하나님! 저희에게 주님이 사랑을 전할 수 있는 손길을 허락하여주시고, 저희가 주님의 성도의 본분을 잘 감당하도록 은총을 허락하여주옵소서. 주님의 사랑을 모르는 많은 이웃들에게 주님의 긍휼하심과 사랑과 대속적 은혜의 복음을 전할 수 있도록 저희의 입술과 손과 발을 주장하여주옵소서.

은혜의 하나님! 이 시간 저희 양떼들을 양육하시기 위해 애쓰시는 목사님을 주님께서 친히 붙들어주셔서 솔로몬에게 주신 지혜를 더하여주시고, 목사님의 입술을 통하여 나오는 말씀이 능력의 말씀이 되게 하시고, 완악한 저희의 심령이 그 앞에 엎드려지는 놀라운 역사가 일어나게 하옵소서.

이 시간 예배를 통하여 새롭게 결단함으로 한 해를 잘 마무리하는 귀한 시간이 되게 하시고, 주님의 사랑을 온전히 받아 전할 수 있도록 인도하여주옵소서.

예수 그리스도의 이름으로 기도드립니다. 아멘.

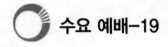

수요 예배-19

주님의 은혜와 사랑을 감사합니다. 수요 저녁 예배로 모였사오니 큰 은혜를 주시고, 저희의 허물을 용서하시며, 죄의 문제가 해결되게 하시고, 기도제목이 응답받는 시간이 되게 하여주옵소서.

교회를 통하여 역사하시는 주님! 이 지역의 복음화와 주님을 기쁘게 하시기 위하여 이곳에 교회를 세우셨으니, 저희가 진리의 파수꾼이 되게 하시고, 사회의 소금과 빛의 역할을 다할 수 있도록 저희에게 복 내려주옵소서.

거룩하신 하나님! 이제 성탄절을 눈앞에 두고 있습니다. 저희에게 찾아오신 하나님의 사랑, 저희를 대신하여 죄값을 지불하신 그리스도의 피 묻은 십자가를 기억하게 하여주옵소서. 겨울 추위가 계속되고 있습니다. 육신적으로도 준비 없는 겨울이 더욱 추울 수밖에 없듯이, 겨울을 준비하듯이 믿음을 굳게 하셔서 감사와 기쁨을 잃지 않는 복된 삶이 되게 하여주옵소서.

예배를 통하여 증거되는 하나님의 말씀을 듣게 하시니 감사합니다. 오늘의 말씀을 통하여 깨달음과 큰 은혜를 받게 하여주옵소서. 말씀 속에 우리 자신을 발견하게 하시고, 주의 뜻을 깨달아 하나님께 영광을 돌리는 삶이 되게 하여주옵소서.

예수 그리스도의 이름으로 기도드립니다. 아멘.

Chapter 06

심방 예배를 위한
대표기도문

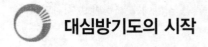 **대심방기도의 시작**

거룩하시고 만복의 근원이신 유일하신 하나님 아버지!

우리 교회를 사랑하사 예년과는 달리 첫 번째 달에 다른 일보다 우선하여 성도의 가정을 심방할 수 있도록 주관하여주심을 감사드립니다. 아버지! 성도들의 가정을 더욱더 믿음 위에 든든히 세우고 하나님께 영육간 풍성한 복을 빌기 위함이오니, 우리의 뜻을 선히 여기사 이번 대심방을 통하여 성도들의 가정마다 금년 한 해가 복되고 형통한 일만 있어서 1년 내내 감사한 일만 있게 하여주시옵소서!

아버지! 우리 교회의 전 구역(셀모임)을 사랑하사 각 구역 구역마다 구역 원들이 하는 일마다 가는 곳마다 항상 희락이 넘쳐나도록 하여주시옵소서! 구역을 돌아보는 구역장, 권찰, 예배인도자들에게 은혜 베푸사 맡은 바 직분 최선을 다하고 능력으로 감당할 수 있도록 늘 성령충만케 하여주시옵소서!

아버지! 지금 예배의 단을 쌓는 ○○○ 집사님 가정에 하나님께서 친히 임재하시어 우리의 예배를 흠향하여주시고 가정을 위한 ○○○ 집사님의 간절한 기도를 오늘 이후로 하나 하나 다 이루지게 하옵소서! 우리 ○○○ 집사님 먼 곳에서 교회를 열심히 섬기는 중에 있사오니, 모든 주의 일을 더 열심히 몸과 물질을 바쳐 기쁨으로 섬길 수 있도록 영육간 부요하고 여유로운 삶으로 복 내려주옵소서! 금년에는 남편이 주님을 구주로 영접하게 하여주옵소서!

○○ 아버지의 모든 일을 금년부터는 주께서 주관하사 하는 일마다 형통케 하여주시옵소서! ○○○가 믿음 안에서 지혜와 선행을 겸비하

며 건강하게 잘 자라게 하시고 많은 사람에게 사랑받고 칭찬만 받는 아이들이 되게 하옵소서!

심방을 진행하시면서 성도의 가정에 평안과 복을 비는 목사님의 기도가 각 가정마다 그대로 임하게 하시고, 영육간 강건함과 성령충만으로 붙들어주시옵소서! 오늘 이 가정에 주시는 말씀을 온 식구가 그대로 믿고 순종하여 금년 한 해 동안 모든 삶에서 이기며 넉넉한 삶을 살게 하여주시옵소서!

주님, 이 가정에 늘 함께하시어 은혜와 복을 내려주시옵소서! 예수 그리스도 이름으로 간절히 기도하옵나이다. 아멘.

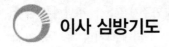

이사 심방기도

우리 삶의 위로와 평강이 되신 좋으신 하나님!

신명기 28장에 기록된 순종하는 자에게 복 주시기를 원하는 놀라운 축복이 ○○○ 집사님의 새 장막에 임하길 원합니다. 이 축복이 자녀에게도 임하길 원합니다.

무엇보다도 주님을 사랑하고 감사하며 찬양하고 순종하는 것이 가장 큰 축복임을 깨닫게 도와주시옵소서. 하나님! ○○○ 집사님의 가정이 먼저 순종하는 가정이 되도록 주님께서 은혜 내려주시옵소서. 주님을 구주로 고백하고 말씀을 즐겨듣는 가정이 되도록 인도해주옵소서. 부모와 자녀 모두가 한마음이 되어 온전하게 말씀을 듣는 가정이 되도록 또한 축복해주옵소서. 혹시나 질병의 문제, 물질의 문제, 가정과 자녀의 문제가 있다면 이 시간에 주님께서 다 해결해주실 줄 믿고 감사를 드립니다.

주님께서 믿고 기도하는 것은 다 받을 줄 알라고 하신 말씀을 믿기에 이 시간 다시 한 번 감사를 드립니다.

사랑하는 자녀 ○○○가 중요한 일을 앞두고 있습니다. 그들 모두를 건강하게 하옵소서. 늘 구역장으로 수고하시는 ○○○ 권사님께는 주님의 권세와 권능을 허락해주셔서 구역과 가정을 공격하는 끈질긴 악의 세력을 이기게 하시고 또한 치유의 은사를 허락해주셔서 영육간의 질병도 능히 고칠 수 있도록 축복해주옵소서.

그리하여 구역과 가정 가정마다 주님을 따라 승리하기를 원합니다. 경제생활에서 승리하기를, 거룩한 생활에서 승리하기를, 신앙생활에서 승리하며 살기를 원합니다. 주여, 도와주시옵소서. 주님께서 사랑하시는 8셀 식구들의 믿음이 더 큰 믿음이 되게 하시며, 주님의 영광을 바라 볼 수 있도록 도와주시옵소서. 그리하여 믿음이 자라 하나님께 온전히 헌신하며 마음과 정성과 뜻을 다하여 주님을 사랑하게 하옵소서. 이 예배에 모인 모든 식구들이 서로 사랑하게 하여주셔서 하나님의 뜻을 이루기 위해 늘 기도하게 하시고 그들이 하는 모든 일이 협력하여 서로에게 유익이 되고 선한 열매를 맺게 하여주시옵소서. 특별히 이 가정을 위하여 세우신 귀한 ○○○ 목사님께 주님의 영력을 더하여주셔서 외치는 말씀이 성령충만 은혜충만한 말씀이 되게 하여주시며 그 말씀을 듣는 구역식구들의 심령이 뜨거워져서 주님을 사랑하지 않고는 견딜 수 없는 마음이 되도록 역사하여 주시옵소서.

우리 주 예수그리스도 이름으로 감사하며 기도드리옵나이다. 아멘.

사업장 심방기도문-1

캄캄한 인생길에서 우리가 두려워하지 않는 이유는 주님이 집사님의 사업장에 구름기둥, 불기둥이 되시기 때문입니다. 오늘까지 집사님과 권사님의 사업장을 보살펴주시고 이끌어주심을 진심으로 감사드립니다. 주님께서는 "여우도 굴이 있고 공중의 새도 집이 있으되 인자는 머리 둘 곳이 없도다"(눅 9:58)라고 말씀하셨습니다. 주님께서 모든 권세와 영광을 지니시고도 스스로 가난하게 되심은 우리를 부유하게 하신 것이라 하신 말씀도 기억합니다.

광야에서 만나와 메추라기로 이스라엘 백성을 먹이시며 40년 동안 옷과 신발이 해지지 않게 보살펴주신 하나님!

○○○ 집사님과 ○○○ 권사님에게 하나님의 놀라운 은총을 내리시어 하는 일마다 잘되게 하시고, 손이 수고한 대로 먹을 것과 입을 것을 주소서. 말씀, 기도, 찬양의 산 제사를 드리게 하시고 말씀 속에서 삶의 길을 보게 하시며 오직 주님이 주인 되시는 아름다운 사업장이 되게 하여주옵소서.

날마다 집사님과 권사님에게 무릎의 은혜를 주시고 기도의 제목을 가지고 주님 앞에 간구할 때 모든 기도가 다 응답받게 하옵소서. 원하옵기는 기도하는 시간 속에서 더욱 성숙된 신앙이 되게 하시고, 주의 뜻이 무엇인지를 발견하게 하여주옵소서.

하나님이 지시한 땅을 한 번도 본적이 없지만 믿음으로 떠났던 아브라함처럼 모든 일에 믿음으로 한 걸음 한 걸음 내딛는 ○○○ 집사님과 ○○○ 권사님이 되게 하옵소서.

또한 이 사업장을 통하여 살아 계신 하나님의 동행하심을 깨닫게 하옵소서. 그리하여 온전히 하나님께 영광을 돌리게 하시고 이 사업장이 주님을 섬기는 도구가 되도록 인도하시고 복을 내려주소서. 지금 드리는 기도로 오늘의 경배가 끝난 것으로 생각지 말게 하시고 종일 주님을 잊지 않게 하옵소서. 주님의 자녀인 저희로 하여금 영원하신 하나님께 마음두게 하옵소서. 우리의 영의 행복을 위협하는 많은 위협에 맞서는 방패가 되어주옵소서. 그러므로 어떤 일을 결정해야 할 때에 하나님의 지혜를 먼저 구하는 집사님이 되도록 축복해주시옵소서. 주님보다 앞서 가지 않게 하시고 주님이 원하시지 않는 것을 결정하지 않게 하옵소서. 이 시간 귀한 말씀을 성령의 역사하심에 따라 준비하신 ○○○ 목사님을 주님의 권능의 오른팔로 붙잡아주셔서 힘 있게 외치는 이 말씀이 광야에서 외치는 자의 소리가 되게 하시며 강퍅한 저희의 마음을 평안하게 주의 길을 예비할 수 있는 능력의 말씀으로 인을 쳐주시옵소서. 우리의 목자가 되시는 예수님의 이름으로 기도드리옵나이다. 아멘.

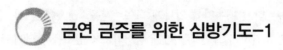

금연 금주를 위한 심방기도-1

살아서 역사하시는 좋으신 하나님! 이 시간 성령님이 함께하시니 감사를 드립니다. ○○○. ○○○ 성도의 마음 안에 성령이 살아 계셔서 언제 어디서든지 주님이 지켜주시며 인도하고 계심을 깨닫고 믿게 하옵시고, 또한 ○○○ 성도를 자녀의 관계로 불러주시고 신분을 귀하게 높여주신 하나님께 감사와 영광을 돌립니다. 이 시간 성도의 나약함을 위하여 기도드립니다. 우리 성도 부부가 성령의 충만함을 받기를 원하시는 주님, 성도가 주님 안에서 말씀과 찬양과 기도로 주님께 영광을 돌리기를 원하시는 주님, 그러나 아직도 술과 담배를 끊지 못하고 방황하고 있습니다.

술이 주인이 되어 ○○○ 성도를 괴롭힙니다. 술이 건강과 신앙생활을 방해하고 있습니다. 주님의 은혜로 영생을 얻고도 아직 술을 끊지 못함을 용서해주세요. 성령님께서 도와주셔서 성령의 새 술에 취하기를 원합니다. 새 사람이 되기를 원합니다. 술과 담배를 정복하고 다스리기를 원합니다. 진정 몰라서가 아니라 의지력이 부족하여 끊지 못하고 있습니다. 주님께서 이 가정의 연약함을 아시는 줄 믿사오니 성령의 법으로 능히 이길 수 있도록 복 주시옵소서.

성령충만함을 받음으로 경건한 생활을 할 수 있도록 복 내려주시옵소서. 그리하여 건강을 유지하며 생활할 수 있도록 지켜주시고 주님의 생명과 건강을 부어주옵소서. 무슨 일을 할 때에도 피곤하지 않게 하시며 건강한 몸으로 생동감 있는 하루가 되게 하옵소서.

가정을 통해 우리에게 복을 주시는 하나님, 결혼을 앞둔 자녀들에게 하나님께서 예비하신 배우자를 만나게 하여주시옵소서. 주님께서 가장 적합한 짝을 허락하시고 인생을 함께 걸어가도록 앞길을 주님께서 인도해주시옵소서. 서로 돕고 서로 세워주는 복의 만남이 되게 하시고 하나님의 행복을 마음껏 받아 누릴 수 있는 만남이 되게 하옵소서. 순산을 앞둔 사랑하는 자녀에게도 건강한 아이를 순산할 수 있도록 주님의 놀라운 은총을 베풀어주옵소서.

특별히 저희를 사랑하셔서 주님의 귀한 ○○○ 목사님을 이 가정에 세워 주셨사오니, 목사님의 말씀을 통해서 저희가 많은 은혜를 받고 성령의 감동을 받아 심령이 새롭게 변화되어 죽도록 충성하며 주님만을 따르겠노라고 결단하는 시간이 되게 하여주시옵소서. 주님이 주시는 참된 행복과 평화만을 사모함으로 주님의 사랑의 날개 아래 거하게 하옵소서. 십자가에 달려 죽으심으로 죄에서 우리를 구원하여주신 우리 주 예수 그리스도의 이름으로 기도드리옵나이다. 아멘.

건강 회복을 위한 심방기도

　살아서 역사하시는 좋으신 하나님! 이 시간 성령님이 함께하시니 감사를 드립니다. ○○○ 집사님의 마음 안에 성령이 살아 계셔서 앉으나 서나 자나 깨나 언제 어디서든지 주님이 지켜주시며 인도하고 있음을 깨닫고 믿게 하옵시고, 또한 집사님을 자녀의 관계로 불러주시고 집사님의 신분을 귀하게 높여주신 하나님께 감사와 영광을 돌립니다. 이 시간 집사님의 건강을 위해 기도드립니다. 건강을 유지하며 생활할 수 있도록 지켜주시고 주님의 생명과 건강을 부어주옵소서. 무슨 일을 할 때에도 피곤하지 않게 하시며 건강한 몸으로 생동감 있는 하루가 되게 하옵소서. 믿지 않는 남편도 주님께서 기억하시사, 그 영혼도 주님의 백성 삼으사 주님의 생명책에 기록되게 하옵소서. 믿는 자녀에게는 주 안에서 승리하며 순종하게 하옵시고, 언제어디서나 모든 사람들에게 부러움의 대상이 되게 하옵시고, 믿음도 헌신도 건강도 물질도 항상 충만하게 부어주옵소서. 결혼을 앞둔 사랑하는 자녀에게도 건강의 축복과 하늘의 신령한 복과 땅의 기름진 복으로 살 수 있도록 주님의 놀라운 은총을 베풀어주옵소서.

　늘 구역(셀)장으로 수고하시는 ○○○ 권사님에게 사랑의 은사와 영분별의 은사를 허락해주셔서 모든 구역원들이 사랑의 줄로 하나 되게 하옵소서. 주여, 우리 구역을 도와주시옵소서. 주님께서 사랑하시는 ○○구역 식구들의 믿음이 더 큰 믿음이 되게 하시며 주님의 영광을 바라볼 수 있도록 도와주시옵소서. 그리하여 믿음이 자라 하나님께 온전히 헌신하며 마음과 정성과 뜻을 다하여 주님을 사랑하게 하옵소서. 선한 열매를 맺게 하여주시옵소서. 특별히 저희를 사랑하셔서 주님의 귀한 ○○○ 목사님을 이 가정에 세워 주셨사오니, 목사님의 말씀을 통해서 많은 은혜를 받고 성령의 감동을 받아 심령이 새롭게 변화되어 죽도록 충성하며 주님만을 따르겠노라고 결단하는 시간이 되게 하여주시옵소서. 주님이 주시는 참된 행복과 평화만을 사모함으로 주님의 사랑의 날개 아래 거하게 하옵소서.

십자가에 달려 죽으심으로 죄에서 우리를 구원하여주신 우리 주 예수 그리스도의 이름으로 기도 드리옵나이다. 아멘.

자녀 생산의 축복을 위한 심방기도

할렐루야! 영광과 존귀를 받으시기에 합당하신 하나님! 오직 주만 하나님이심을 만민으로 알게 하시고 모인 우리로 하여금 주를 높이며 영광을 돌리기에 부족함이 없도록 이 시간 은혜의 시간으로 가득 채워지게 성령께서 인도하여주실 줄을 믿습니다. 말씀, 기도, 찬양의 산제사를 드리게 하시고 말씀 속에서 삶의 길을 보게 하시며, 오직 주님이 주인 되시는 아름다운 가정이 되게 하여주옵소서. 이 시간 무릎에 은혜를 주시고 기도의 제목을 가지고 여기에 모인 우리들에게 응답받는 시간 되게 하옵소서. 하나님이 지시한 땅을 한 번도 본적이 없지만 믿음으로 떠났던 아브라함처럼 모든 일에 믿음으로 한 걸음 한 걸음 내딛는 ○○○ 권사님이 되게 하옵소서.

생명을 주시는 하나님!

우리 자녀에게 아이가 없습니다. 왜 아직까지 자녀를 주시지 않으시는지 하나님의 뜻을 알 수 없지만 하나님께서도 ○○○ 집사님과 ○○○ 집사님에게 자녀가 없음을 아시고 긍휼히 여기시는 줄 믿습니다. 하나님께서는 모든 가정에 가장 좋은 선물을 가장 좋은 때에 주시는 줄 또한 믿습니다. 모든 생명은 하나님께로부터 오는 것이므로 간구합니다. 건강한 아이를 낳을 수 있도록 하나님께서 태를 열어주시고 기름 부어주옵소서. 하나님이 주신 귀한 자녀들이 하나님의 지혜와 말씀으로 바로 서게 하시고 그 자녀들에 앞길에 형통한 삶과 물질의 축복과 예루살렘의 복을 누리며 살게 하옵소서. 권사님이 자녀들에게 믿음의 부모가 되게 하시고, 진리의 말씀으로 인도하는 믿음의 본이 되게 하시며 믿음의 부모로서 귀한 신앙의 유산을 남겨주는 길잡이가 되게 하옵소서. 주님의 자녀로서 영원하신 하나님께 마음을 두게 하옵소서.

하나님, 우리의 영의 행복을 위협하는 많은 위협에 맞서는 방패가 되어주옵소서. 특별한 뜻이 계셔서 우리 구역식구들을 세워주신 줄 아오니 세 식구들이 모이기에 힘쓰며 기도와 전도에 힘씀으로 주님의 뜻에 합당한 구역이 되게 하시며 교회와 세상에 덕을 끼치는 ○○구역이 되게 은혜 내려주옵소서. 8셀이 믿음 안에 성장 할 수 있도록 주님께 매달려 늘 달음박질치는 ○○○ 권사님에게 크신 은혜를 베풀어주시며 주께서 그 노고를 아시오니 한없는 복으로 권사님의 심령을 채워주시옵소서.

이 시간 ○○○ 목사님의 입술을 주장하시사 하나님의 말씀을 대언하실 때 능력 있게 하시며 우리들의 심령이 그 말씀을 청종하여 마음이 움직이고 새 힘을 얻을 수 있게 하옵소서.

우리의 모든 것을 아시며 우리의 길 되시는 **우리 주 예수 그리스도**의 이름으로 기도 드리옵나이다. 아멘.

경제력 회복을 위한 심방기도

여호와 닛시의 하나님! ○○○ 집사님과 ○○○ 권사님에게 은사를 허락하시고, 주님의 뜻대로 그 은사를 나누어주시니 감사를 드립니다. 하나님께서 구역장으로 세우신 ○○○ 권사님에게 주신 은사를 잘 활용하게 하시고 묻어두지 않도록 축복해 주셔서 주신 은사를 가지고 신령한 집을 세우게 하시옵소서. 그리스도의 몸을 위해 한 지체의 사명을 감당하게 해주시고 또한 주님이 주신 은사로 주님께 영광을 돌리고 새 비전 교회의 덕을 세우는 데 사용할 수 있도록 축복해주시옵소서. 권사님 가정에 영 분별함의 은사를 허락해주셔서 가정을 공격하는 끈질긴 악의 세력을 이기게 하시고 치유의 은사를 허락해주셔서 영육간의 질병도 능히 고칠 수 있게 하옵소서. 그리하여 주님이 누리시는 그 영원한 승리가 권사님의 것이 되게 하시고 주님을 따라가며 순종함으로 주의 깃발이 이 가정에 승리의 깃발이 되도록 복을 내려주시옵소서.

경제생활에서 승리하기를 원합니다. 생활에서 승리하기를 원합니다. 신앙생활에서 승리하기를 원합니다. 최후의 승리를 이미 받은 것처럼 누리며 살기를 원합니다. 주여, 도와주시옵소서.

가정을 통해 우리에게 복을 주시는 하나님, 결혼을 앞둔 자녀들에게 하나님께서 예비하신 배우자를 만나게 하여주시옵소서. 주님께서 가장 적합한 짝을 허락하시고 인생을 함께 걸어 가도록 앞길을 주님께서 인도해주시옵소서. 서로 돕고 서로 세워주는 복의 만남이 되게 하시고 하나님의 행복을 마음껏 받아 누릴 수 있는 만남이 되게 하옵

소서.

주님께서 사랑하시는 ○○구역 식구들을 위하여 기도드립니다. ○○구역이 하나님께 더욱 인정받는 셀이 되게 하시고 사랑과 평화가 끊임없이 돋아나게 하옵소서. 그리하여 서로 사랑하며 모든 셀 식구들의 마음을 하늘과 땅 위에서 하나인 주님의 거룩하신 가족으로 묶어주옵소서. 연약한 믿음이 더 큰 믿음이 되게 하시며 주님의 영광을 바라볼 수 있도록 도와주시옵소서.

이 시간 말씀을 증거 하실 ○○○ 목사님 주께서 친히 주장 하시사, 말씀에 은혜를 더하시며 신령한 영의 능력의 깊이를 더하여 주셔서 부족함 없는 ○○○ 목사님이 되게 하여주옵소서. 어둠을 이기고 밝은 빛으로 승리하게 도와주실 줄 믿고 감사하며 모든 말씀 주 예수그리스도 이름으로 기도드리옵나이다. 아멘.

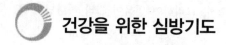# 건강을 위한 심방기도

살아서 역사하시는 좋으신 하나님! 이 시간 성령님이 함께하시니 감사를 드립니다. ○○○ 권사님의 마음 안에 성령이 살아 계셔서 앉으나 서나 자나 깨나 언제 어디서든지 주님이 지켜주시며 인도하고 계심을 깨닫고 믿게 하옵소서. 그리하여 매 순간마다 기도함으로 주님을 만나게 하시며 주님의 음성을 들으며 주님과 대화할 수 있는 은총을 베풀어주옵소서.

생명과 건강의 근원이 되시는 하나님, 이 시간 권사님의 건강을 위해 기도드립니다. 먼저 건강을 유지하며 생활할 수 있도록 지켜주시고 주님의 생명과 건강을 부어주옵소서. 무슨 일을 할 때에도 피곤하지 않게 하시며 건강한 몸으로 생동감 있는 하루가 되게 하옵소서. 이렇게 건강하기 위하여 성실하게 몸을 관리하며, 하나님의 성전으로서의 몸을 잘 보호하고 양육하게 하옵소서. 믿지 않는 자녀도 주님께서 기억 하시사 그 영혼도 주님의 백성 삼으사 주님의 생명책에 기록되게 하옵소서. 믿는 자녀에게는 주 안에서 승리하며 순종하게 하옵시고, 언제 어디서나 모든 사람들에서 부러움의 대상이 되게 하옵소서. 믿음도 헌신도 건강도 물질도 항상 충만하게 부어주옵소서.

늘 구역장으로 수고하시는 ○○○ 권사님에게 영 분별함의 은사를 허락해주셔서 그리하여 ○○구역가정 가정마다 주님을 따라 승리하기를 원합니다. 경건한 생활에서 승리하기를, 신앙생활에서 승리하며 살기를 원합니다. 주여, 도와주시옵소서. 주님께서 사랑하시는 12셀 식구들의 연약한 믿음이 더 큰 믿음이 되게 하시며 주님의 영광을 바라볼 수 있도록 도와주시옵소서. 그리하여 믿음이 자라 하나님께 온전히 헌신하며 마음과 정성과 뜻을 다하여 주님을 사랑하게 하옵소서. 선한 열매를 맺게 하여주시옵소서.

오늘 드리는 이 예배가 저희들에게는 기쁨이 되며 주님께는 크신 영광 드리는 예배가 되게 하옵시고, 특별히 이 가정을 위하여 세우신 귀한 ○○○ 목사님께도 주님의 능력으로 덧입혀주셔서 말씀 증거하실 때 큰 은혜 받을 수 있게 하옵소서.

예배의 시종을 주님께 맡기오며 사랑이 많으신 예수님 이름으로 기도드리옵나이다. 아멘.

기업을 위한 기도

오늘도 저희들에게 주님의 지혜와 총명 명철의 말씀을 주시옵소서. 하늘의 귀한 말씀을 주사 우리 직원들 다 감동을 받게 하옵소서. 하나님 아버지! 우리 사업장에 기도 가운데서 구하고 기도 가운데서 찾아서 모든 일과를 주관해주시옵소서. 저희들에게 탁월한 기업을 운영하는 능력을 주시옵소서. 앞으로도 우리 기업을 이끌어가는 데 주님께서 주시는 하늘의 능력과 지혜와 총명, 말씀과 기도로 이끌어가게 하시고 복음의 기업이 되게 해주시옵소서.

오늘도 저희들 그리스도의 좋은 인상으로 직원들에게 보여주게 하옵소서. 한 달 동안도 주 안에서 건강하게 아무 사고 없이 주님께서 보호하여주옵소서. 특별히 자동차 운행하는 데도 공장 가동하는 데 있어서도 안전사고 없게 하여주옵소서.

세계를 움직이고 섭리하시며 이끌어 주인이 되신 하나님, 우리 기독교 문화와 정신은 항상 정치를 리드해왔습니다. 로마가 기독교를 박해하고 처형하고 핍박하고 예수님도 십자가에서 죽게 한 로마가 다시 기독교를 받아들여 이제 로마는 기독교 제국으로 탄생하게 하신 하나님께 감사드립니다.

이 역사의 주관자가 되시며 이 역사를 이끌어주신 우리 하나님 아버지께 감사와 찬양을 드립니다. 성령은 유럽을 근대화 시키고 미 아메리카를 탄생시켜 세계강국으로 태어나게 역사하시고 다시 아시아로 작은 나라 대한민국으로 성령의 본체가 임하게 하옵소서. 이 나라가 강하고 힘 있는 나라가 되게 해주옵소서. 이 기독교의 부흥은 국가의 부흥이라는 사실을 이 시간 알게 하옵소서.

앞으로 우리 대한민국에 주님의 나라가, 주님의 평화가 임하게 하옵소서. 성령의 본체가 우리 대한민국 땅에 비추어 복 땅이 되게 해주옵소서. 이 나라가 주님의 구름기둥과 불기둥으로 능력의 품 안에서 보호받게 하옵소서. 하나님의 복 속에서 우리나라를 세계의 강국으로 이끌어주시옵소서. 지금부터 60년 전 전쟁의 폐허 속에서 교회 부흥과 함께 세계 10대 경제대국으로 성장할 수 있게 복을 주신 하나님 아버지, 앞으로도 이 나라를 축복해주어서 우리 대한민국이 세계의 강국으로 성장할 수 있게 하옵소서. 이 모든 말씀을 거룩하신 예수님 이름으로 기도드립니다. 아멘.

믿음으로 승리하는 구역

하나님 아버지, 진실로 감사합니다. 오늘도 우리는 주의 부르심에 힘입어 주 앞에 나아왔습니다. 지난 한 주간도 주의 뜻대로 살려고 애를 썼지만 너무도 부족하여 육신의 정욕과 이생의 자랑에 얽매여 지낼 때가 많았습니다. 우리의 죄악을 고백하오니, 십자가의 능력으로 깨끗케 하여주시옵소서. 하나님 아버지! 더 이상 우리가 미약한 상태에 머물지 말게 하옵시고, 이제부터 하나님의 역사를 믿음의 눈으로 바라볼 수 있게 하옵소서. 하나님이 우리를 인도하시며, 하나님의 은혜와 생명의 강으로 들어가게 하옵소서.

원수까지도 사랑하셨던 주님의 가슴으로부터 흘러내리는 그 은총의 강으로 우리 영혼이 잠기는 역사를 일으켜주옵소서. 이제 우리들이 주님의 사역에 도구 됨을 가장 큰 기쁨으로 여기는 믿음의 일꾼이 되게 하옵소서.

오늘도 우리에게 비전을 주시는 생명의 말씀이 이곳에 흘러넘치기를 원합니다. 세우신 목사님을 강한 팔로 붙드셔서 우리로 말씀 앞에 변화되는 역사가 일어나게 하옵소서. 진실로 주님의 은혜가 강물처럼 넘치는 예배가 될 줄로 믿습니다. 우리 모두 은혜의 강물에 흠뻑 젖게 하옵소서. 예수님의 이름으로 기도드립니다. 아멘.

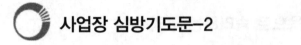

사업장 심방기도문-2

모든 복의 샘이시며 모든 사람의 소망이신 하나님 아버지!

주님의 넓고 크신 은총과 사랑에 감사드립니다. 하나님께서 집을 세우지 아니하시면 집 짓는 이들의 수고가 헛되고, 하나님께서 성을 지키지 아니하시면 파수꾼의 깨어 있음이 허사이오니 ○○○ 집사님의 사업장을 축복하셔서 날로 번창하게 하옵소서. 사업을 발전시키려고 부지런히 일하되 진실한 마음으로 일하게 하시고 하는 사업이 잘되어 하나님의 창고를 가득 채우게 하소서. 이 사업을 통하여 살아 계신 하나님의 동행하심을 깨닫게 하옵시고, 하나님께 영광을 돌리게 하시며, 이 사업이 주님을 섬기는 도구가 되도록 인도하시고 복 내려주소서.

브리스길라와 아굴라가 자신의 사업을 통해 하나님을 섬긴 것처럼 집사님의 사업이 주님을 섬기는 도구가 되게 해주소서. 그러나 혹시라도 이 일이 하나님을 섬기는 데 걸림돌이 된다면 과감하게 결단을 내릴 수 있는 용기도 허락해주소서. 사업을 이끌어나갈 때에도 신앙생활과 위배되지 않도록 지켜주셔서 사업을 통해 사탄의 유혹에 넘어가지 않도록 보호해주시옵소서.

모든 일을 선하게 이끄시는 하나님 아버지, 폭풍이 이는 바다 위에서 도움을 청하던 제자들에게 구원을 베풀어주셨던 것처럼 세상의 거친 비바람과 어려움 가운데서도 주님을 모시고 살아가는 사업장이 되게 하옵소서. 아무것도 염려하지 말고 주님만을 의지하라고 말씀하신 그 분부를 가슴 깊이 새기면서 집사님이 살아갈 때에 절망하게 하고 낙심하게 하는 것들로부터 벗어나게 하옵소서.

이 사업장을 주님께 맡김으로 승리의 삶을 살아가도록 크신 은총을 풍성히 베풀어주옵소서. 그리하여 늘 믿음과 소망을 지니고 주님만을 바라보는 이 ○○○ 집사님과 ○○○ 권찰님이 되게 하여주옵소서. 함께 일하는 동업자 분에게도 주님의 복이 늘 함께하실 줄 믿고 감사를 드립니다.

이 시간 말씀을 전하시는 목사님, 오늘 하나님이 주시는 이 말씀이 이 사업장과 가정에 기둥이 되게 하시고 이 말씀따라 살게 되는 복이 거하게 하소서. 우리와 언제나 함께하시는 우리 주 예수님 이름으로 기도드립니다. 아멘.

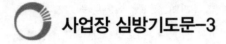

사업장 심방기도문-3

모든 복의 샘이시며 모든 사람의 소망이신 하나님 아버지!

주님의 넓고 크신 은총과 사랑에 감사드립니다. 하나님께서 집을 세우지 아니하시면 집 짓는 이들의 수고가 헛되고, 하나님께서 성을 지키지 아니하시면 파수꾼의 깨어 있음이 허사이오니, ○○○ 집사님과 ○○○ 권사님의 사업장을 축복하셔서 날로 번창하게 하옵소서. 사업을 발전시키려고 부지런히 일하되 진실한 마음으로 일하게 하시고, 하는 사업이 잘되어 하나님의 창고를 가득 채우게 하소서. 모든 일을 선하게 이끄시는 하나님 아버지, 폭풍이 이는 바다 위에서 도움을 청하던 제자들에게 구원을 베풀어주셨던 것처럼 세상의 거친 비바람, 어려움 가운데서도 주님을 모시고 살아가는 사업장이 되게 하옵소서. 이 사업장을 주님께 맡김으로 승리의 삶을 살아가도록 주님의 크신 은총을 풍성히 베풀어주옵소서. 눈물을 흘리며 씨를 뿌리는 농부가 기쁨으로 곡식 단을 거둘 때를 맞이하듯이 집사님의 사업장도 승리를 거두게 하실 것을 믿게 하옵소서. ○○○ 집사님과 ○○○ 권사님으로 하여금, 만물을 다스리시고 이끄시는 주님 앞에서 참 마음으로 살아가게 하시며, 이 세상의 모든 시련과 환난, 낙담과 걱정을 잊어버리게 하소서.

아무것도 염려하지 말고 주님만을 의지하라고 말씀하시던 그 분부를 가슴깊이 새기면서, 우리가 살아갈 때에 절망하게 하고 낙심하게 하는 것들로부터 벗어나게 하소서. 이 시간 주님의 도우심을 바라고 기도하는 ○○○ 목사님과 우리들의 정성을 보시고 이 사업장을 복에 복을 더하여주옵소서. 그리하여 늘 믿음과 소망을 지니고 주님만을 바라보는 집사님과 권사님이 되게 하여주옵소서.

우리에게 모든 일에 감사하라고 말씀하시는 사랑의 하나님 아버지! 우리 집사님과 권사님으로 하여금 늘 기뻐하고 기도하며 모든 일에 감사하게 하시고, 혹시나 절망감이 덮치더라도 야곱처럼 슬기롭게 이겨낼 수 있는 은총을 주소서. 세 자녀와 더불어 함께 일하는 종업원들에게도 주님의 복이 늘 함께하실 줄 믿고 감사를 드립니다.

이 시간 말씀을 전하시는 ○○○ 목사님, 오늘 하나님이 주시는 말씀이 이 사업장과 가정에 기둥이 되게 하시고 이 말씀따라 살게 되는 복이 거하게 하소서. 우리와 언제나 함께하시는 우리 주 예수 그리스도의 이름으로 기도드립니다. 아멘.

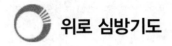 **위로 심방기도**

 예배 받으시기를 즐거워하시는 하나님 아버지! 이 시간 예배와 찬양을 받아주옵소서. 이 가정의 예배의 자리가 주님의 성전이 되게 하시며, 주님의 이름이 거룩히 여김을 받는 장소가 되게 하옵소서. ○○○ 성도와 ○○○ 성도의 가족이 모두 다 예배자의 복을 누리게 하시며, 예루살렘의 복, 예배의 복을 누리는 가족이 되도록 인도해주옵소서. 모든 삶에서 주님을 찬양하고 예배하게 하시며 몸으로 산 제사를 드리는 영적 예배가 이 가정에서 이루어지게 도와주옵소서.

 우리의 생각과 행동을 눈동자와 같이 지켜주시는 하나님, 그 동안도 ○○○ 성도를 은혜 가운데 인도해주신 것과 같이 남은 일생도 주님의 은혜 가운데 살아갈 것을 감사드립니다. 이 가정이 주님 안에 있으면 어떤 앞날에 대해서도 걱정이 없으며 평안이 넘치는 것을 알게 하옵소서. 주님의 말씀을 따라갈 때 어떤 미래도 복된 미래인 것을 믿게 하옵소서. 자녀들의 미래도 주님 손 안에 의탁합니다.

 이 가족의 사랑이 멈추지 않게 하시며 서로를 온전하게 사랑하며 도울 수 있도록 인도해주옵소서. ○○○ 성도의 가정이 사랑으로 울타리 치게 하시며, 위로로 가족의 따뜻한 잠자리를 만들게 하소서. 가족이 주님의 사랑 가운데에 어떠한 것도 나누지 못할 것이 없으며 어떠한 것도 서로 도움이 되지 못할 것이 없는 줄 믿습니다. 이러한 가족의 귀한 청지기로서의 남편과 아내가 되도록 축복해주옵소서.

 이 예배에 모인 구역 식구들이 서로 사랑하게 하여주셔서 하나님의 뜻을 이루기 위해 늘 기도하게 하시고 그들이 하는 모든 일이 협력하여 서로에게 유익이 되고 선한 열매를 맺게 하여주시옵소서.

　오늘 드리는 예배가 저희들에게는 기쁨이 되며 주님께는 크신 영광
드리는 예배가 되게 하옵시고, 특별히 이 가정을 위하여 세우신 귀한
목사님께도 주님의 능력으로 덧입혀주셔서 말씀 증거하실 때 큰 은혜
받을 수 있도록 우리 마음의 문을 열어주옵소서. 예배의 시종을 주님
께 맡기오며 사랑이 많으신 예수님 이름으로 기도드리옵나이다. 아멘.

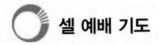

셀 예배 기도

위로와 평강의 하나님! ○○○ 성도의 가정을 믿음의 가정으로 서기를 원하시는 하나님! 이 가정이 먼저 순종하는 가정이 되도록 인도해 주세요. 주님을 구주로 고백하고 믿음 가운데 바로 서는 가정이 되길 원합니다. 이제부터 이 가정이 주님의 말씀을 듣는 가정이 되게 도와주세요. 하나님의 말씀을 즐겨 듣는 가정이 되도록 인도해주세요. 부모와 자녀 모두가 한 마음이 되어 온전하게 말씀을 듣는 가정이 되도록 복 내려주옵소서.

신명기 28장에 기록된 순종하는 자에게 복 주시기를 원하는 놀라운 축복이 ○○○ 성도와 ○○○ 권찰님 가정에도 임하기를 원합니다. 무엇보다도 주님을 사랑하고 감사하며 찬양하고 순종하는 것이 가장 큰 복임을 깨닫게 도와주시옵소서. 질병의 문제, 물질의 문제, 가정과 자녀의 문제를 작정 3일 마지막 날, 이 시간에 주님께서 우리의 기도를 다 들어 응답해주실 줄 믿고 감사합니다. 믿고 기도하는 것은 다 받은 줄 알라고 하신 말씀을 믿기에 감사합니다.

늘 구역장으로 수고하시는 ○○○ 권사님에게 영 분별함의 은사를 허락해주셔서, 가정을 공격하는 끈질긴 악의 세력을 이기게 하시고 또한 치유의 은사를 허락해주셔서 영육간의 질병도 능히 고칠 수 있도록 복 주옵소서. 그리하여 8셀 가정 가정마다 주님을 따라 승리하기를 원합니다. 경제생활에서 승리하기를, 경건한 생활에서 승리하기를, 신앙생활에서 승리하며 살기를 원합니다.

주여, 도와주시옵소서. 주님께서 사랑하시는 8셀 식구들의 연약한 믿음이 더 큰 믿음이 되게 하시며 주님의 영광을 바라볼 수 있도록 도와주시옵소서. 그리하여 믿음이 자라 하나님께 온전히 헌신하며 마음과 정성과 뜻을 다하여 주님을 사랑하게 하옵소서. 이 예배에 모인 8셀 식구들이 서로 사랑하게 하여주셔서 하나님의 뜻을 이루기 위해 늘 기도하게 하시고 그들이 하는 모든 일이 협력하여 서로에게 유익이 되고 선한 열매를 맺게 하여주시옵소서.

오늘 드리는 예배가 저희들에게는 기쁨이 되며 주님께는 크신 영광 드리는 예배가 되게 하옵시고 특별히 이 가정을 위하여 세우신 귀한 목사님께도 주님의 능력으로 덧입혀주셔서 말씀 증거하실 때 큰 은혜 받을 수 있게 하옵소서. 예배의 시종을 주님께 맡기오며 사랑이 많으신 예수님 이름으로 기도드리옵나이다. 아멘.

작정 위로 기도 심방기도

우리가 쓰러지고 넘어질 때마다 피곤한 무릎을 일으켜 세워주시고 위로해주시는 좋으신 하나님. 하늘로부터 내려오는 위로로 말미암아 ○○○ 집사님이 이 땅에 살면서 혹시나 사막의 음침한 골짜기를 다닐 때에도 두려워하지 않고 무서워하지 않게 하옵시고, 일평생 살아가면서 담대하게 세상과 맞서며 주님을 의지하며 집사님의 생명이 다할 때까지 주님의 위로를 붙잡고 걸어가게 하옵소서.

또한 우리 집사님의 두 자녀와 더불어 서로를 위로하게 하시며 따뜻한 말로 세워 주게 하옵시고, 서로 위로받기보다는 서로 위로하는 부모와 자녀가 되게 하시며, 자녀들의 아픈 마음도 따뜻한 사랑으로 위로하는 부모의 사명을 감당하게 하옵소서. 집사님이 자녀들에게 하나님의 위로를 보여주는 거울이 되게 하시며 위로로 가득 찬 가정이 되게 하옵시고, 평안의 축복도 함께 누리게 하옵소서.

능력의 주님! ○○○ 집사님 가정에 이런 단어들은 멀리해주옵소서. 염려, 근심, 걱정, 불안, 초조, 절망이란 단어가 전혀 어울리지 않는 삶이 되기를 원합니다. 이런 단어들이 삶에 없을 수는 없지만 주님이 주시는 힘으로 염려의 먹구름을 떨쳐버리게 하옵소서. 또한 앞일에 대한 두려움, 어떻게 살 것인가에 대한 해결책이 주님께 있음을 우리 집사님이 깨달아 알게 하옵소서.

두 자녀 ○○와 ○○이가 모세처럼 기도하는 자녀, 모세처럼 가장 높고 깊은 곳에서 만나는 자녀, 모세처럼 가장 선명한 하나님의 음성을 듣고 그대로 행하는 자녀가 되게 도와주옵소서. ○○○ 목사님 말씀충

만, 성령충만, 능력충만한 목사님으로 삼아주시사, 목사님의 입술을
통해 나오는 주님의 귀한 말씀으로 저희 메마른 심령들이 사랑으로
넘치게 하여주옵소서. 그리하여 주께로부터 받은 은혜를 이 시간 저
희들에게도 나눠줄 수 있는 귀한 시간 되게 하여주실 줄 믿고 감사하
며 예수 그리스도의 이름으로 기도드리옵나이다. 아멘.

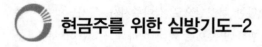

현금주를 위한 심방기도-2

평강의 하나님 되시고 우리의 피난처 되시는 좋으신 하나님!

언제나 ○○○ 성도와 ○○○ 성도 가정에 함께하여 주시니 감사를 드립니다. 땅 끝까지 주님께서 동행해주실 것을 믿습니다. 오늘도 ○○○ 성도께서는 주님 앞에서 술에 대한 두려움을 이길 수 있게 해달라고 기도합니다. 하나님께서 그 두려움을 이길 수 있는 사랑을 주실 줄 믿습니다. 그러나 사탄이 주는 두려움, 마음에 혼돈과 불안으로 이끌어가는 두려움은 주님께서 단호히 쫓아내주옵소서. ○○○ 성도가 두려움에 종노릇하지 않게 하시고 두려움을 정복하고 다스리게 하옵소서. 주님께서 주신 성령의 검, 말씀의 전신갑주를 입게 하시고 사랑으로 충만할 수 있도록 이 가정에 복 내려주옵소서. 또한 영혼의 건강함도 허락해주셔서 오직 주님만을 바라보게 하시며 주님과 깊은 교제를 나누는 ○○○ 성도가 되게 하옵소서. 그리하여 건강한 가치관을 갖게 하시고 건강한 사회생활을 하도록 인도해주옵소서. 주님께서 주신 몸을 잘 돌보게 하시며 하나님의 성전으로서 몸을 잘 보호하고 양육하게 하옵소서.

가정을 통해 우리에게 복을 주시는 하나님, 혼기가 찬 자녀 ○○○와 ○○○에게 하나님께서 예비하신 배우자를 만나게 하여주시옵소서. 주님께서 가장 적합한 짝을 허락하시고 인생을 함께 걸어가도록 앞길을 인도해주시옵소서. 서로 돕고 서로 세워주는 축복의 만남이 되게 하시고 하나님의 행복을 마음껏 받아 누릴 수 있는 만남이 되게 하옵소서.

태중에 있는 ○○○의 아이도 주님께서 무럭무럭 자라게 하옵소서.

이 시간 말씀을 증거 하실 ○○○ 목사님 영력을 더하여 주시어 양떼를 먹이시기에 조금도 부족함이 없는 귀한 목사님으로 삼아주시옵소서. 늘 우리와 동행하여 주시며 새로운 은혜로 채워주실 줄 믿고 감사하며 예수 그리스도의 이름으로 기도드리옵나이다. 아멘.

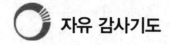 **자유 감사기도**

　생명의 근원 되시는 하나님! 우리가 십자가의 보혈로 인해 생명과 자유를 얻었음을 감사드립니다. 유월절을 통해 우리들을 저주와 죽음으로부터 해방시켜주셨음을 또한 감사드립니다. 출애굽을 통해 노예 생활로부터 자유하게 하시고, 마음껏 주님께 예배드리는 자로 회복해 주심도 감사를 드립니다. 우리가 배부른 노예가 되기보다는 배고픈 자유인이 되게 하시고, 몸과 마음이 모두 출애굽 하도록 인도해주세요.

　주님이 주시는 생명과 자유가 가정에 풍성히 임하게 하시고, 가정이라는 사랑의 울타리 안에서 진정한 자유가 허락되고, 자율성이 존중받도록 복 내려주옵소서. 가정이, 또 우리의 결혼이 서로를 속박하는 울타리가 되지 않게 하시며, 참다운 자유를 누릴 수 있는 우리가 되도록 복 빌어주소서. 가족들의 은사와 재능도 마음껏 발휘되고 개발될 수 있는 가정이 되도록 인도해주세요 예수님 이름으로 기도드립니다. 아멘.

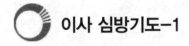

이사 심방기도-1

하늘과 땅을 지으시고 우리의 생사화복을 주관하시는 하나님!

○○○ 집사님을 주 안에서 살게 하셔서 하늘 영광에 거하게 하시고 사랑하는 집사님 가정에서 이렇게 새 장막 예배를 드리게 하시니 감사를 드립니다. 하나님 앞에 섬기기를 기뻐하며 교회를 사랑하는 우리 집사님 되게 하시니 참으로 감사합니다.

때로는 집사님의 삶에 힘들고 어려운 일이 있다 할지라도 그럴 때마다 불평과 좌절보다는 감사와 찬송을 하게 하여주옵소서. 언제나 감사의 길을 걸으며 주님 안에서 용기와 힘을 공급받게 하여주옵소서. 주님의 지혜로 살아가는 모습이게 하시며, 주님의 뜻이 무엇인지를 구분하여 인간의 생각이 아닌 주님의 생각으로 가득 찬 믿음을 허락하시며 무엇을 하든지 주님을 찾고 또 찾으며 기도하며 주님께 나아가는 믿음을 소유하는 아름다운 가정이 되게 하옵소서.

다시 한 번 간구 하옵기는 하나님께서 허락하신 이 장막이 하나님을 찬송하는 거룩한 처소가 되게 하셔서 하나님께서 주시려는 축복과 사랑이 가득한 집이 되게 하여주옵소서. 그리하여 집사님 가정을 통하여 재물의 복과 화목의 복을 받게 하시사 주님의 일을 크게 감당하는 복을 누리게 하여주시옵소서. 귀한 자녀들을 기억하사 형통한 삶을 살게 하시고 이 세상 살아가면서 어렵고 힘든 일 만나지 않도록 주님께서 지키시고 보호하여주옵시고, 만남의 복과 예루살렘의 복을 마음껏 하나님께 공급받는 자녀들 되게 하옵소서. 이 시간 함께 참여한 12셀 식구들과 권사님들 서로 사랑하게 하여주셔서 하나님의 뜻을 이루기 위해 늘 기도하게 하시고 우리가 하는 모든 일이 협력하여 유익하게 하고 선한 열매를 맺게 하여주시옵소서.

　이 시간 ○○○ 목사님의 입술을 주장하시사 하나님의 말씀을 대언하실 때 능력 있게 하시며 우리들의 심령이 그 말씀을 청종하여 마음이 움직이고 새 힘을 얻을 수 있게 하옵소서. 우리의 모든 것을 아시며 우리의 길 되시는 우리 주 예수 그리스도의 이름으로 기도드립니다. 아멘.

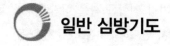

일반 심방기도

여호와 닛시의 하나님! ○○○ 권사님에게 은사를 허락하시고, 주님의 뜻대로 그 은사를 나누어주시니 감사를 드립니다. 하나님께서 ○○○ 권사님에게 주신 은사를 잘 활용하게 하시고 묻어두지 않도록 축복해주셔서 주신 은사를 가지고 신령한 집을 세우게 하시고, 그리스도의 몸을 위해 한 지체의 사명을 감당하게 해주시고, 또한 주님이 주신 은사로 주님께 영광을 돌리고 새 비전으로 교회의 덕을 세우는 데 사용할 수 있도록 복을 주시옵소서.

권사님 가정에 영 분별함의 은사를 허락해주셔서 가정을 공격하는 끈질긴 악의 세력을 이기게 하시고 치유의 은사를 허락해주셔서 영육 간의 질병도 능히 고칠 수 있게 하옵소서. 그리하여 ○○○ 권사님이 주님을 따라 승리하기를 원합니다. 주님이 누리시는 그 영원한 승리가 ○○○ 권사님의 것이 되게 하시고, 주님을 따라가며 순종함으로 주의 깃발이 이 가정에 승리의 깃발이 되도록 복을 주시옵소서.

경제생활에서 승리하기를 원합니다. 경건생활에서 승리하기를 원합니다. 신앙생활에서 승리하기를 원합니다. 최후의 승리를 이미 받은 것처럼 누리며 살기를 원합니다. 주여, 도와주시옵소서.

주님께서 사랑하시는 ○○○ 성도의 연약한 믿음이 더 큰 믿음이 되게 하시며 주님의 영광을 바라 볼 수 있도록 도와주시옵소서. 그리하여 믿음이 자라 하나님께 온전히 헌신하며 마음과 정성과 뜻을 다하여 주님을 사랑하게 하옵소서. 가정을 통해 우리에게 복을 주시는 하나님, 혼기가 찬 자녀 ○○○와 ○○○에게 하나님께서 예비하신 배우자를 만나게 하여주시옵소서. 주님께서 가장 적합한 짝을 허락하시고 인생을 함께 걸어가도록 앞길을 주님께서 인도해주시옵소서. 서로 돕고 서로 세워주는 복의 만남이 되게 하시고, 하나님의 행복을 마음껏 받아 누릴 수 있는 만남이 되게 하옵소서.

이 시간 말씀을 증거 하실 ○○○ 목사님 주께서 친히 주장하시사 말씀에 은혜를 더하시며 신령한 영의 능력의 깊이를 더하여 주셔서 부족함 없는 ○○○ 목사님이 되게 하여주옵소서. 어둠을 이기고 밝은 빛으로 승리하게 도와주실 줄 믿고 감사하며 모든 말씀 주 예수그리스도 이름으로 기도드리옵나이다. 아멘.

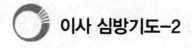

이사 심방기도-2

하늘과 땅을 지으시고 우리의 생사화복을 주관하시는 하나님!

저희를 주 안에서 살게 하셔서 하늘의 영광에 거하게 하시고 사랑하는 ○○○ 집사님, ○○○ 집사님 가정에서 이렇게 새 장막 예배를 드리게 하시니 감사를 드립니다. 하나님 앞에 섬기기를 기뻐하시며 교회를 사랑하는 우리 집사님 가정에 사랑과 긍휼을 베푸시어 좋은 주택을 마련하도록 인도하여주시고 주님의 교회와 더욱 가까워지게 하시니 또한 감사를 드립니다.

이제 간구 하옵기는 하나님께서 허락하신 이 집이 하나님을 찬송하는 거룩한 처소가 되게 하셔서 주께서 주시려는 복과 사랑이 가득한 집에 되게 하여주옵소서. 이 집을 통하여 재물의 복과 화목의 복을 받게 하시사 주님을 일을 크게 감당하는 복을 누리게 하여주시옵소서.

사랑이 풍성하신 하나님, 하나님의 사랑의 손길로 이 가족을 인도하시사 주님이 허락하신 귀한 두 자녀에게 하나님의 복의 전통이 그들을 통해 면면히 이어지는 복을 누리게 하옵소서. 이 집에 오는 모든 사람들이 서로 사랑하게 하여주셔서 하나님의 뜻을 이루기 위해 늘 기도하게 하시고 그들이 하는 모든 일이 협력하여 유익하게 되고 선한 열매를 맺게 하여주시옵소서.

말씀을 전하시는 목사님 오늘 하나님이 주시는 말씀을 허락하실 텐데, 이 말씀이 이 가정에 기둥이 되게 하시고 이 말씀따라 살게 되는 복이 이 집에 거하게 하소서. 우리의 모든 것을 아시며 우리의 길 되시는 우리 주 예수 그리스도의 이름으로 기도드리옵나이다. 아멘.

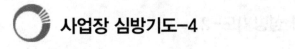

사업장 심방기도-4

모든 복의 샘이시며 모든 사람의 소망이신 하나님 아버지!

그 넓고 크신 은총과 사랑에 감사드립니다. 하나님께서 집을 세우지 아니하시면 집 짓는 이들의 수고가 헛되고, 하나님께서 성을 지키지 아니하시면 파수꾼의 깨어 있음이 허사이오니 이 사업장에 복을 주셔서 날로 번창 하게 하시며 사회와 교회에 유익을 주는 사업장이 되게 하소서. ○○○ 집사님과 ○○○ 권사님 자신의 이익이나 사업의 번영만을 생각하다가 실패하지 않게 하시며, 주님의 영광을 돌려드리기 위해 일할 수 있게 하소서.

금도 내 것이요 은도 내 것이라 하신 주님의 말씀을 잊지 않고 청지기의 사명을 다하게 하소서. 사업을 발전시키려고 부지런히 일하되 진실한 마음으로 일하게 하시고, 하는 사업이 잘되어 하나님의 창고를 가득 채우게 하소서. 무엇을 먹고 무엇을 입을까 걱정하지 말게 하시고 먼저 하나님의 나라를 의롭게 여기는 것을 찾도록 가르쳐 주신 우리 주님의 말씀을 마음 판에 새기게 하소서.

모든 일을 선하게 이끄시는 하나님 아버지! 폭풍이 이는 바다 위에서 도움을 청하던 제자들에게 구원을 베풀어주셨던 것처럼 세상의 거친 비바람, 어려움 가운데서도 주님을 모시고 살아가는 사업장이 되게 하옵소서. 지금 만일 우리가 알 수 없는 어려운 문제가 있다면 모두 주님께 맡김으로 승리의 삶을 살아가도록 은총을 풍성히 베풀어주소서. 눈물을 흘리며 씨를 뿌리는 농부가 기쁨으로 곡식 단을 거둘 때를 맞듯이 집사님의 사업장도 승리를 거두게 하실 것을 믿게 하옵

소서.

○○○ 집사님과 ○○○ 권사님으로 하여금 만물을 다스리시고 이끄시는 주님 앞에서 참 마음으로 살아가게 하시며 이 세상의 모든 시련과 환난 그리고 낙담과 걱정을 잊어버리게 하소서. 아무것도 염려하지 말고 주님만을 의지하라고 말씀하신 그 분부를 가슴 깊이 새기면서, 우리가 살아갈 때에 절망하게 하고 낙심하게 하는 것들로부터 벗어나게 하소서.

이 시간 주님의 도우심을 바라고 기도하는 목사님과 우리들의 정성을 보시고 이 사업장을 복에 복을 더하여 주옵소서. 그리하여 늘 믿음과 소망을 지니고 주님만 바라보게 하소서. 늘 함께하시는 주님만을 바라보며 의지함으로써 승리의 깃발을 세우게 하소서.

모든 일에 감사하라고 말씀하시는 하나님 아버지! 우리 집사님과 권사님으로 하여금 늘 기뻐하고 기도하며 모든 일에 감사하게 하시고, 절망감이 덮치더라도 야곱처럼 슬기롭게 이겨낼 수 있는 은총을 주소서. 세 자녀와 더불어 함께 일하는 종업원들에게도 주님의 복이 늘 함께하실 줄 믿고 감사합니다.

이 시간 말씀을 전하시는 ○○○ 목사님 오늘 하나님이 주시는 이 말씀이 이 사업장과 가정에 기둥이 되게 하시고, 이 말씀따라 살게 되는 복이 거하게 하소서. 우리와 언제나 함께하시는 우리 주 예수 그리스도의 이름으로 기도드립니다. 아멘.

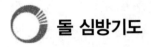 **돌 심방기도**

　생명의 근원이 되시는 하나님 아버지! 한 해 전 ○○○ 성도와 ○○○ 집사님 가정에 귀여운 아기 ○○를 태어나게 하시고 그 동안 하나님의 은혜와 복 가운데서 자라게 하심을 감사합니다. 하나님이 주신 이 귀한 선물을 하나님의 지혜와 말씀으로 양육할 수 있게 하옵소서. 자녀에 대하여 믿음의 부모가 되게 하시고 하나님을 대신하여 양육하는 좋은 청지기가 되게 하옵소서.

　○○○ 성도와 ○○○ 집사님이 ○○에게 본이 되게 하시며 믿음의 부모로서 귀한 신앙의 유산을 남겨주는 부모가 되게 하옵소서. 두 자녀 ○○○와 ○○○가 몸이 자라고 지혜가 자라나 사무엘과 같이 되게 하여주시고 하나님이 원하시는 자녀로 세워지게 하시며 하나님을 경외하고 예배하는 자녀로 성장하도록 인도해주옵소서.

　오늘 예배를 통하여 하나님께서 영광 받아주시고, ○○와 집사님 그리고 여기 모인 모든 사람들에게 기쁨과 복이 충만하게 하옵소서. 우리에 길이요 진리요 생명이 되신 예수 그리스도의 이름으로 감사하며 기도드리옵나이다. 아멘.

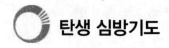

탄생 심방기도

기쁨의 근원이 되시는 하나님 아버지! ○○○ 집사님과 ○○○ 집사님의 가정에 하나님께서 주시는 기쁨이 풍성히 넘치도록 복을 주시옵소서. 바울과 실라가 감옥에서도 기뻐하며 찬송을 부를 수 있었던 이유를 ○○○ 집사님과 ○○○ 집사님이 깨닫게 하시며, 그렇게 환경에 지배를 받지 않는 기쁨의 생활을 누릴 수 있게 도와주옵소서.

집사님 가정이 하나님을 경외하고 두려워하며 하나님을 도움으로 삼게 하셔서 하나님으로부터 오는 평강의 복을 누리게 하옵시고, 또한 시편 128편에서 말씀하신 예루살렘에서 오는 복, 예배자의 복을 허락해주시며 세상이 줄 수 없는 기쁨, 평강, 위로의 복을 주옵소서. 그리하여 언제나 주님과 동행하며 그 누구보다도 주님과 친근한 교제를 나누는 복을 허락해주옵소서. 그러므로 집사님을 만나는 모든 이들이 복되게 하시며 하나님의 이름으로 이웃을 축복하는 집사님 가정이 되게 하옵소서.

집사님 가정에 자녀를 주신 하나님, 하나님이 주신 이 귀한 선물을 하나님의 지혜와 말씀으로 양육할 수 있게 하옵소서. 골리앗을 물리칠 때도 하나님을 철저히 의지하였고 사자를 만났을 때도 하나님을 의지한 다윗처럼 ○○○가 크고 작은 위험에서 하나님을 끝까지 의지하며 성장하게 하옵소서.

다시 한 번 자녀를 탄생케 하시는 주님을 찬양합니다. 세포 하나에서 시작된 ○○○ 집사님과 ○○○ 집사님의 아이가 신체의 필요한 모든 것을 갖추고 한 생명으로 태어난 것은 창조주 하나님께서 행하신 너무나 감격스러운 사건임을 깨닫게 하옵소서. 주님께서 태 속에서 아기의 생명을 조성하시고 성장시켜주셨고 세상에 태어나게 해 주심을 다시 한 번 감사합니다. 집사님 가정이 영원한 복, 영생을 누리는 가정이 되게 하시고 자녀들도 자자손손 시온으로부터 오는 복, 예루살렘의 복을 누릴 수 있도록 인도해주시옵소서.

사랑이 풍성하신 하나님, 집사님 가정에 오는 모든 사람들이 서로 사랑하게 하여주셔서 하나님의 뜻을 이루기 위해 늘 기도하게 하시고 그들이 하는 모든 일이 협력하여 유익하게 되고 선한 열매를 맺게 하여주시옵소서.

이 시간 주님께서 귀히 쓰시는 ○○○ 목사님께 하나님이 주시는 말씀을 허락하실 텐데 그 말씀이 이 가정에 기둥이 되게 하시고 그 말씀따라 살게 되는 복이 집사님 집에 거하게 하소서. 우리의 모든 것을 아시며 우리의 길 되시는 우리 주 예수 그리스도의 이름으로 감사하며 기도드립니다. 아멘.

병문안 심방기도

병든 자를 치료하시는 하나님 아버지! 주님께서 이 땅에 오셔서 수많은 병든 자를 치유하여주시고 낫게 하셨음을 기억합니다. 이 시간 이 가정에 몸이 상하여 아픈 이를 올려드립니다. 지금 이 시간 주님의 피 묻은 손길로 안수하사 속히 낫게 하옵소서. 성령님, 함께하여 주시고 주님의 능력으로 인도하옵소서. 아픈 자의 마음을 아시는 주님께서 상한 심령을 어루만져주옵소서.

우리의 마음을 고치시는 이는 주님뿐이오니 주님만을 의지합니다. 능력의 주님! 함께하옵소서. 치유하여주사 건강한 몸으로 주님을 더욱더 열심히 섬기게 하옵소서. 아픈 이도 기도하며 주님을 바라보게 하여주시고 주님의 능력이 임하기를 사모케 하옵소서. 환자를 보살피는 가족들에게 따뜻한 사랑의 마음을 주사 서로 하나가 되어 당한 어려움을 이겨내게 하옵소서. 구원의 복음으로 변화되게 하시고 말씀 안에서 주님의 능력을 체험케 하옵소서.

주여, 다시금 원하오니 이 시간 아픈 이를 어루만져주시고 속히 치유되어서 기쁨이 충만케 하옵소서. 라파의 하나님을 믿고 우리 주 예수 그리스도 이름으로 기도드립니다. 아멘.

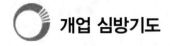 **개업 심방기도**

"울며 씨를 뿌리러 나가는 자는 반드시 기쁨으로 그 곡식 단을 가지고 돌아오리로다"(시 126:6)하신 하나님! 오늘 ○○○ 성도가 하나님 앞에서, 하나님이 허락하신 새 사업을 시작하려고 합니다. 무엇보다도 먼저 하나님 앞에 예배를 드리오니 기쁘게 받아주옵소서. 처음 시작은 미약하나 나중이 번성할 것을 믿습니다. 그가 열심히 일하고 노력할 때에 많은 것을 거두게 하여주실 것을 믿습니다. 주님께서 허락하신 사업에 최선을 다하고 성실하게 가꾸어 주님의 영광을 드러내게 하옵시고, 많은 이익을 남겨서 하나님의 나라와 거룩한 사업에 귀하게 쓰일 수 있도록 복 내려주옵소서. 혹 물질을 바라보고 쫓아가다가 하나님의 일을 게을리하지 않게 하시며, 성수주일과 십일조의 생활로서 더욱 하나님께 인정받는 귀한 성도가 되게 하여주옵소서.

모든 경영이 하나님께 달렸음을 기억하게 하시고, 하나님의 뜻대로 인도하심을 받아 하나님의 기업으로 삼게 하옵소서. 정직과 성실함으로 경영하게 하옵소서. 주님의 법칙대로 경영하게 하여주사 다른 사람에게도 본이 되게 하옵소서. 함께하는 모든 직원들에게도 성실과 충성을 다하도록 도와주시고, 함께 잘사는 기업이 되게 하여주옵소서. 예수님의 이름으로 기도드립니다. 아멘.

생일축하 감사기도

인간의 주인이시며 역사의 주인 되시는 하나님 아버지!

오늘 또 한 번의 생일을 맞이하여 하나님 앞에서 감사를 드립니다. 생일을 맞을 때마다 조금 더 주님 뜻대로 살고자 다짐하며 맹세를 했지만, 돌이켜 생각할 때 부족하고 부끄러운 것뿐임을 솔직히 고백하지 않을 수 없습니다.

살아 계신 하나님 아버지! 저에게 지혜를 허락하셔서 이 땅에 태어나게 하신 주의 뜻을 헤아려 알게 하옵소서. 하나님만이 저의 주인이시며, 창조자이심을 알게 하셔서, 이제부터는 지난 해보다 더욱더 아버지의 말씀대로 살아가며 기쁘시게 해드리는 사람이 되게 하옵소서. 또한 한 살 한 살 나이가 들어갈수록 주님께 봉사하며 헌신하는 나이테가 늘어나게 하시며, 항상 하늘에 뜻을 두고 생활하게 하옵소서.

하나님 아버지! 저를 태어나게 하신 부모님과 함께해주시고 제가 부모님께 순종할 수 있는 복도 허락하옵소서. 또한 형제들의 앞길도 인도해주옵소서. 그래서 화평을 이루는 가정되게 하옵소서. 평생 하나님이 동행하시고, 삶을 온전히 주장하시며, 필요한 모든 것들도 자비로서 베풀어주실 줄 믿사오며 예수님의 이름으로 기도드립니다. 아멘.

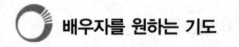

배우자를 원하는 기도

하나님의 선하신 뜻대로 저를 창조하시고 말씀과 보호하심으로 이렇게 장성하게 하신 은혜를 생각할 때 감사드리지 않을 수 없습니다. 사랑의 하나님, 하나님께서는 남자와 여자를 지으시고 한 몸을 이루어 살게 하시고 아름다운 가정을 이루도록 하셨으니, 이제 저에게 가장 합당한 배우자를 주옵소서. 세상의 얄팍한 기준과 계산에 의해서가 아니고 주님께서 보시기에 신실하고 흡족한 자를 택하여 주사 그 사람을 보내주옵소서.

만남을 허락하시되 순적한 만남을 주옵소서. 주님의 인도하심을 확신하며 감사하기 원합니다. 긍휼을 베푸사 속히 이루어주옵소서. 사랑의 주님이시여, 그리하여 온전히 한 마음과 한 몸을 이루어 살아갈 때 더욱 아버지께 영광 돌리고 더욱 뜨거운 믿음생활이 되게 하옵소서. 진실한 간구의 기도를 드리게 하시며 시험에 들거나 마음에 상처받는 일이 없도록 지켜 보호하여주옵소서. 좋은 배우자를 원하기 전에 저 스스로 알찬 사람이 되게 하옵소서. 사랑 많으신 예수님 이름으로 기도드립니다. 아멘.

환우를 위한 기도

사랑이 많으신 하나님 아버지! 언제나 건강할 때에는 건강의 소중함을 느끼지 못하지만 병들어 고통을 당할 때에는 건강의 소중함을 새삼 느끼게 됩니다. 이 시간 병으로 고통하는 이 심령을 위하여 기도하오니, 지금까지 건강으로 지켜주신 하나님의 은혜를 감사하는 심령이 되게 하시고, 앞으로의 삶을 하나님께 전적으로 의지하는 심령이 되게 하옵소서.

치료의 하나님! 하고자 하시면 능치 못할 일이 없을 줄을 믿습니다. 간절히 원하옵기는 이 심령을 불쌍히 여겨주옵소서. 주님의 능력의 손을 펴시고 병든 곳을 어루만져주시며, 병의 근원을 치료하여주시기를 기도합니다. 이 시간 곧 나음을 얻게 하여주시고 깨끗하게 하셔서 기뻐 뛰며 주를 찬송할 수 있게 도와주옵소서.

오늘 함께 모여 기도하는 모든 심령들도 하나님 은혜로 건강하게 살도록 도와주시고, 건강할 때 오직 하나님을 사랑하며, 하나님이 기뻐하시는 삶을 살아갈 수 있도록 도와주옵소서. 약할 때 강함 주시고 가난할 때 부요케 하시는 하나님을 늘 기억하게 하옵소서. 예수님 이름으로 기도드립니다. 아멘.

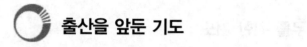

출산을 앞둔 기도

생명의 주인이신 하나님! 거룩하신 하나님의 뜻으로 이 딸에게 새 생명을 선물로 허락하시고, 해산을 기다리게 하심을 감사하옵니다. 자비하신 하나님! 아기를 낳는 것은 인간에게 주어진 신성한 의무인 동시에 하나님께서 주시는 큰 축복임을 깨닫게 하시어 임신 중에는 흉하고 악한 것을 생각지 말게 하시고, 오직 주님의 말씀을 묵상하며 주의 은혜를 입게 하옵소서.

주의 딸은 기도하며 경건한 생활을 함으로 태어날 아기에게 좋은 부모가 되기 원합니다. 건강도 조심하고 언행 심사 일거수일투족을 복중의 아기에게 모본이 되어, 복중의 심령에게 복이 되게 하여주옵소서. 그 생명이 이 땅에 태어날 때에 순산함으로 고통을 잊게 하시고, 아기는 하나님 안에 큰 자가 되게 하시어 이 가정에 기쁨이 되게 하시고, 그로 말미암아 세상에 영광이 되게 하여주옵소서. 임마누엘의 하나님께서 함께하심을 믿습니다.

여호와 샬롬의 하나님께서 평강 주심을 믿습니다. 주님의 인도하심을 소망하며 예수님 이름으로 기도드립니다. 아멘.

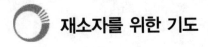 재소자를 위한 기도

　죄인을 부르시어 용서하시는 하나님! 이 시간 우리들이 주님 앞에 모였습니다. 우리 모두는 하나님의 은총이 아니면 하루라도 살 수 없는 죄인들입니다. 우리들의 미련함을 용서하여주옵소서. 특별히 간구하옵기는, 한순간의 잘못된 판단과 실수로 말미암아 정신과 육체의 구속을 받고 있는 사랑하는 형제들에게 주님의 위로와 사랑을 내려주옵소서. 여기 모인 우리들 모두 세상의 법에 의하여 판단 받지 아니한 것뿐이지 더 나을 것도 없는 죄인들이오니, 언제나 하나님의 말씀을 마음에 새기고, 그 말씀대로 살아갈 수 있도록 은총을 베풀어주옵소서. 사랑 많으신 아버지 하나님! 저희들의 허물과 실수를 속히 사하여주옵시고, 이제부터는 더욱 주님을 모시고 하나님의 법도와 세상의 법규도 잘 지키면서 모든 사람들이 서로에게 해가 되거나 상함이 되지 않는 좋은 세상을 만들 수 있는 길로 나아갈 수 있도록 성령님께서 인도하여주옵소서.

　상한 갈대도 꺾지 아니하시며 꺼져가는 등불도 끄지 아니하시는 주님 여기 모인 영혼들을 긍휼히 여기시사 주님의 은총과 자비를 허락하여주옵소서. 예수님의 이름으로 기도드립니다. 아멘.

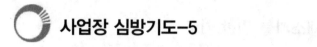

사업장 심방기도-5

사랑과 은총이 풍성하신 하나님 아버지!

오늘까지 이 사업장을 보살펴주시고 이끌어주심을 진심으로 감사드립니다. 이 사업장이 물질로 어려움을 겪고 있어 기도하오니 들어 응답해주소서. 하나님께서는 착한 사람에게나 나쁜 사람에게나 다 해와 비를 주시며 공중에 나는 새도 먹이시고 들에 피는 꽃도 곱게 입히시지만, 사람들은 때론 가난으로 허덕이게 되오니 굽어살펴주소서.

사랑으로 오시는 우리 아버지 하나님! 이 사업장이 지금 어려우니 주님께서 세상에 머무실 때 가난을 몸소 겪으셨음을 알게 하시고 위로를 얻게 해주소서. 주님께서는 "여우도 굴이 있고 공중의 새도 집이 있으되 인자는 머리 둘 곳이 없도다"(눅 9:58)라고 말씀하셨습니다. 주님께서 모든 권세와 영광을 지니시고도 스스로 가난하게 되심은 우리를 부유하게 하신 것이라 하신 말씀도 기억합니다.

간구하는 모든 이에게 풍성한 은총으로 응답하시는 주 하나님! ○○○ 집사님의 사업장를 위하여 간구하오니 주님을 섬김에 지장이 없을 만큼 필요한 물질을 주소서. 배불러서 하나님을 섬기는 일에 게을리 할까 두렵고 가난해서 하나님을 원망하거나 욕되게 할까 두렵사오니 보살펴주소서.

광야에서 만나와 메추라기로 이스라엘 백성을 먹이시며 40년 동안 옷과 신발이 해지지 않게 보살펴주신 하나님! 살려고 애쓰는 집사님과 권사님에게 은총을 내리시어 하는 일마다 잘되게 하시고, 손이 수고한 대로 먹을 것과 입을 것을 주소서.

하나님께서 택하신 ○○○ 목사님께서 이 시간 말씀을 대언하실 때 말씀에 능력 있게 하시고 은혜의 시간으로 가득 채워지게 성령께서 인도하여주실 줄을 믿습니다. 말씀 기도 찬양의 산 제사를 드리게 하시고 말씀 속에서 삶의 길을 보게 하시며 오직 주님이 주인 되시는 아름다운 사업장이 되게 하여주옵소서. 이 시간 무릎에 은혜를 주시고 기도의 제목을 가지고 여기에 모인 우리들에게 응답받는 시간 되게 하옵소서. 원하옵기는, 기도하는 시간 속에서 더욱 성숙된 신앙이 되게 하시고 주의 뜻이 무엇인지를 발견하게 하여주옵소서.

믿음을 부어주시는 하나님, 하나님이 지시한 땅을 한 번도 본적이 없지만 믿음으로 떠났던 아브라함처럼 모든 일에 믿음으로 한 걸음 한 걸음 내딛는 ○○○ 집사님과 ○○○ 권사님이 되게 하옵소서. 하나님께서 주신 이 사업을 정직하고 바르게 이끌어 가게 하시며 이 사업장을 통하여 살아 계신 하나님의 동행하심을 깨닫게 하옵소서. 그리하여 온전히 하나님께 영광을 돌리게 하시고 이 사업장이 주님을 섬기는 도구가 되도록 인도하시고 복을 내려주소서.

지금 드리는 기도로 오늘의 경배가 끝난 것으로 생각지 말게 하시고 종일 주님을 잊지 않게 하옵소서. 주님의 자녀인 저희로 하여금 영원하신 하나님께 마음두게 하옵소서. 우리의 영의 행복을 위협하는 많은 위협에 맞서는 방패가 되어 주옵소서. 예배를 위해 기도로 준비하셨던 ○○○ 목사님을 주님의 날개 아래 거하게 하시어 말씀충만 성령충만 능력충만한 목사님으로 삼아주시옵소서. 이 사업장이 목사님의 말씀을 통하여 해결 받게 하옵소서. 예수님의 이름으로 기도드립니다. 아멘.

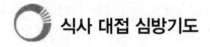

식사 대접 심방기도

지금 이 시간에 양식이 없어서 고통당하는 우리 동족들과 북한동포, 또 세계의 고통당하는 사람들을 기억하여주시고 주님께서 속히 그 어려움을 해결할 수 있도록 그들에게 동일한 은혜를 베풀어주옵소서.

사랑의 하나님 아버지, 오늘도 저희에게 때를 따라 필요한 양식을 주셔서 감사합니다. 이 식탁에 함께 둘러앉은 우리 모두에게 하나님께서 주신 음식을 먹고 마심으로 인하여 육신이 강건하여지고 그 삶이 더욱 풍성해지는 은혜를 더하여주옵소서. 특별히 이 음식을 준비하기 위해서 땀 흘리며 수고한 많은 사람들에게 복을 내려주시고, 주님이 허락하신 이 음식을 먹고 힘을 얻어 주님 나라의 영광만을 위해서 사는 저희들이 되게 하옵소서.

하나님 아버지, 감사합니다. 이렇게 모일 때마다 하나님을 찬양하며 경배합니다. 오늘 하루를 주워진 일터에서 일할 수 있도록 도와주신 하나님께 감사합니다. 오늘도 허물과 죄가 쌓여서 하나님의 음성을 듣기에 둔하여졌사오니 우리의 죄를 용서하여주시옵소서. 가족들이 모였지만 우리는 형제요 자매이오니 사랑으로 하나 되게 하옵소서. 주님의 향기를 이웃에게 전할 수 있도록 도와주옵소서.

구역 모임을 통하여 더 가까워질 수 있도록 말씀을 깨닫게 하사 우리 모두는 그리스도 안에서 성장하여 하나님이 쓰시기에 좋은 그릇으로 변하게 하시옵소서. 구역의 가정과 사업과 소원을 주님 안에서 이루게 하옵소서. 항상 우리를 사랑하시고 복 주시기를 좋아하시는 예수님 이름으로 기도드립니다. 아멘.

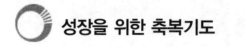

성장을 위한 축복기도

날마다 자녀들을 길러주시는 하나님 아버지! 성령으로 저희를 성장시켜주시사 영적인 성인이 되게 하옵소서. 비록 저희들이 육에 속한 사람이기는 하지만 육적인 사람으로 살지는 않게 하옵소서. 주어진 모든 것을 바로 판단할 수 있는 밥을 먹는 자녀가 되게 하옵소서. 저의 참 성장은 오직 주께 있음을 믿사오니 저를 받아주시옵소서.

고린도전서 3장 10절에 "내게 주신 하나님의 은혜를 따라 내가 지혜로운 건축자와 같이 터를 닦아 두매 다른 이가 그 위에 세우나 그러나 각각 어떻게 그 위에 세울까를 조심할지니라"고 하셨습니다. 은혜가 풍성하신 하나님, 저희 자녀들은 모든 언변과 모든 지식에 풍족하고 모든 은사에 부족함이 없는 은혜를 받았음을 기억하게 하시고 하나님께서 저희 자녀들을 도구로 사용하시며, 주님의 용도에 맞도록 조정하사 유익케 하옵소서. 하나님의 관심과 목적이 항상 자녀들에게 있음을 확신하나이다.

거룩하신 하나님, 모든 자녀들은 하나님의 선물이며 하나님을 위하여 섬기도록 구별되어졌음을 믿습니다. 교회 안에서 믿음으로 잘 양육받아 훌륭한 인물이 되기 전에 아름다운 성도로 자라가게 하시고, 하나님의 은혜의 풍성함을 먼저 깊이 인식할 수 있게 하옵소서. 하나님, 저희들은 하나님의 간섭이 아니면, 소망 없는 죄인이오니 하나님의 지혜와 능력의 손길로 늘 인도하옵소서. 예수님의 이름으로 기도드립니다. 아멘.

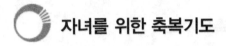

자녀를 위한 축복기도

존귀하신 하나님 아버지, 아버지의 영광과 권능을 찬양합니다. 부족한 죄인이 이 시간 영광의 주, 고난의 주이신 예수님을 우러러 앙망하며 두렵고 떨림으로 부복하나이다. 언제 어디서나 늘 주님의 존전에 서 있는 제 자신을 인식하게 하옵소서.

"여호와께서 모세에게 말씀하여 이르시되 아론과 그 아들들에게 말하여 이르기를 너희는 이스라엘 자손을 위하여 이렇게 축복하여 이르되 여호와는 네게 복을 주시고 너를 지키시기를 원하며 여호와는 그의 얼굴을 네게 비추사 은혜 베푸시기를 원하며 여호와는 그 얼굴을 네게로 향하여 드사 평강 주시기를 원하노라 할지니라 하라"(민 6:22-26)고 하셨나이다. 여호와는 ○○(자녀이름)에게 복을 주시고 너를 지키시기를 원하며 여호와는 그의 얼굴을 네게 비추사 은혜 베푸시기를 원하며 여호와는 그 얼굴을 네게로 향하여 드사 평강 주시기를 원하노라!

믿음이 없고 패역한 세대에서 저를 불러주신 하나님, 저에게 살아있는 믿음을 주옵소서. 저희 경험을 의지하거나 저의 능력을 믿는 것에 습관화 된 이 버릇을 고쳐주옵소서. 겨자씨 같은 믿음도 없는 이 죄인을 불쌍히 여기사 생명력 있는 믿음으로 주님 주시는 무한대한 힘을 덧입을 수 있게 하옵소서.

하나님, 저희 자녀들은 하나님 나라의 삶을 살고 있으나 때문에 이 세상의 법과 의무를 이행해야 함을 압니다. 모순과 갈등, 부조리, 부도덕이 판을 치고 있는 현실을 살고 있습니다. 하지만 겸손과 청빈과 절제의 모습을 지니고 하나님의 뜻을 드러내며 살고자 하오니 힘 주시옵소서. 예수님의 이름으로 기도드립니다. 아멘.

부모를 위한 축복기도

오 하나님! 저로 하여금 보다 훌륭한 부모가 되게 하소서. 자비를 사랑하고 자녀들이 하는 말을 끈기 있게 들어주며 자녀들의 괴로운 문제들을 사랑으로 이해할 줄 아는 부모가 되게 하소서. 지나친 간섭을 삼가고 자녀들과 말다툼을 피하며 모순된 행동으로 자녀를 실망시키지 않게 하소서. 예의 바른 자녀가 되기를 바라는 것같이 우리도 자녀에게 친절하며 정중하게 하소서. 비록 부모라 할지라도 자녀에게 잘못했음을 깨달았을 때는 용감하게 자신의 허물을 고백하며 용서를 구할 수 있는 부모가 되게 하소서. 부질없는 일로 자녀의 마음에 상처를 입히지 않게 하소서 자녀의 실수를 보고 웃거나 벌을 줌으로서 자녀로 하여금 수치심과 모욕감을 느끼지 않게 하소서. 우리의 자녀들이 거짓말을 아니하고 남의 물건을 탐내지 않는 깨끗한 사람이 될 수 있도록 돕게 하소서. 시간마다 인도하시어 나의 말과 행동으로 본을 보임으로써 정직하게 사는 것이 행복의 비결임을 분명히 보여주게 하소서.

오 하나님! 간절히 비옵나니 초라한 저의 모습을 감추시고 혀를 지킬 수 있도록 도와주소서. 그 나이 때면 누구나 행하는 자녀들의 사소한 잘못을 보게 되었을 때, 이를 너그럽게 봐줄 수 있는 아량을 베풀게 하소서. 자녀들이 스스로 판단하고 결정하고 스스로 실행할 수록 충분한 기회를 허락하게 하소서 부모로서의 권위를 세우기 위하여 자녀들을 책망하지 않게 하소서. 자녀들이 바라는 것이 옳은 것이라면 다 허락하면서도 만약 그것이 자녀에게 해가 되는 것이라면 끝까지 거절할 수 있는 용기를 주소서. 어느 한편으로 치우치지 않고 항상 공정하고 생각이 깊고 사랑이 넘치는 부모가 되게 하시어 자녀들로부터 진심으로 존경받는 부모가 되게 하소서 자녀들로부터 사랑받고 자녀들이 진정 닮기 원하는 부모다운 부모가 될 수 있도록 깨우쳐 주소서. 예수님의 이름으로 기도드립니다. 아멘.

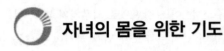

자녀의 몸을 위한 기도

주 여호와여! 머리에 손은 얹고 기도합니다. "주님을 아는 지혜가 충만하도록, 공부한 것들이 모두 기억에 남고 잘 이해할 수 있는 능력을 얻도록."

주 여호와여! 눈에 손을 얹고 기도합니다. "세상의 음란한 것들을 바라보지 않도록, 보이는 것들보다 보이지 않는 하늘에 손을 얹고 세상의 더러운 말들은 입에 담지 않도록, 주님의 향기를 전하는 입이 되도록."

주 여호와여! 귀에 손을 대고 기도합니다. "세상의 악하고 패역한 말들을 가려 듣도록, 주님의 말씀을 가장 잘 듣도록." 주 여호와여! 코에 손을 얹고 기도합니다. "세상의 오염, 먼지, 더러운 것들을 잘 정화하는 코가 되도록, 늘 성령의 생기로 호흡하도록."

주 여호와여! 가슴에 손을 얹고 기도합니다. "주님의 뜨거운 사랑을 담을 수 있도록, 영혼을 사랑하는 뜨거운 마음이 되도록."

주 여호와여! 배에 손을 얹고 기도합니다. "몸 속에 있는 모든 장기들이 다 건강하도록, 주 안에서 담대한 배짱을 지니도록."

주 여호와여! 손에 손을 얹고 기도합니다. "복을 전하는 손, 사랑을 나눠주는 손이 되도록."

주 여호와여! 다리에 손을 얹고 기도합니다. "죄인의 길에 서지 않는 다리가 되도록", 주 여호와여! 발에 손을 얹고 기도합니다. "밟는 땅마다 주님의 복음이 전해지도록."

우리의 자녀가 내 자녀가 아니라 하나님께서 우리에게 맡기신 하나님의 자녀임을 인정하고 하나님께서 우리의 자녀를 복의 통로로 사용하실 것을 믿습니다. 말씀을 간직하며, 술 취하지 않고 방탕하지 않게 하옵소서. 예수님의 이름으로 기도드립니다. 아멘.

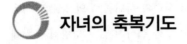

자녀의 축복기도

아버지, 저희의 기도를 들으소서. 우리의 자녀를 위한 기도를 들으소서. 만유의 주이신 하나님, 아무것도 아닌 이 죄인의 자녀들에게 재능과 기술과 재산과 지혜와 시간과 기회들을 풍성히 주심을 감사드립니다. 이 모든 것이 제 것이 아니므로 하나님의 뜻대로 사용하기를 원합니다. 하나님이 제 자녀들게 주신 은사를 잘 살리고 활용해서 하나님을 섬기는 사람으로 살게 하옵소서.

또한 우리의 자녀를 악한 마귀의 권세로부터 그리고 은밀하고 숨겨진 위험으로부터 지켜주옵소서. 아버지, 저희의 기도를 들으소서. 세속의 허황된 기쁨에서부터 그리고 믿음을 떠난 슬픔의 가시로부터 우리의 자녀들을 지켜주옵소서. 아버지여, 저희 자녀들의 인생을 위해 간구합니다. 저들의 삶이 환난의 풍파를 뚫고 노 저어가게 하시고 고된 삶의 전투를 뚫고 기쁨을 얻게 하소서. 아버지여, 저들 가까이 저들과 함께하옵소서. 저들이 어디에 머물든지, 해지는 저녁이 되었을 때 저들이 발걸음을 안식처인 집으로 인도해주옵소서. 평안한 시대일수록 조심하며, 낙심하지 않도록 성령께서 늘 함께하옵소서.

등과 제 기름을 제가 준비하는 신앙적 자립심을 주옵소서. 무엇보다 기름 곧 신앙의 내용은 결코 빌려올 수 없다는 것을 명심하게 하옵소서. 등잔 곧 신앙의 형식만 갖춘 불꺼진 신앙이 되지 않도록 깨워주옵소서.

다시 오실 주님, 저의 자녀는 그 날에 오른편 사람이 되기를 원합니다. 그 날을 기다리며 이웃을 섬기고 사랑을 실천하며 서로 돕고 살아가게 하옵소서. 주께서 이미 베푸신 신령한 은혜를 남들에게 내어줌으로 더욱 풍성해지는 복을 내려주옵소서. 대접받기보다는 대접하기를 좋아하는 성품을 갖기 원합니다.

예수님의 이름으로 기도드립니다. 아멘.

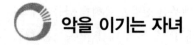

악을 이기는 자녀

인류의 진정한 해방자이신 주 하나님! 주님을 기쁘시게 하기보다 노엽게 할 때가 더 많았던 이 죄인을 용서하여주옵소서. 하나님의 섭리는 그 어떤 방해세력에도 불구하고 이루어짐을 믿습니다. 오늘 이 사단의 흉계가 극에 달할지라도 하나님의 뜻에 순복하며 굳건히 서게 하여주옵소서.

하나님 아버지! 저희 자녀들에게도 하나님의 뜻을 행하고자 하는 목마름을 허락하여주시고 하나님 뜻을 온전히 이루고자 하는 배고픔을 허락하셔서 평생 열심히 하나님 뜻을 행하며 열심히 하나님 일을 이루게 하여주시옵소서. 절대 악에게 지지 말게 하시고 선으로 악을 이기는 의의 용사가 되게 해주시옵소서.

사랑이 풍성하신 하나님, 저희 자녀들은 제 스스로의 힘으로는 신앙을 지킬 힘이 없음을 기억합니다. 결코 자기 신뢰에 빠지지 말고 주님만을 의지하는 믿음을 주옵소서. 십자가에서 찢기신 몸과 흘리신 피만이 저를 구원하실 수 있음을 알고 감사할 뿐입니다.

고난을 달게 받으신 주님, 저희들도 주님같이 하나님의 뜻을 따라 고난의 길도 달갑게 순종하게 하옵소서. 주님만이 온 우주의 영원한 왕이심을 믿습니다. 이 불완전하고 모순투성이인 저희들을 받으사 주 뜻대로 쓰옵소서. 모나고 부족한 것을 다듬어주옵시고, 이기적이고 기만적인 기질을 고쳐주옵소서. 진리의 말씀을 담아 감당할 만한 인품을 가진 주님의 자녀로 자라가게 하옵소서.

예수 그리스도의 이름으로 기도드립니다. 아멘.

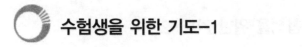

수험생을 위한 기도-1

우리의 아들딸들에게 더욱 나은 미래를 위하여 학교라는 울타리에서 애태우며 나름대로 열심히 살았습니다. 다가온 수능이라는 관문은 너무 좁습니다. 자녀들이 그것을 하루에 해결해야 하는 강박관념에 쌓여 있습니다. 아들딸에게 펼쳐질 미래는 알 수 없습니다.

꽉 쪼인 마음에 희망 불어넣어주소서. 이것이 시작에 불과함을 일깨워주소서. 가정의 대들보가 되게 하여주소서. 나라의 기둥이 되게 하여주소서. 자신이 하는 일에 소중함 느끼고 최선을 다하게 하여주소서.

그리하여 우리의 자녀가 자신을 바로 알고 작은 생명 하나에도 귀함을 여기는 사람이 되게 하여, 이웃 속에서 하나님을 발견하는 맑은 영혼의 소유자가 되게 하여주소서.

죄인을 구원하시기 위해 친히 고난받으신 주님, 제가 지금까지 얼마나 많은 죄를 지었는가를, 후회하는 것이 아니라 주님께서 저의 죄를 용서하실 것을 믿으며 솔직히 고백합니다. 또한 예수님은 나의 구주가 되시고, 나의 주인이 되심을 믿습니다. 이제는 마음과 생각과 행동으로 범죄치 않도록 도와주옵시고, 사단의 화살에 맞지 않도록 하나님의 전신갑주로 무장하며 살겠나이다.

저희들이 선 위치를 잘 아시는 주님, 공의로 심판하시는 하나님, 욕을 받으시되 대신 욕하지 않으시고, 고난을 받으시되 위협하지 아니하신 주님을 바라봅니다. 친히 저의 죄를 담당하신 예수님을 본받아 살기를 원합니다. 하오니 고3의 기나긴 고난 끝에 복이 오게 하소서.

예수님의 이름으로 기도드립니다. 아멘.

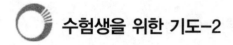

수험생을 위한 기도-2

"내가 너와 함께 있어 네가 어디로 가든지 너를 지키며 너를 이끌어 이 땅으로 돌아오게 할지라 내가 네게 허락한 것을 다 이루기까지 너를 떠나지 아니하리라"(창 28:15) 하신 영원하신 하나님 아버지! 이 시간 하나님의 말씀을 의지하며 기도합니다. "우리가 이같이 너희를 사모하여 하나님의 복음뿐 아니라 우리의 목숨까지도 너희에게 주기를 기뻐함은 너희가 우리의 사랑하는 자 됨이라"(살전 2:8)라고 하셨듯이 저희 자녀를 선물로 주시고 또 복음 안에서 키운 자식이오니 주님의 도구로만 사용되게 하여주옵소서.

이제 주님의 자녀들이 세상에서의 학업을 충실히 마치고, 대학을 진학하기 위해서 입시를 치르게 되었습니다. 땅 끝까지 창조하신 자는 피곤치 아니하시며, 지치지 아니하시며, 지혜가 무궁하시며, 피곤한 자에게는 힘을 더하여주심을 믿사옵니다. 이 시간 저들에게 힘을 더하여주옵소서.

우리의 새 힘이 되시는 하나님! 이사야 25장 9절에 약속하시기를 "그 날에 말하기를 이는 우리의 하나님이시라 우리가 그를 기다렸으니 그가 우리를 구원하시리로다 이는 여호와시라 우리가 그를 기다렸으니 우리는 그의 구원을 기뻐하며 즐거워하리라 할 것이며"라고 하였나이다. 그러니 시험을 치는 그 시간에도 하나님께서 함께하셔서 그 동안 배우고 익힌 것들을 생생하게 기억할 수 있는 총명함을 주시고, 지혜롭게 문제들을 해결할 수 있는 능력을 더하여주옵소서.

무엇보다도 하나님이 주시는 평안함이 필요하오니 마음과 뜻과 생각을 지키시사 요동치 않고 문제를 풀게 하여주시옵소서. 그들이 하나님을 위하여 나아가는 발걸음들을 온전히 붙잡아주옵시고, 하나님의 귀한 일꾼들로 만들어주옵소서. 또한 시험을 치르고 그 결과에 요동치 않도록 마음을 잡아 주옵소서. 감사함으로 나아가도록 인도해주실 줄 믿습니다.

예수 그리스도 이름으로 기도드립니다. 아멘.

고난 앞에서 자녀를 축복하는 기도

의의 하나님, 세상의 핍박은 일시적이며 육체적인 고난이 있을 뿐이오나 정말 두려워해야 할 분은 영혼의 생명을 쥐고 계신 하나님이심을 자녀들이 믿게 하옵소서. 평소에 언제나 하나님을 계산에 놓고 살기를 원합니다. 잠깐 고통을 면하려고 비겁해지지 않게 하여주옵소서. 먼저 주의 나라를 구하는 가운데 주의 오심을 기대하고 준비하는 삶을 살아갈 수 있게 하옵소서.

하나님, 우리 아이들은 세상의 의식주에 매이지 않기를 원합니다. 하나님께서 필요를 아시고 공급하실 것을 믿습니다.

누가복음 12장 10절에 "누구든지 말로 인자를 거역하면 사하심을 받으려니와 성령을 모독하는 자는 사하심을 받지 못하리라"고 하셨습니다. 하오니 하나님만 두려워하고 인생을 두려워하지 않는 자녀들이 되게 하소서.

영원한 기쁨과 복락을 예비하고 계시는 하나님, 공부가 끝나고 사회에 나가더라도 정신없이 돌아가는 세상에 마음이 빼앗겨 먹고 자고 즐기고 돈 버는 생활에 전념하다 주의 책망을 받을까 두렵사오니, 저희 자녀들 항상 깨어 기도하는 자로 세워주옵소서. 하늘나라를 수단으로 이 세상의 이익을 추구하는 어리석은 자가 되지 않게 붙잡아주시옵소서.

시대의 징조를 보여주시는 하나님, 세상을 아는 것 이상으로 하나님 나라의 징조에 더 민감할 수 있게 하옵소서. 저희 자녀들이 하나님께 대하여 부요하기를 원하옵나이다. 이 모든 말씀 예수 그리스도의 이름으로 기도드립니다. 아멘.

학교에 다니는 자녀를 위한 기도

"그러나 우리에게는 하나님 곧 아버지가 계시니 만물이 그에게서 났고 우리도 그를 위하여 있고 또한 한 주 예수 그리스도께서 계시니 만물이 그로 말미암고 우리도 그로 말미암아 있느니라"(고전 8:6).

아버지, 예수님의 이름으로 학교에서 훈련받고 교육받고 있는 내 자녀에 관한 주님의 말씀을 고백합니다. 주님을 기쁘시게 하고자하는 열망과 주님을 기쁘시게 하는 능력이 그들 안에서 증가되도록 효율적으로 역사하심을 감사합니다. 그들은 머리이며 꼬리가 아니며, 항상 상위에 있으며 하위에 있지 않습니다. 나는 나의 자녀들이 하나님과 선생님들과 그들의 친구들에게 특별한 사랑을 받을 것이며, 잘 이해되고 좋게 평가되기를 기도합니다. 나는 주님께서 나의 자녀들이 공부하며 노력하는 모든 분야에서 지식이 전달될 때에 지혜와 명철을 주시기를 기도합니다.

아버지, 내 자녀들이 교육에 대해 감사하는 마음을 갖게 해주시고 모든 지식의 시작과 근원은 하나님이시라는 것을 알도록 도와주심을 감사합니다. 그들은 배움에 대한 욕구와 근면함을 가지고 있고 풍성한 지식들이 공급되어서 성취하고자 꾸준히 노력하게 하심을 감사합니다. 그들이 지혜와 지식 안에 늘 성장하고 있음을 감사합니다. 나는 그들이 하나님의 뜻을 아는 지식으로 가득차서 선한 일에 열매를 맺도록 기도하는 것을 멈추지 않겠습니다.

예수님 이름으로 기도드립니다. 아멘.

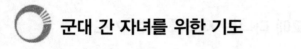# 군대 간 자녀를 위한 기도

"이 장막에 있는 우리가 짐진 것 같이 탄식하는 것은 벗고자 함이 아니요 오히려 덧입고자 함이니 죽을 것이 생명에게 삼킨바 되게 하려 함이라"(고후 5:4).

평화의 하나님, 오늘도 조국을 지키고 정의와 평화를 위해 헌신하는 군인들을 굽어보시어 어려움을 이겨내는 굳건한 힘과 용기를 주소서.

주님의 자녀들은 복음에 따라 더욱 충실히 살아가게 하시고, 아직 주님을 모르는 군인들에게는 주님의 자녀가 되는 은총을 주소서. 또한 군종들은 굳건한 믿음과 열정으로 군인들을 보살피게 하시고 저희는 열심히 기도하고 후원하여 군의 복음화에 이바지하게 하소서.

영원한 생명의 소망을 갖게 하신 하나님, 땅에 살고 있지만 하늘의 영원한 나라에 대한 소망을 갖게 하시니 감사합니다. 저희가 군대에서 고난을 받고 환난을 당한다 하더라도 용기를 잃지 말고 하나님의 나라의 영광을 위해 살아가게 하옵소서. 세상에서 생명이 다하는 날까지 복음을 전파하는 삶을 살다가 생명이 다하는 날, 영원한 하늘의 집으로 인도받게 하옵소서.

원수 된 저들을 화목케 하신 하나님, 그리스도의 죽음은 저를 대신한 죽음이므로 저도 저의 죄와 함께 그 안에서 이미 죽어버린 것을 압니다. 이제 제 안에 그리스도가 사는 것이며 그 사랑이 저를 강권하십니다. 저 자신은 물러나고 그리스도가 저희의 삶의 주인이기를 원합니다.

저희가 비록 보이는 이 세상에 살고 있으나 보이지 않는 영원한 세계의 시민으로서, 그 나라의 규례와 윤리에 합당한 삶을 믿음으로 살아가게 하옵소서. 예수님의 이름으로 기도드립니다. 아멘.

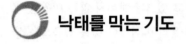

낙태를 막는 기도

생명의 주인이신 하나님 아버지! 우리에게 생명을 주시고 돌보아주신 은혜에 감사드리나이다. 하나님은 몸소 차조하신 모든 사람들의 아버지이시니 오늘날 낙태 위협을 받고 있는 태아들을 지켜주소서. 모든 젊은이들에게 순결한 마음을 주시고 헛된 이기심으로 태아의 생명을 경시하는 현세대의 그릇된 풍조에서 부모들을 구해주시며, 모든 어머니들을 바른길로 이끄시어 언제 어디서나 헌신의 모성애를 지니게 하소서.

또한 모든 사람이 생명의 소중함을 깨닫고 어떠한 처지에서든지 아버지 당신의 뜻을 따라 생명의 존엄성을 수호하게 하여주소서. 우리 잘못으로 죽어간 태아들에게 자비를 베푸시어 영원한 안식에 들게 하시고, 자녀를 낙태시킨 우리의 잘못을 진심으로 통해하오니 지극히 인자로우신 당신의 자비로 용서하여주소서. 또한 당신이 주신 고귀한 생명을 지키기 위하여 온 힘을 다 기울이도록 우리에게 참된 지혜와 용기를 주소서. 우리 주 그리스도 이름으로 기도드립니다. 아멘.

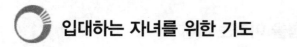

입대하는 자녀를 위한 기도

세상에 평화를 주시는 하나님! 다툼을 멀리하고 전쟁을 거절하시는 하나님! 다툼이 있는 곳에 화해를 주시고 전쟁이 있는 곳에 대화를 이뤄주시는 하나님! 겨레와 세상의 평화를 지키기 위해 군대에 들어가는 저희 아이를 축복하시어 이 세상에 항구한 평화가 있게 하시고 그 평화를 위해 일하는 젊은이를 지켜주소서. 그 길에서 저희 아이가 동료 사병들과 우정을 나누며 건강하고 안전하게 본분을 다하도록 도와주소서. 군복무 중에서도 신앙을 잃지 않고 시련 속에서 더욱 성장하여 돌아오게 하소서. 저희 아이를 아끼던 사람들이 그를 더욱 아껴주고 저희 아이를 믿어주던 사람들이 그를 더욱 믿게 하시고 환한 얼굴로 다시 만날 때까지 내내 축복하게 하소서.

선하심과 인자하심이 영원하신 하나님, 죄 많은 저를 천국의 백성으로 삼아주신 것을 감사드립니다. 구원의 감격을 잃고 타성에 젖은 신앙생활이 오히려 성장하게 해주소서. 그리스도와 함께 죽었다가 다시 살아났으며 구원을 받은 하나님의 자녀가 된 사실을 드러내는 증인된 삶을 살게 하옵소서.

우리 자녀가 군에서도 영적으로 쇠퇴하지 않도록 붙잡아주시옵소서. 그러기 위해서 먼저 그리스도인들이 자신을 갈고 닦는 데 힘쓰며 매일의 생활이 절제의 생활로 일관되게 하옵소서. 하나님의 뜻과 영광만을 생각할 줄 아는 겸손과 지혜를 주옵소서.

예수 그리스도의 이름으로 기도드립니다. 아멘.

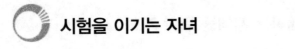

시험을 이기는 자녀

마태복음 4장 10절 "이에 예수께서 말씀하시되 사단아 물러가라 기록되었으되 주 너의 하나님께 경배하고 다만 그를 섬기라 하였느니라"

만물의 주인이신 하나님 아버지, 아버지에 의해 이 세상에 있는 모든 존재들이 유지되며 역사가 진행되고 있음을 믿습니다. 저희 자녀들로 하여금 성령의 도우심으로 이제까지 제가 살고 있음을 믿고 감사를 드립니다. 저희 자녀들로 하여금 광야와 같은 이 세상에 사는 동안 저희가 받는 유혹과 시련을 이길 힘을 주옵소서. 저희 자녀들로 하여금 삼킬 자를 찾아 두루 다니며 우는 사자처럼 기회를 엿보고 있는 마귀의 올무에 넘어지지 않도록 정신을 차리고 근신하여 기도하고 말씀에 순종하기를 힘쓰는 사람이 되길 원하오니 도와주옵소서.

말씀으로 능력을 행하시는 주님, 저희 자녀들로 하여금 주야로 주의 말씀을 묵상하여 말씀으로부터 오는 위로와 평안을 누리며, 참으로 세상이 알지 못하는 신령한 능력을 힘입어서 날마다 승리하는 삶을 살 수 있게 하옵소서. "나를 따라오라"고 하시는 나의 주님, 주되시는 예수님의 뜻에 따라 제 자신의 모든 것을 포기하는 결단력을 갖기를 원하나이다. 저희 자녀들이 지나간 시절의 잘못된 가치관과 삶에서 돌이켜 전 인격의 몸부림으로 살기를 간절히 원하옵나이다.

예수 그리스도의 이름으로 기도드립니다. 아멘.

대접하는 자녀를 위한 기도

마태복음 7장 12절 "그러므로 무엇이든지 남에게 대접을 받고자 하는 대로 너희도 남을 대접하라 이것이 율법이요 선지자니라"(마 7:12).

거룩하신 하나님, 신령한 은혜를 날마다 저에게 베푸심을 감사드립니다. 믿는 자라고 하면서 실제 생활에 있어서는 믿음과는 달리 모순된 행동을 일삼아 온 죄를 용서하여주시옵소서. 가정과 교회와 사회에서 사랑과 이해보다는 비판과 판단이 맞설 때가 많았사오니 주여, 저의 성품을 변화시켜주옵소서.

하늘에 계신 아버지여, 하나님께서 저희 자녀들에게 베푸시는 사랑을 무엇으로 다 표현할 수 있사오리까! 그 하나님께 인내심과 신뢰감을 갖고, 구하고 찾고 두드리는 기도의 사람으로 저희 자녀를 세워주옵소서. 기도할 때마다 성령님께서 기도할 수 있는 마음을 주시길 간절히 기도드립니다.

생명의 문이신 주님, 겉보기에 거창한 멸망의 문을 기웃거리지 않도록 저희 자녀들을 붙잡으시사 좁은 문, 영생의 문으로만 드나들게 하옵소서. 주께서 보이신 만세 반석 위에 지은 집의 생애를 살며, 하나님의 말씀을 준행함으로써 더 굳건한 믿음을 갖길 원합니다. 저희 자녀들이 모래 위에 세우는 것이 쉽다고 하여 금방 무너질 집을 짓는 어리석은 자가 되지 않길 원합니다.

예수님의 이름으로 기도드립니다. 아멘.

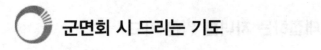# 군면회 시 드리는 기도

마태복음 8장 17절 "이는 선지자 이사야를 통하여 하신 말씀에 우리의 연약한 것을 친히 담당하시고 병을 짊어지셨도다 함을 이루려 하심이더라"(마 8:17).

말씀의 권세자이신 하나님, 주의 말씀으로 위로와 소망과 지혜를 얻게 하심을 감사드립니다. 저희를 예수 그리스도의 절대적인 능력과, 이에 미칠 수 없는 인간의 한계성을 확실히 구별할 줄 아는 겸손한 신앙인이 되게 하옵소서. 제가 예수님을 따르고자 할 때, 많은 고난과 역경을 경험합니다. 때로는 두려움과 낙심에 빠질 때도 있나이다. 인생의 풍랑과 바람이 불어도 결코 넘어지지 않는 믿음과 용기를 더하여주옵소서.·

사랑이 많으신 하나님, 저희 아이가 대한민국의 군인으로서 진정한 얼굴로 저희를 맞이하고 굳건한 영혼으로 성장한 걸 보니 마음이 더욱 흐뭇하고 하나님의 보살핌에 감사드리나이다. 앞으로 남은 군복무 기간 동안에도 동료들과 깊은 우정을 나누며 좋은 경험을 많이 할 수 있도록 도와주시고, 느티나무처럼 넉넉하고 산비들기처럼 다정하며 골짜기처럼 생각이 깊고 산등성이처럼 이상이 높고 맷돼지처럼 용맹한 기운을 얻어 언제 어디서나 의연하고 용감한 젊은이가 되어 돌아오도록 복 내려주옵소서.

한 생명을 온 천하보다 귀하게 여기시는 주님, 사람의 영혼을 구하는 일을 위해서라면 어떤 희생을 치르더라도 감수하기를 원하오니 힘을 주옵소서. 예수님의 이름으로 기도드립니다. 아멘.

부모 공경하는 자녀를 위한 기도

하나님, ○○○(자녀 이름)에게 하나님께 순종하려는 마음을 주시기를 기도합니다. 하나님과 더불어 시간을 보내고 싶은 마음을 이 아이에게 주옵시고, 말씀과 기도에 힘쓰며, 하나님의 음성을 듣게 하옵소서. 이 아이의 마음에 뿌리를 내리고 있는 눈에 보이지 아니하는 은밀한 반항심 위에 빛을 비추사 그 정체를 알게 하시고 파괴시켜주시옵소서.

하나님, 이 아이가 교만과 이기심, 반항심에 빠지지 않도록 하옵시고 거기에서 구원받게 하옵소서. 예수님의 이름으로 저에게 주신 그 권세에 의지하여 사단의 궤계를 대적하오며, 우상숭배와 거역과 고집과 불경을 배척합니다. 이런 것들이 내 아들딸의 인생에 관여하지 못하게 하옵시며, 저의 아이가 이런 것들 때문에 멸망과 사망의 길을 걷지 않게 하옵소서.

주님의 말씀은 이렇게 가르칩니다. "자녀들아 모든 일에 부모에게 순종하라 이는 주 안에서 기쁘게 하는 것이니라"(골 3:20). 이 아이의 마음을 자기 부모에게로 향하게 하사 어머니와 아버지를 공경하고 순종할 줄 알게 하옵소서. 그래서 이 아이의 생명이 길고 또한 복되게 하옵소서. 이 아이의 마음을 주님께 향하게 하사, 주님 보시기에 기뻐하실 만한 것을 행하게 하옵소서. 자기 속에 있는 교만과 반항심을 알아차리게 하옵시고, 그것을 고백하고 회개하게 하옵소서. 죄와 짝하지 않게 하옵소서. 주님께 순종하며 섬기며 사랑과 겸손한 마음으로 행하는 것이 얼마나 아름답고 좋은 것인지 깨닫게 하옵소서.

예수님 이름으로 기도드립니다. 아멘.

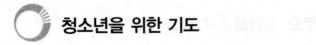# 청소년을 위한 기도

하늘에 계신 아버지여, 자녀들의 삶 속에 씨앗을 심고 기도로 물을 주어 기를 때 풍성한 수확을 거두게 되기를 구하나이다. 기도하옵나니 주께서 다른 많은 이들을 그리스도께로 이끄시는 데 저희 자녀들을 사용하여 주옵시고, 그들이 다니는 학교와 나아가 세상을 변화시키는 사람들로 이끌어주옵소서. 주님을 향한 헌신의 마음을 품게 하옵시고 이들에게 나이를 뛰어넘는 지혜를 허락하셔서 주님의 영광을 위해 저들을 사용하여옵소서.

하나님, 감사합니다. 저희 나라뿐 아니라 세계 여러나라에서 자라고 있는 청소년들을 사랑하는 마음을 갖게 해주시니 감사합니다. 또한 자기들의 삶을 헌신해서 공부를 감당하고 그들과 함께하는 훌륭한 사람들을 주신 것을 감사드립니다. 우리가 구하거나 바란 이상으로 아이들을 통해 많은 일을 해주신 것도 감사드립니다.

기도하옵기는 하나님의 영으로 깨어 있고 청소년들을 진심으로 사랑하는 그런 선생님과 지도자들 그리고 부모님을 허락하여주옵소서. 청소년들을 준비시키고 훈련시켜주셔서 기도할 수 있게 하옵소서. 주께서 영광 받으옵소서.

예수님 이름으로 기도드립니다. 아멘.

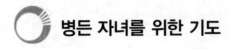 **병든 자녀를 위한 기도**

사랑의 하나님, 우리 가정에 귀한 선물을 허락하여주시고 이 자녀들이 주님의 은혜 안에서 잘 자라게 하신 것을 감사합니다. 우리의 아이들이 잘 자라서 하나님의 나라를 위해 일할 수 있도록 복을 주옵소서.

이 시간 우리 아이를 위해서 기도합니다. 지금 몸이 아파서 몹시 괴로워하고 있습니다. 주님은 만병의 의사가 되십니다. 주님의 능력의 손길, 사랑의 손길이 임하시어 우리 아이의 병든 곳을 어루만져주시고 모든 병의 근원을 치료하여주시기를 기도합니다. 그래서 이 시간 곧 나음을 얻게 하여주시고 깨끗하게 하셔서 기뻐 뛰며 주를 찬송할 수 있게 도와주시옵소서. 주님께서 하시고자 하시면 능치 못할 일이 없을 줄을 믿습니다.

우리 아이를 불쌍히 여겨주옵소서. 어린이를 품에 안으시고 복을 주신 주님, 이 시간 주님께서 우리 아이를 꼭 품에 안아주시고 복을 내려주셔서 이 병이 속히 낫게 하여주옵소서.

예수님 이름으로 기도드립니다. 아멘.

Chapter 07

행사와 예식을 위한
대표기도문

야유회 기도

오늘도 여호와께서 우리를 위하여 하늘의 아름다운 보고를 여시고 이른비와 늦은비를 내리시며 이 땅을 다스리시는 전지전능하신 하나님 아버지!

이 시간도 역사하고 계시는 자연의 질서와 섭리는 정말로 위대하고 아름답습니다. 이제 우리에게 쌀쌀한 바람을 통해서 남아 있는 마지막 열매들을 그리고 잎새들을 더욱더 감미롭고 아름답게 해주시옵소서.

여기까지 우리를 섭리해주신 예벤에셀의 하나님 아버지, 오늘도 우리에게 성령의 바람이 불게 하셔서 우리 주님 겸손과 순종과 사랑과 성령의 열매가 맺어지게 하옵소서. 오늘도 우리 주님의 얼굴이 말씀이 우리에게로 향하사 우리 삶이 더욱더 아름답게 물들어가게 하옵소서.

우리 교회 야유회 예배로 이곳으로 모이게 해주신 하나님 아버지, 이곳에서도 우리를 지켜주시고 우리와 함께하셔서 우리의 예배를 받아주옵소서. 이곳에 주님께서 가장 가까이 계셔서 우리의 마음을 변화시켜주옵소서 성령의 운동이 일어나게 하옵소서. 이스라엘 민족에게 대민족의 구국 운동이 일어났던 것처럼, 하나님께서 역사하시는 미스바의 부르짖음과 대각성이 일어나서 세상을 변화 시키게 하여주옵소서. 우리 하나님의 깊은 뜻이 이곳에 있어서 우리 주님의 구름기둥 불기둥으로 우리를 감싸 주옵소서. 이 시간 저희들 우리 주님에 선민의 민족으로 여호와에 언약과 율법을 지키며 살아갈 것을 약속하는 이 시간이 되게 해주옵소서. 우리 하나님 그 말씀에 순종하는 민족이 되게 해주옵소서. 오늘도 우리 높고 높으신 여호와를 송축하며 영광 돌리게 하옵소서.

　예배를 위해서 오늘도 수고하는 손길들이 있습니다. 여전도회, 또 봉사부, 그 밖에 여러 손길들이 있습니다. 정성을 모아 수고할 때마다 하늘의 위로와 신령한 복으로 채워주옵소서. 오늘도 예배의 시종을 우리 주님께 맡기오며 거룩하신 예수님 이름으로 기도드립니다. 아멘.

장례예배 기도-1

산 자와 죽은 자를 심판하시는 생명의 주관자이신 전능하신 하나님!

사람을 향하여 "너는 흙이니 흙으로 돌아갈 것이니라"(창 3:19) 하신 말씀대로 고○○○ 성도 이제 하나님의 명령을 따라 흙으로 돌아가려 합니다. 이 시간 세상의 어떠한 말로도 유족들의 슬픔을 달랠 수가 없습니다. 슬픔에 잠긴 유족들을 주께서 위로하여주시기를 원합니다. 주님의 강하신 팔로 안으시어 가족을 잃은 슬픔보다 가정을 이루어 자녀들을 남긴 것에 감사하게 하옵소서. 그리하여 하나님 나라에 들어간 고인을 보며 유족들이 기뻐하게 하옵소서. 무엇보다도 믿음을 주시어 영생의 삶을 살게 하시고 이와 같이 사랑하는 가족들과 믿음의 형제들이 모여 찬송하며 기도하는 가운데 이 땅에서의 마지막 시간을 맞게 하시니 또한 감사합니다. 이제 하나님의 부름을 받은 고○○○ 성도는 우리에게 다시 올 수는 없으나 유족들도 믿음 가운데 살다가 하나님이 부르시는 날 하나님 나라에 가서 고인을 다시 만날 수 있다는 사실을 믿게 하옵소서.

고 ○○○ 성도를 하나님 나라의 사람으로 지금까지 살게 하셔서 감사합니다. 이 땅에 뿌리를 내렸지만 하늘로 향하는 나무가 되게 하심을 감사합니다. 이 땅의 더러운 물 가운데 살았지만 맑은 물가로 뿌리를 뻗고 향기나는 꽃이 되게 하심을 감사합니다. 이 향기나는 고인의 장례를 하나님께서 친히 은혜를 주시며 남은 장례의 모든 순서를 주관하여주시옵소서. 이런 복된 광경을 그 자손들이 영적인 눈으로 볼 수 있게 해주옵소서.

　여기 모인 우리 모두가 주님 앞에 순종하는 백성들이 다 되게 하시옵소서. 누구나 한 번은 가야하는 이 죽음의 길에서 사랑하는 식구를 잃은 유족들이 죽음은 영원한 이별이라고 믿고 통곡하지 않게 하시고 장차 하나님 나라에서 다시 만날 수 있음을 확신하는 신앙의 자손들이 다 되게 하옵소서. 목사님을 통하여 하나님이 주시는 이 말씀이 영생에 대한 믿음과 다시 만날 수 있다는 소망과 서로 우애와 사랑이 깊어지는 시간이 되게 하옵소서. 예수 그리스도의 이름으로 기도드리옵나이다. 아멘.

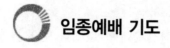

임종예배 기도

인간의 생사화복을 주관하시는 하나님 아버지!

빈손으로 이 세상에 와서 살다가 빈손으로 갈 수밖에 없는 것이 우리 인생인 줄 압니다. 그러나 고 ○○○ 집사님이 젊은 나이에 세상을 떠났기에 시신을 앞에 놓고 모든 유족들과 성도들이 함께 슬퍼하며 애통하고 있나이다. 지금까지 고인의 삶을 돌보시고 이끌어주시며 또한 하나님께서 예정하신 시간에 불러가심을 믿음으로 받들게 하소서.

이 시간 세상의 어떠한 말로도 혼자 남은 집사님과 자녀들의 슬픔을 달랠 수가 없습니다. 고 ○○○ 집사님이 하나님 나라에 신앙의 개선용장으로 입성하셨지만 슬픔에 잠긴 유족들을 주께서 위로하여주시기를 원합니다. 주님의 강하신 팔로 안으시어 가족을 잃은 슬픔보다 가족을 주셨던 하나님께 감사하는 마음이 더 크게 하시옵소서. 고인의 죽음을 통해 잃은 것보다 더 많은 것을 얻게 하셔서 예수님을 믿으며 세상을 살고 이미 구원받은 사람으로 세상을 떠나는 것이 얼마나 복된 가를 알게 하소서.

부활이요, 생명이신 주님이 이곳에 오셔서 위로해주시고 마음을 붙잡아 주시옵소서.우리 인간의 정으로는 헤어짐의 아픔과 떠나감의 애달픔을 가눌 길이 없습니다. 비록 이 세상에서는 비애와 패배와 고통이 있었지만 나사로와 같이 주님의 품에 안아주시고 주님의 따듯한 손길로 어루만져주실 줄 믿습니다. 이런 복된 광경을 그 자손들이 영적인 눈으로 볼 수 있게 해주옵소서. 그래서 죽음은 영원한 이별이라고 믿어 통곡하지 않게 하시고 장차 하나님 나라에서 만날 수 있음을 확신하는 신앙의 자손들이 되게 하옵소서.

하나님, 이제 고인은 하나님의 거룩하신 품에 안기셨습니다. 남은 유족들이 하나님 품에 안긴 고 ○○○ 집사님의 모습을 생각하며 영생의 소망을 갖게 되길 간절히 원합니다. 세상에서는 온갖 고통이 있었지만 영원한 하나님 나라에서는 안식의 삶을 살게 될 줄로 믿습니다. 유족 중에는 아직도 주님을 믿지 않는 사람들이 있는 줄 압니다. 예기치 않게 닥치는 죽음을 보면서 이 시간 결단하여 주님을 영접함으로 구원받는 모든 하나님의 백성들이 되게 해주옵소서.

여기 모인 우리 모두가 주님 앞에 순종하는 백성들이 되게 하시옵소서. 누구나 한 번은 가야하는 이 죽음의 길에서 사랑하는 식구를 잃은 유족들이 두려워하거나 좌절하지 않게 하옵소서. 우리 주님 말씀하시기를 "너희는 마음에 근심하지 말라 하나님을 믿으니 또 나를 믿으라"(요 25:1)라고 하셨사오니 믿음 안에서 승리하고, 말씀으로 평강을 누리게 하옵소서. 우리에게 안식과 평화를 주시는 예수 그리스도의 이름으로 기도드리옵나이다. 아멘.

회갑 감사 기도

역사의 주인 되시는 하나님 아버지! 오늘 사랑하는 ○○○님이 회갑을 맞이하게 되어서 기쁜 마음으로 감사와 찬양을 하나님께 드립니다. 인간의 삶이 하나님의 도우심에 있음을 새삼 느끼며, 오늘 회갑을 맞는 ○○○님에게 더욱 크신 하나님의 사랑을 베풀어주옵소서 사는 날 동안 건강하게 살게 하시고, 오로지 하나님의 영광을 드러내는 삶이 되게 하시고, 기도의 종으로서 사는 사람이 되게 하옵소서.

살아 계신 하나님 아버지! ○○○님에게 지혜를 허락하셔서 이 땅에 태어나게 하신 주의 뜻을 헤아려 알게 하옵시고, 이제부터 세상의 허탄한 것에 뜻을 두지 말게 하시고, 영원한 나라를 사모하게 하옵소서. 또한 주신 자녀들이 이 세상 사는 동안 부모에게 효도하게 하시고, 온 식구들이 화목하여 하나님의 사랑을 이웃에게 전하는 귀한 가정이 되게 하여주옵소서. 자녀들이 하는 모든 사업에 복 내려주시고, 어디서 무슨 일을 하든지 아버지의 사랑을 기리며, 하나님을 향하여 온전하게 살아가도록 도와주옵소서.

예수님 이름으로 기도드립니다. 아멘.

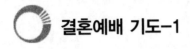

결혼예배 기도-1

사랑의 아버지 하나님! 오늘 이렇게 복된 날을 허락하시고 주님 안에서 만난 두 젊은이가 이제 하나님과 교우들 앞에서 하나님의 말씀대로 새 가정을 이루게 하시니 감사합니다. 이 두 사람이 하나님 안에서 서로 사랑하며 화평을 이루게 하시며, 하나님의 뜻대로 살아가는 거룩하고 아름다운 가정이 되게 도와주옵소서.

하나님 아버지! 저들이 이 세상을 살아가면서 수많은 어려움과 고통을 당할 때에 지혜를 주시고 극복할 수 있는 용기를 허락하여주옵소서. 또한 필요한 물질도 풍족하게 채워주셔서 이웃에게 나누면서 살 수 있는 넉넉한 가정이 되게 하시고, 영육간에 강건함과 자녀의 복도 내려주옵소서. 이 가정을 통하여 그리스도의 향기가 널리 퍼지는 아름다운 가정이 되게 하옵소서.

하나님 아버지! 이 두 사람을 지금까지 말씀 안에서 양육하신 부모님들에게도 위로와 기쁨을 주옵소서. 이제부터 두 집안이 남이 아니라, 주님 안에서 희로애락을 함께 나눌 수 있는 한 집안이 되게 하시고, 이 두 사람으로 하여금 날마다 기쁘고 좋은 일들이 일어날 수 있도록 복 주옵소서. 예수 그리스도의 이름으로 기도드립니다. 아멘.

◐ 결혼예배 기도-2

"이러므로 남자가 부모를 떠나 그의 아내와 합하여 둘이 한 몸을 이 룰지로다"(창 2:24)

하나님께서 창세전에 택하신 귀하고 아름다운 ○○○, ○○○ 두 젊은 이가 오늘 결혼예배를 드릴 수 있도록 은혜를 베풀어주심을 감사합니 다. 오늘 새 가정을 꾸미는 두 젊은이 사랑해주시고, 영혼이 잘됨같이 범사가 잘되는 은혜를 허락하여주옵소서. 하늘의 신령한 복을 주시옵 소서. 땅 위의 기름진 복을 주시옵소서. 후손들의 복을 주시옵소서. 영 혼과 몸이 하나 되어 하나님이 주신 은사와 재능까지도 하나 되게 하 옵소서. 지금까지 이들을 양육하며 교육시켜주시며, 오늘이 있기까지 기도와 헌신을 아끼지 않으신 양가 부모님들께 하늘의 신령한 복을 풍성하게 주옵소서.

오늘 결혼식을 올리며 새 가정을 꾸미는 이 부부에게 복 주시고, 하나님 앞과 사람 앞에서 존귀함을 받는 아름다운 가정이 되게 하옵 소서. 하나님의 위대하심을 드러내는 가정되게 하옵소서. 예수 그리 스도의 이름으로 기도드립니다. 아멘.

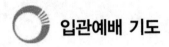

입관예배 기도

　생명의 근원이 되시는 살아 계신 하나님! 우리들은 하나님께로부터 왔다가 하나님께로 돌아가는 인생이옵나이다. 또한 우리들은 하나님의 높으신 뜻을 다 이해하지도 못하고 하나님 앞에 의롭지도 못한 죄인들이옵니다. 고인이 세상에 있을 때 우리가 하나님의 자녀 된 도리도 다하지 못하였사옵고, 형제로서의 사랑도 다 베풀지 못하였음을 슬퍼하오며 하나님 앞에 참회합니다.

　자비로우신 하나님! 저희들을 긍휼히 여기시사 허물을 용서하여주시기를 간절히 간구합니다. 이제 고인의 시신을 입관하여 장례를 준비하고자 하오니 성령께서 이 자리에 임재하셔서 모든 슬퍼하는 이들의 마음을 위로하여주시고 믿음과 소망을 더욱 굳세게 하여주옵소서.

　자비로우신 하나님! 이 형제가 세상에 있을 때 하나님께서 부르사, 예수 그리스도를 믿고 영원한 후사로 세워 주신 것을 감사드립니다. 이제 남은 가족들로 하여금 그의 귀한 진실된 생활을 본받게 하시옵소서. 예수님 이름으로 기도드립니다. 아멘.

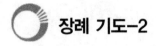 **장례 기도-2**

우리의 영혼을 구속하시며 성도들의 힘이 되시는 하나님!

주 안에서 세상을 떠난 모든 이들이 모든 수고와 시련을 끝내고 주님의 품 안에서 영원한 안식을 얻게 하여주옵소서. 우리의 소망이 되시는 하나님, 우리가 주님의 높고 크신 경륜을 다 깨닫지 못하오나 주님의 약속과 영생의 복음을 확실히 믿고 이 땅에서 환난과 역경을 이기며 하늘의 소망을 빼앗기지 않게 하여주옵소서. 고 ○○○ 성도가 믿음으로 주님 앞에 순복하여 주님을 구세주로 영접하여 영생을 얻어, 세상에 살 때 선한 모습으로 우리에게 본이 된 삶을 살게 하심을 감사합니다. 우리도 그의 뒤를 따라 하나님의 영원한 나라의 유업을 받게 하여주옵소서.

이 장례 절차를 모두 주님께서 맡아 주관하시고, 이 가정을 위로하시며, 또한 수고하시는 모든 분들께 주님의 크신 은혜를 더하여주옵소서. 특별히 남아있는 가족을 붙들어주옵소서. 슬픔과 낙망 속에 살지 않고 하늘의 소망을 갖고 살게 하옵소서. 믿음의 가정으로 든든히 세워주옵소서. 예수그리스도의 이름으로 간절히 기도드리옵나이다. 아멘.

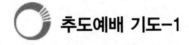

추도예배 기도-1

찬양과 영광을 홀로 받으시기에 합당하신 하나님 아버지!

오늘 이 시간 고 ○○○ 성도를 추모하는 예배를 드리게 됨을 감사드립니다. 이곳에 고인과 함께 하던 친지들과 친구들이 모였사오니, 모든 이들에게 영원한 소망을 갖게 하시고, 산 자와 죽은 자 모두에게 하나님 의 은혜를 베푸시사 하늘 영광을 찬양케 하옵소서. 이 가정이 세상의 온갖 어려움 속에서도 용기를 잃지 아니하고 열심히 살아가게 하시니 진심으로 감사드립니다. 서로 사랑하기에 더욱 힘쓰는 가정이 되게 하여주시고, 어려울 때 서로 격려하며, 서로를 위해 힘써 기도하는 가족이 되게 도와주옵소서. 부모님을 더욱 공경하고 사랑하며, 또한 자녀들을 진심으로 아낄 줄 아는 복된 가정이 되도록 도와주옵소서. 더욱 많은 감사가 넘치게 하여 주시고, 이웃을 돕고 사는 복된 가정이 되게 하여주옵소서. 이 시간 고인을 생각하며 그가 살아간 발자취와 믿음을 본받게 하시고, 우리의 삶 속에서 주님을 온전히 따르게 하옵소서. 영원히 우리와 함께하시는 주님께 모든 것을 맡기고 감사함으로 살아가게 하옵소서.

우리 주 예수 그리스도의 이름으로 기도드립니다. 아멘.

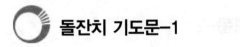

돌잔치 기도문-1

  인간의 생명을 주관하시는 하나님 아버지!

  오늘 이 귀한 생명이 세상에 태어나 첫 돌을 맞이하였습니다. 365일 한 해 동안 건강을 주시고, 무럭무럭 성장하게 해주신 은혜를 감사드립니다. 앞으로의 삶도 주님께서 주장하셔서 하나님의 뜻대로 살아가는 귀한 영혼이 되게 하옵소서. 세상의 물질적인 어려움이나 질병이나 이 어린 심령의 성장에 방해되는 모든 요소들을 제거하여주시고, 늘 감찰하여 지켜주옵소서.

  하나님 아버지! 또한 귀한 생명을 낳아서 기르는 부모에게 복 주옵소서. 이 어린 자녀로 말미암아 항상 집안에 기쁨이 넘치게 하옵소서. 이 어린 심령을 위하여 늘 기도하며 하나님의 온전한 자녀로 양육할 수 있는 지혜를 허락하여주옵소서. 하나님의 말씀만이 진리임을 바르게 교훈하며, 하나님이 이 어린 심령을 세상에 보내신 귀한 뜻을 깨달아 하나님이 쓰시는 귀한 일꾼으로 양육할 수 있도록 도와주옵소서. 믿음의 대를 이어가도록 도와주시되 아브라함의 하나님, 이삭의 하나님, 야곱의 하나님께서 이 가정의 온전한 주인이 되어주옵소서.

  예수님의 이름으로 기도드립니다. 아멘.

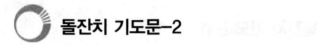

돌잔치 기도문-2

○○을 지난 1년 동안 이 가정에서 자라나게 하신 은혜를 감사드립니다. 날마다 세상 곳곳은 어려움과 재난의 소식이 있지만 그 가운데서도 특별한 은혜를 허락하셔서 귀한 아이의 몸을 건강하게 하시고, 또 지혜로운 아이로 커가게 하심을 감사드립니다.

이 기쁘고 복된 날 이제 능력의 하나님께 간구하는 것은 이 가정에 특별한 계획이 있으셔서 허락해주신 이 어린아이를 더욱 하나님께서 능력의 손으로 붙들어 주시기를 원합니다. 그래서 믿음으로 양육되고 주님의 말씀을 따라 날마다 자라 하나님께서 이 시대를 향해 가지신 뜻과 섭리가 이 가정에서 자라나는 ○○을 통해서 이루어지며, 온 세상 사람들이 이 아이를 통해서 은혜와 덕을 얻을 수 있도록 은총을 베풀어주옵소서. 뿐만 아니라 지혜와 담력도 더 크게 자라게 하셔서 하나님이 기뻐하시고 이 가정의 자랑이 되는 아이가 되게 하옵소서.

사랑의 하나님 아버지, 지금까지 이 아이의 양육을 위해서 인내와 수고를 아끼지 않은 부모님들을 위해서 기도합니다. 많은 어려움이 있었겠지만 꾸준하게 하나님이 주신 선물을 키우기 위해 힘써 온 줄 압니다. 이들의 헌신이 헛되지 않게 하시며, 생업에 복을 주셔서 자녀를 믿음으로 양육하는 일에 부족함이 없도록 채워주옵소서.

오늘 이 시간 ○○가 지난 1년 동안 잘 자라게 하신 것을 감사하며, 또 앞으로 하나님이 인정하실 만한 믿음의 자녀가 되기를 원하여 함께 소원하며 기도하는 가족들과 모든 친지들에게 하나님의 한량없으신 복이 임할 수 있기를 원하오며 예수님의 이름으로 기도드립니다. 아멘.

유아세례 기도

사랑의 하나님! 죄로 죽을 수밖에 없는 불쌍한 피조물인 저희를 위하여 아들 예수 그리스도를 내어주시는 사랑으로 구원해주신 하나님을 찬양합니다. 부족하고 나약한 저희 부부에게 하나님의 사랑의 선물인 ○○이를 허락하시어 부모의 삶을 살도록 허락하신 하나님께 감사드립니다.

하나님 ○○○를 양육함에 있어 많은 기대와 두려운 마음을 가지고 있습니다. 하나님이 원하시는 삶을 살아갈 수 있도록, 기도와 섬김의 손으로 양육할 수 있도록 저희에게 부모로서 가져야 할 마땅한 것들과 인내와 겸허와 지혜를 허락하여주소서. 이 아이가 세상의 허망한 것과 미혹의 그릇된 지식들로 인해 방황하지 않도록 ○○○가 일찍 주님을 인격적으로 만날 수 있는 은혜를 허락하시어 어려서부터 비전을 정하고 그 길로 달려가는 은혜를 허락하소서. 또한, 세상의 악한 세력으로부터 지켜주시어 악한 자들이 만지지도 못하게 하시며, 성장하는 동안 하나님이 예비하신 목사님과 믿음의 은사와 믿음의 동역자들과의 만남을 허락하여 주소서.

하나님, 부족한 저희들이 이 아이를 주님이 원하시는 귀한 자녀로 양육할 수 있도록 거룩한 긴장감을 잃지 않도록 우리의 연약한 마음과 육체를 지켜주시고, 살아가는 동안 환난이 닥쳐와도 주님이 값없이 주신 구원의 은혜로 인해 기뻐하면서 고통 중에 주시는 위로와 예비하신 뜻을 바라며 기쁘게 살아가는 부모의 모습으로 이 아이를 섬기게 하소서. 믿음의 영광스런 가문을 일으키는 복을 부어주소서. 믿

음이 없는 친척과 이웃에게 믿음의 가정의 본을 보이며 그들에게 거
룩한 영향력을 끼칠 수 있도록 주님께서 복을 내려주옵소서. 우리를
죽기까지 사랑하시는 사랑의 예수님 이름으로 기도드립니다. 아멘

전교인 수련회를 위한 기도

하나님의 은혜를 찬양합니다. 주님이 주시는 힘으로 살다가 예배로 함께 모이게 하심을 감사합니다. 오늘도 저희들의 예배를 기쁘게 받아주시고, 한없는 기쁨의 시간이 되게 하여주옵소서. 전교인 수련회를 위하여 간구하오니, 기획에서 집행까지의 모든 과정을 주님께 맡깁니다. 오고가는 행로에 주의 천사로 돕게 하셔서 안전하게 하시고, 은혜 중에 행사가 진행될 수 있도록 인도하여주옵소서. 많은 성도들이 교제의 계기로 삼게 하시고, 인간관계의 형통함을 주셔서 서로 용납하며 이해하게 하시고, 그리스도의 사랑으로 용서의 훈련을 감당하는 수련회가 되게 하옵소서.

특별히 말씀의 사역을 감당하시는 목사님과 강사들을 기억하시고, 믿음과 말씀과 성령으로 충만케 하셔서 육이 죽고 영이 사는 소망의 시간들이 되게 하여주옵소서. 회개의 운동이 일어나게 하시며, 결단의 은혜가 있게 하여주옵소서. 이 일을 위하여 모든 성도들이 협력하게 하시고, 주의 사역에 동참할 수 있도록 시간을 허락하여주옵소서. 이번 행사로 인하여 더욱 연합하게 하심으로 구제하고 선교하며, 전도하는 일에 더욱 뜨거워지게 하옵소서. 우리 교회에 복을 내려 주옵소서. 베드로의 신앙 고백 위에 교회를 세우신 것과 같이, 저희 성도들의 헌신적인 믿음이 교회를 견고하게 하며 부흥시킬 수 있도록 인도하여주옵소서.

오늘 하나님의 말씀을 전하시기 위하여 기도와 눈물로 준비하신 목사님을 기억하여주옵소서. 성도를 아끼고 사랑하는 마음으로 복음을 증거하실 때 믿음으로 받게 하옵소서. 하나님의 말씀을 생활에 푯대로 삼게 하셔서, 치우치지 않게 하시며 침륜에 빠지지 않게 하심으로 승리를 보장하여주옵소서. 예수 그리스도의 이름으로 기도드립니다. 아멘.

성경학교를 위한 기도-1

거룩하신 아버지 하나님! 이제 저희 교회학교 성경학교를 준비하고자 합니다. 모든 준비에 앞서 기도로 시작하게 하옵소서. 모든 교역자와 교사들이 먼저 은혜로 채워지게 하옵소서.

교사들과 아이들이 모두 참여할 수 있도록 도와주시고, 빈자리 없이 가득 채워주시며, 아이들 각각의 형편을 돌아보시고 방해하는 세력과 역사를 막아주옵소서. 성경학교를 통하여 어린 영혼들이 구원의 확신을 갖게 하시며, 마음을 열어 주님 사랑하는 마음을 눈물로 고백하는 감격의 성경학교가 되게 하여주옵소서. 말씀의 풍성한 꼴을 먹이게 하시고, 유익한 프로그램으로 철저히 준비하여 질서 있게, 은혜롭게, 모든 것이 아름답게 이루어지도록 성령님께서 인도하여주옵소서. 교사들에게 어린 영혼들을 위해 깨어 기도하게 하시고, 사랑과 헌신으로 가르치며 섬기게 하여주옵소서.

모든 일정을 성령님께서 지도하시고 인도하셔서 아름답게 이루어주시고, 저희들은 사랑으로 섬기며 기쁨을 거두게 하옵소서. 예수님의 이름으로 간절히 기도드립니다. 아멘.

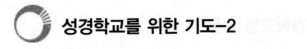

성경학교를 위한 기도-2

은혜로우신 하나님 저희 교회의 ○○부 성경학교를 통하여 놀라운 역사를 이루어 주시기를 원합니다. 교사와 아이들 모두가 성경학교를 사모하는 마음을 갖고 기도하게 하시며, 먼저 자신의 죄를 통회하는 마음을 가지고 진정한 회개를 하게 하옵소서. 성경학교에 성령이 함께하시며, 참석하는 아이들에게 분명한 비전과 삶의 목적을 발견하며, 인격의 변화가 있게 하옵소서. 나아가 우리 아이들이 민족 복음화와 세계 복음화를 위해 헌신하는 영적 부흥의 불씨가 되게 하옵소서.

말씀과 프로그램을 담당한 교사들에게 지혜를 주시고, 성령충만하고 영육이 강건하게 하시며, 한 마음으로 성경학교를 아름답게 이루게 하옵소서. 어린 영혼들을 향한 사랑과 열정으로 담대히 말씀을 전하게 하옵소서. 성경학교 동안 받은 은혜대로 살게 하시고, 이후 지속적으로 교회에서 훈련이 이루어지고, 충성된 일꾼으로 육성되게 하시며, 이 시대에 하나님의 귀한 일꾼들이 되게 하옵소서. 성경학교를 통하여 우리 ○○부가 더욱 성장하며 발전하여 하나님께 영광을 돌릴 수 있게 하옵소서.

예수님의 이름으로 기도드립니다. 아멘.

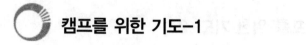

캠프를 위한 기도-1

캠프의 계획자이시며 진행자이신 하나님, 이번 캠프를 통하여 주님의 명령인 하나님 나라의 확장을 위해 저희들이 도구로 쓰임 받을 수 있도록 인도하시고, 필요한 것들을 채우사 주님 홀로 영광 받으옵소서. 캠프를 통하여 성령의 역사를 깊이 체험하게 하시고, 캠프 기간 동안에 피곤치 않게 하시고, 성령의 능력으로 모든 프로그램에 적극적으로 동참하게 하옵소서. 모든 프로그램이 잘 준비되게 하시고, 아이들이 적극적으로 참여하여 최고의 효과를 얻게 하시며, 캠프 기간 동안에 좋은 날씨를 주시고, 필요한 재정도 넉넉히 채워주옵소서. 캠프 기간 동안에 선생님들이 서로 돕고 이해하며, 함께 모여 기도하며 준비하여 하나님께 영광 돌리며 기쁨으로 일을 감당케 하옵소서. 처음부터 끝까지 기도로 준비하게 하시고, 성령충만함으로 게으르지 않고 충성되게 사명을 감당하는 교사가 되게 하옵소서. 캠프 기간 동안에 조그마한 사고도 일어나지 않게 도와주시고, 캠프를 통하여 생명의 기쁨을 나누고 성령의 역사를 체험하는 시간이 되게 하옵소서.

예수 그리스도의 이름으로 기도드립니다. 아멘.

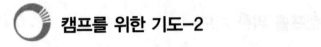

캠프를 위한 기도-2

하나님 아버지, 이제 성경학교 캠프를 하고자 합니다. 아이들을 지도할 교사들을 보내주옵소서. 선생님들을 통하여 아이들이 잘 훈련받게 하옵소서. 성경학교가 학교행사와 학원시간과 겹치지 않게 하시고, 어떤 것보다도 성경학교에 우선순위를 두고 참석하게 하옵소서. 식사를 맡아 봉사하시는 집사님들에게 일정을 허락하시고, 우리에게 주시는 모든 음식을 감사히 먹게 하시고, 그 음식으로 말미암아 하나님께 아름다운 모습을 보여드리는 성경학교가 되게 하옵소서. 성경학교 동안에 질병으로 어려움을 당하는 일들이 없도록 지켜주시고, 차량을 운전 시에도 지켜주셔서 작은 사고도 없게 하여주옵소서. 전체 시설을 사용할 때, 시설물(샤워장, 화장실, 식당, 숙소, 예배실 등)을 깨끗하고 질서 있게 사용하며, 운동 및 물놀이 할 때 안전을 지켜주옵소서. 성경학교 동안에 은혜 받기에 좋은 날씨를 허락하시고, 더위나 소나기로 인해 진행에 어려움이 없게 하옵소서.

예수님의 이름으로 기도드립니다. 아멘.

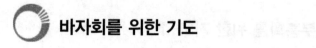

바자회를 위한 기도

사랑하는 하나님 아버지! 이렇게 좋은 날씨를 주시고, 바자회를 열게 하시니 감사드립니다. 이번 바자회에 많은 이들이 참석하여 아름답고 행복한 자리가 되게 하옵소서. 이 바자회를 통하여 저희가 주님을 사랑하고, 이웃을 사랑하는 마음을 키워갈 수 있도록 이끌어주옵소서. 저희부터 먼저 솔선수범하여 세상의 빛과 소금의 역할을 충실히 하게 하시고, 이웃과 더불어 이 세상에 주님의 나라를 건설하는 데한몫을 감당하고자 하오니, 저희 발걸음에 복 주옵소서. 나눔과 섬김을 통하여 하나님의 기적이 나타나게 하옵소서. 이날 많은 사람들이참여하게 하시고, 저희들이 목적으로 하는 기금이 넉넉하게 모아져서어려운 이웃을 돕는 데 요긴하게 쓰이게 하시며, 하나님의 영광이 나타나게 하옵소서. 바자회에 참여하는 모든 이들이 한 가지로 구원을얻는 복을 주시고, 저희들 마음에 자원하는 마음과 헌신의 마음을 주옵소서. 이 일을 통하여 더욱 주님의 사랑을 느끼고 열정적으로 영혼에 대한 사랑의 마음을 갖게 하여주옵소서.

예수님의 이름으로 기도드립니다. 아멘.

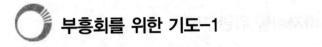

부흥회를 위한 기도-1

"내가 거룩하니 너희도 거룩할지어다"(벧전 1:16)라고 하신 하나님 거룩히 여김을 받으옵소서. 믿음으로 승리하는 삶을 살아가도록 귀한 은혜의 부흥회를 베풀어주시니 감사를 드립니다. 하나님을 기쁘시게 하는 자의 믿음으로 죽음을 보지 않고 옮겨간 에녹같이, 하나님을 기쁘시게 하는 믿음이 온전히 회복되는 은혜를 간절히 사모합니다. 이시간을 통하여 살아 계신 하나님을 만나서 막혔던 담이 무너지고, 병마가 치유되고, 맺힌 것이 풀리고, 간구하는 것이 다 응답되는 기적과 권능의 부흥회가 되게 하옵소서.

예수님이 친히 행하시는 치유의 사역과 복음을 전파하시고 가르치시던 말씀의 기적과 능력을 체험하는 시간이 되게 하여주옵소서. 성령으로 권능을 받고 예루살렘과 온 유대와 사마리아와 땅 끝까지 이르러 주의 증인되는 은혜도 허락하여주시기를 기도합니다. 부흥회를 통하여 우리 교회가 더욱 성장하며, 은혜와 은사와 능력과 하나님의 권세로 충만하게 하옵소서.

하나님 아버지, 우리의 겉 사람을 깨트리시고, 속사람을 깨끗하고 강건하게 하여주옵소서. 예수님 앞에 저희들의 연약함과 영육간의 더러움을 자복하며 기도하오니, 저희의 죄를 흰 눈같이 깨끗하게 사하여 주시고, 은혜 받기에 합당한 정결한 성령님의 전으로 변화되게 하여주옵소서.

하나님께서 모세처럼 엘리야처럼 귀하게 쓰시는 목사님을 강사로 보내주심을 감사드립니다. 바울의 몸에서 손수건이나 앞치마를 가져

다가 병든 사람에게 얹으면 그 병이 떠나고, 악귀도 나가던 능을 행하시던 하나님, 그 능력을 오늘은 강사 목사님을 통하여 역사하게 하여주옵소서. 귀한 생명의 말씀이 사모하는 영혼을 만족케 하시고, 굶주린 영혼들에게 좋은 것으로 채워주시는 하나님의 은혜가 충만한 시간이 되게 하옵소서.

해 돋는 데서부터 해 지는 데까지 여호와의 이름이 찬양을 받으심이 마땅하오니, 저희들의 찬양을 받으시고 영광을 받으옵소서. 저희들의 기도에 귀 기울이시고, 저희들의 간구를 들어주옵소서. 회개의 눈물과 구원의 확신과 기쁨, 새로운 결단과 산 소망, 치유와 회복을 얻어 독수리 날개 쳐 올라감같이 새 힘을 얻는 은혜와 복된 부흥회가 되게 하여주옵소서.

예수님의 거룩한 이름으로 기도드립니다. 아멘.

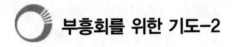

부흥회를 위한 기도-2

주님께서 주시는 은혜 속에서 천국 잔치를 베풀수 있도록 허락해 주신 것을 진심으로 감사와 찬송드립니다.

주님께서 귀히 쓰시는 강사 목사님을 통해서 저희들 은혜 받고 성령충만 받아서 세상에서 타락하고 방탕하고 교만하고 오만하고 죄악 속에서 살아온 회개하고 죄사함 받는 귀한 시간 되게 해주옵소서.

우리의 죄를 회개하게 하시고 주님을 만나는 기적이 일어나게 하옵소서. 주님이 베푸시는 잔치가 되게 해주옵소서.

또 이번 집회를 통해서 하나님 앞에 영광 돌리는 저희들 되게 해주옵소서. 입이 열리게 하시고 눈을 뜨게 하시며 귀로 듣게 하셔서 우리 주님과 대화의 문이 열리게 하옵소서.

물로 포도주가 되는 그 기적을, 보리떡 다섯 개 물고기 두 마리로 오천 명을 먹이는 오병이어의 기적을, 또 죽은 나사로를 살리신 기적도 오늘 집회를 통해서 체험하게 성령으로 베풀어주옵소서.

오늘 이 말씀을 통해서 성령의 강물이, 생명의 강물이 넘쳐나게 하여주옵소서.

오순절 다락방에 임하였던 성령이 우리 교회 안에 임하게 하옵소서.

이번 집회를 통해서 기도하는 공동체, 일하는 공동체, 배움의 공동체가 되게 해주옵소서.

또 교제하는 공동체, 나눔의 공동체, 아름다운 덕을 세우는 초대교회 같은 아름다운 공동체가 되게 해주옵소서.

오늘도 이 집회를 위해서 기도하시고 준비하시는 목사님, 장로님

들, 권사님들, 그 밖에도 수고하는 성도들 주님께서 찾아주시고 위로
해주시며 하늘의 복으로 채워주옵소서.

예수님 이름으로 기도드립니다. 아멘.

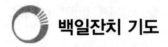# 백일잔치 기도

온 세상을 사랑으로 다스리시는 하나님 아버지, 이 가정에 귀한 생명의 선물로 허락하신 ○○○를 지난 백일 동안 하나님의 사랑의 품에 품으셔서 길러주신 은혜에 감사드립니다. 오늘 이 시간 하나님께서 지금까지 베푸신 은혜와 사랑에 감사하면서 사랑하는 가족과 친지들이 같은 시간 같은 자리에 모여 이 아기의 백일을 기쁨으로 맞이할 수 있게 하시니 참으로 감사합니다.

하나님, 이 아이를 받아 주옵소서. ○○○가 건강하고 예쁘고 씩씩하고 지혜롭게 자라도록 은총을 베풀어주시고, 악한 것들로부터 보호하여주옵소서. 그래서 자라갈수록 하나님께는 영광이 되며 사람들에게는 믿음의 자랑감이 되는 귀한 사람이 되게 하옵소서.

사랑이 풍성하신 하나님 아버지, ○○○를 통해서 하나님이 계획하신 뜻을 이루시며, 양육하는 부모에게 더 큰 믿음과 지혜와 물질의 복을 주셔서 이 시대 우리 사회에 꼭 필요한 인물로 키워낼 수 있도록 은혜를 주옵소서. 이 가정의 모든 식구들과 모인 무리들에게 하나님의 크신 복이 임하기를 간절히 원하오며, 생명의 근원이 되시는 예수님의 이름으로 기도드립니다. 아멘.

● 생일 기도(어른)

하나님께서 영원 전부터 예정하신 귀한 생명 ○○○씨를 이 땅에 보내시어 귀한 삶을 살게 하심을 감사드립니다. 우리가 살 수 있고, 일할 수 있고, 건강한 몸으로 생활할 수 있는 것은 하나님께서 무조건적으로 베풀어주신 은혜입니다.

오늘 생일을 맞이하는 ○○○씨의 삶 가운데 평생토록 하나님께서 보호자가 되어주옵소서. "사랑하는 자여 네 영혼이 잘됨같이 네가 범사에 잘되고 강건하기를 내가 간구하노라"(요상1:2)고 하신 말씀과 같이, ○○○씨의 영혼이 잘되는 복을 주옵소서. ○○○씨의 범사가 잘되는 복과 건강의 복을 주옵소서. 오늘 생일을 맞이하는 ○○○씨의 인생이 하나님과 사람에게 사랑받고 하나님의 귀한 일을 감당하는 하나님의 사람이 되게 하여주옵소서.

예수 그리스도 이름으로 기도드립니다. 아멘.

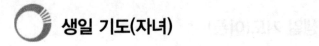

생일 기도(자녀)

이·세상의 모든 생명 있는 것들을 지으시고 오늘도 생명의 주인이 되시는 하나님 아버지, 베푸신 사랑과 은혜를 감사드립니다. 특별히 오늘 이 시간 ○○○의 생일을 맞이하여 온 가족과 친척들, 또 믿음의 식구들이 한 자리에 모여 감사예배를 드립니다. 지난날 힘들고 어려운 일들이 있었지만, 하나님께서 이기게 하시고, 늘 동일한 손길로 지켜주심을 감사드립니다.

○○○에게 육신의 건강뿐 아니라 영적인 성숙과 성령의 충만함을 내려주시기를 기도합니다. 그래서 이 가정이 사랑하는 ○○○을 통해서 늘 승리하게 하시고, 기쁨과 감사가 넘치게 하옵소서. 또 주위의 모든 사람들의 본이 되어 많은 사람들에게 덕을 끼치며, 하나님의 은혜를 나누어주는 복의 근원이 되도록 인도하여주옵소서. 주님께서 늘 함께하시고, 내년에 다시 생일을 맞이하는 시간까지 영육간에 건강함과 주님의 인도하심을 따라 살아가는 귀한 믿음의 식구들이 될 수 있도록 지켜주옵소서. 예수님의 이름으로 기도드립니다. 아멘.

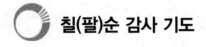

칠(팔)순 감사 기도

살아 계신 하나님, 특별히 오늘은 ○○○ 어르신의 칠(팔)순을 맞이하여 그 자손들과 일가친척과 성도들이 한 자리에 모여 하나님께 감사 예배를 드립니다. ○○○ 어르신은 예수님을 구주로 영접하고, 무엇보다 주님을 위해서 일생을 헌신하며 봉사와 충성을 하시는 가운데 자손의 복과 장수의 복을 주셔서 이 자리까지 오게 하심을 감사드립니다. 하나님의 은혜 가운데 가정을 이룰 수 있도록 좋은 반려자를 만나게 하시고, 슬하에 많은 자녀를 허락해주셔서 기쁨과 소망으로 살게 하시고, 자녀들을 훌륭하게 양육하여 좋은 일꾼들로 성장하게 하심을 감사합니다.

은혜로우신 하나님, 오늘 칠(팔)순을 맞이한 ○○○ 어르신은 하나님이 사랑하는 자요 하나님이 기뻐하시는 자이오니, 주 안에서 남은 여생도 하나님의 은혜 가운데 주의 일을 하다가 주 앞에 서게 하시고, 잘했다 칭찬받으며 면류관을 쓰게 하옵소서. 자손들은 어르신의 그 넓고 깊은 사랑과 신앙을 상속받아 부모에게 더욱 효도하는 자손들이 되어, 성경에 약속한 복을 누리게 하옵소서. 예수 그리스도 이름으로 기도드립니다. 아멘.

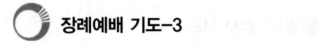

장례예배 기도-3

우리의 영혼을 구속하시며 성도들의 힘이 되시는 하나님!

주 안에서 세상을 떠난 ○○○씨가 이제 모든 수고와 시련을 끝내고 주님의 품안에서 영원한 안식을 얻게 하여주옵소서. 우리의 소망이 되시는 하나님, 주님의 높고 크신 경륜을 다 깨닫지 못하오나, 저희들로 하여금 주님의 약속과 영생의 복음을 확실히 믿고, 이 땅에서 어려움과 고통을 이기며, 하늘의 소망을 얻게 하여주옵소서. 고인이 이 세상에 살 때 선한 모습으로 우리에게 본이 되었고, 또 믿음으로도 주님 앞에 순복하여 주님을 구세주로 영접하여 영생을 얻게 하심을 감사합니다. 저희들도 그의 뒤를 따라 하나님의 영원한 나라의 유업을 받게 하여주옵소서. 장례를 잘 마치게 하신 주님께 감사를 드립니다. 이제 유족들을 위로하여주시고, 또 수고한 모든 이들에게 주님의 크신 은혜를 더하여주옵소서.

예수 그리스도의 이름으로 기도드립니다. 아멘.

추도예배 기도-2

　오늘 고 ○○○의 ○주년 추도예배를 드리게 됨을 감사드립니다. 이미 하나님 나라의 백성이 된 사랑하는 고 ○○○에게 하나님께서 영원한 안식을 허락하신 은총을 감사합니다. 하나님 아버지, 삶과 죽음, 이곳과 저곳이 갈라져 있사오나 산 자와 죽은 자 모두에게 하늘의 영원한 은총을 베풀어주옵소서. 또한 오늘까지 고 ○○○의 가족과 관계 깊던 모든 이들을 믿음 안에서 붙들어주시고 인도해주신 것을 진심으로 감사합니다. 살아 있는 동안 부지런히 주님을 섬김으로 믿음의 아름다운 자취를 남길 수 있도록 인도하여주옵소서. 후손들은 먼저 가신 분이 못다한 업적을 이어 나가게 하시고. 고 ○○○의 믿음을 이어받게 하옵소서.

　예수 그리스도 이름으로 기도드립니다. 아멘.

Chapter 08

기도할 때 잘못 사용하는
용어들

우리가 기도할 때 흔히 사용하는 말로서, 잘못 표현하고 있는 것에 대하여 살펴보도록 한다. 단, 문법적인 것이 잘못된 표현에 대해서는 생략한다.

1. 기도의 시작은 '주님'이 아니다

기도를 시작하면서 하나님을 부를 때에 '성부'를 부르지 않고 '성자' 혹은 '성령'을 부르는 경우를 종종 보는데, 이는 옳지 않다. 우리의 기도는 성부 하나님께 하는 것이며, 성자 그리스도의 이름으로 아뢰는 것이기 때문이다. 그래서 기도를 끝맺을 때에는 항상 "예수 그리스도의 이름으로" 혹은 "예수 그리스도를 통하여"라고 한다. 예수님께서 우리에게 기도를 가르쳐주신 말씀에도 "하늘에 계신 우리 아버지"를 먼저 부름으로 기도를 시작하셨다. 따라서 기도의 처음에는 반드시 우리의 기도를 들으시는 아버지 하나님을 불러야 한다.

2. 하나님 또는 주님의 칭호에 대하여

우리가 기도할 때 하나님이나 주님을 흔히 '당신'이라고 칭하는 경우가 많다. 당신이란 말은 부부간이나, 또는 2인칭 관계에서 좀 더 높임말로 쓰이는 용어이며, 친구나 동등한 관계에서 3인칭 극존칭으로 사용하기도 한다.

예) 친구에게 - 이봐, 당신이 그러니까 나도 그렇게 하고 싶지 않나.
　　⇒ 자네가 또는 네가
예) 다른 사람에게 시아버지에 대하여 말할 때 - 당신께서 하시지 못하는 말을 나에게 하라고 하시잖니.

⇒ 시아버지께서

그러나 할아버지나 아버지를 직접 대놓고 말할 때 당신이라고 호칭
한다면 불쾌한 일일 것이다. 하물며 하나님께 대하여 당신이라고 한
다면 어색한 말이 된다.

예) 하나님 당신의 발 앞에 엎드리오니

⇒ 이 경우는 당신이라는 말이 불필요하다. "하나님의 발 앞에
엎드리오니"라고 하면 된다.

예) 오늘도 당신 앞에 나왔사오니

⇒ "오늘도 하나님 앞에"로 고치는 것이 옳다.

3. 예수님의 칭호에 대하여

기도할 때 "주여"라고 하는 것보다는 "주님"이라고 하는 것이 더욱
겸손하고 옳은 표현이다. 성경에서는 주님을 '예수', '그리스도', '예수
그리스도', '그리스도 예수', '우리 주 예수 그리스도' 등으로 표현한다.
여기에서 '예수'는 주님의 본명이며, '그리스도'는 '기름부음을 받은 이'
즉, '구세주'라는 직책을 일컫는 이름이다. 그러므로 그냥 '예수님'이라
고 하기보다는 '우리 주 예수 그리스도'라고 하는 것이 가장 확실한
표현이다.

4. 하나님의 칭호에 대하여

"참 좋으신 하나님"이라는 표현은 일반적인 수식어다. 하나님 앞에
붙이는 수식은 성경에 나타난 하나님의 속성을 나타내는 것을 붙이는
것이 옳다. 성경에서 하나님의 속성을 나타내는 수식은, '거룩하신',

'만유의', '생명의', '신실하신', '의로우신', '사랑이신', '자비하신', '영원하신', '위에 계신', '능력이신', '진실하신', '구원하시는', '하늘에 계신', '은혜로우신', '보수하시는', '지극히 높으신', '홀로 하나이신', '천지를 지으신' 등이 있다.

5. 목사의 칭호에 대하여

성도들이 가장 어렵게 생각하는 말이 목사의 칭호다. 목사를 대신하여 칭하는 용어로서는 '주의 종', '사자 목사님', '당회장님', '주의 사자' 등이 흔히 쓰인다.

목사는 교회를 섬기는 하나님의 종이다. 그러나 인간으로서의 성도들의 종은 아니다. 기도할 때 목사를 "하나님의 종께서" 라고 하는 것은 옳지 않는 말이다. 종을 높임말로 하는 법은 없다. 특히 "종님"이라고 하는 것은 우스운 표현이다. 그러므로 목사 자신이 하나님께 기도할 때, "주의 종이 부족하여서" 라고 하는 것은 옳은 표현이지만, 일반 성도가 목사를 '종'으로 표현하는 것은 옳지 않다. 그리고 하나님의 보냄을 받은 '사자'는 옳은 말이다. 그러나 이렇게 표현할 때도 "주의 사자" 또는 "사자 목사님께서"라고 하는 것은 옳지 않고, "주님께서 우리를 위해서 보내신 목사님"으로 표현하는 것이 낫다.

마지막으로 '당회장'이란 표현도 바르지 않다. 왜냐하면 당회장이란 당회의 장이기에 당회원들이 당회의 회장에게 부르는 호칭이기 때문이다. 일반 성도들이 목사를 당회장이라고 칭하는 것은, 일반적으로 구멍가게 주인도 사장님이고, 큰 회사의 사장도 사장님이라고 하는 것과 같은 의미가 된다. 당회장보다는 "담임목사님"으로 호칭하는 것이 옳은 표현이다.

6. '나' 또는 '우리'를 칭할 때

기도할 때 어떤 이는 '내가' 또는 '나로 하여금' 등과 같이 자신을 '나'로 칭하는 경우가 있다. 그리고 '나'의 복수형인 '우리'라는 말도 흔히 사용을 한다. 우리가 어른들 앞에서 자기를 가리킬 때는 '내가' 아니라 '제가'라고 한다. 그리고 '우리'가 아니라 '저희들'이라고 표현한다. 이것은 윗사람에 대하여 자신을 낮추는 말이다. 주님께서 가르쳐 주신 기도에서 "우리에게 일용할 양식을 주옵시고"라고 하였다 하더라도, '우리'는 높으신 하나님 앞에서 '저희'라고 칭함이 옳을 것이다. 따라서 "내가 주님께 나왔사오니"는, "제가 주님께 나왔사오니" 또는 "저희들이 주님께로 나왔사오니"로 하는 것이 옳다.

7. 교회의 칭호에 대하여

우리가 기도할 때 교회를 '예배당', '제단', '예배처소', '성소', '성전' 등으로 부르기도 하는데, 교회는 그리스도의 부름을 받은 성도들이 함께 모여서 이루어진 그리스도의 몸을 가리킨다. 그래서 눈에 보이는 교회와 보이지 않는 교회로 분류해서 생각할 수 있는데, 눈으로 보이는 교회는 '성도들이 모이는 곳'이며, 보이지 않는 교회는 '그리스도의 공동체'를 의미하는 것이다.

교회는 모여서 기도하고, 예배하며, 교제를 나누며, 복음을 전하는 역할을 한다. 따라서 어떤 한 기능만을 의미하는 '예배당', '제단', '예배처소', '성소', '성전' 등의 용어를 사용하기보다는 보편적인 의미로서의 "교회"라는 용어를 사용하는 것이 좋을 것이다.

8. 성도들의 칭호에 대하여

하나님께 드리는 기도에서 회중을 가리켜 '우리 목사님들'이나 '우리 성도들'이라고 존대해선 안 된다. 왜냐하면, 하나님과 비교해서 '님'이 될 수 있는 대상은 없기 때문이다. 기도할 때 하나님 이외에는 단순히 '저희들'이나 '교회의 권속들' 등으로 바꾸어야 한다.

9. 하나님의 복을 주심에 대하여

우리들이 기도할 때 흔히 하나님의 복을 비는 기도를 한다. 이때 우리는 '축복'(祝福)이라는 용어를 자주 사용하는데, 축복이란 의미는 글자 그대로 "복을 빈다"는 뜻이다. 그렇다면 누가 누구에게 복을 비는 것인가?

예를 들어, "하나님, 이 어렵고 불쌍한 사람들에게 축복하여주소서"라고 했다면, 하나님이 다른 누구에게 그들을 위하여 복을 빌어달라는 의미가 된다. 이럴 경우에는 "하나님께서 그들에게 복을 내려주소서"가 옳은 표현이다.

그러나 "주님께서 복 빌어주소서"라는 표현은 합당하다. 왜냐하면 복은 아버지 하나님께서 내리시는 것이기에, 예수님도 성자로서, 아버지 하나님께 우리를 대신하여 복을 빌어줄 수 있기 때문이다.

마태복음 26장 26절에 "그들이 먹을 때에 예수께서 떡을 가지사 축복하시고 떼어 제자들을 주시며 이르시되 받아서 먹으라 이것은 내 몸이니라"고 하셨으며, 또한 마가복음 10장 16절에서도 "그 어린아이들을 안고 그를 위해 안수하시고 축복하시니라"고 하셨는데, 여기에서 보는 바와 같이 예수님께서도 하나님께 복 빌은 것을 알 수 있다.

10. 대표기도자

우리는 흔히 주일 예배 때 기도하는 이를, 대표기도자라고 한다. 이것은 회중을 대표해서 하나님께 기도를 드리는 자를 의미한다. 그러나 문자적으로 대표기도라고 할 때는 주님께서 가르쳐주신 기도 외에는 대표적인 기도가 없다. 그리고 대표로써 기도한다고 하면, 그 외의 사람은 무엇을 하는가? 대표자가 기도를 하는 순간에 다른 이는 그 기도를 듣는 것이 아니라 함께 기도하는 것이다. 그러므로 '대표기도자'는 '기도를 인도하는 이'란 의미이며, "○○○께서 기도하시겠습니다"가 아니라, "○○○께서 기도를 인도하시겠습니다"가 옳은 표현이다.

11. '대예배'에 대하여

흔히 주일 오전에 어른들이 드리는 예배를 '대(大)예배'라고 한다. 그렇다고 해서 어린이들이 드리는 예배를 '소(小)예배'라고 하지는 않는다. 예배에 등급이나 규격이 있을 수도 없으며, 큰 예배, 작은 예배가 있을 수 없다. '대예배'는 '주일 오전 예배'나 '주일 낮 예배', 또는 '장년부 예배'로 부르는 것이 합당하며, 시간별로 1부, 2부 예배로 구분할 수는 있다.

12. '안식일'과 '주일'

요즘 교회에서는 '안식일'과 '주일'이라는 용어를 자주 혼용하고 있다. 초대교회 초창기까지는 십계명에 따라 토요일을 안식일로 거룩하게 지켰다. 지금도 유대교에서는 토요일에 예배하고 일요일에는 일을 한다. 그러나 예수님께서 안식 후 첫날에 부활하시면서 일요일을 '주일'로 정하고 예배하는 새로운 전통이 만들어졌다. 주일은 주님의 날로서의 의미를 가진다. 그리스도인은 옛날 안식일에 그랬던 것처럼 주님의 날도 거룩하게 지켜야 한다. 따라서 '일요일'이나 '안식일'이라는 표현보다는 '주일'이라는 표현이 옳다.

13. 교회와 예배당, 성전, 제단 등

지금도 '○○예배당'이란 간판이 붙어있는 교회가 있다. 교회는 '주님의 백성들의 모임'을 가리키고, '예배당'은 성도들이 모이는 장소나 건물을 말한다. '예배당'이 고정되어 있는 것이라면 교회는 움직인다는 특성이 있다. 따라서 '예배당'이란 표현보다는 '교회'라는 의미가 옳다.

또 '성전'과 '교회'라는 말이 혼용되고 있다. 성전은 지성소를 모신 하나님의 집을 뜻한다. 구약 시대에는 성전이 신앙의 중심이었으나, 신약 시대에는 교회가 신앙의 중심이 되었다. 그러므로 단순히 예배하는 집으로서의 건물을 의미할 때는 '예배당'이란 표현이 옳으나, '하나님이 거하시는 곳'으로 표현할 때는 '성전'이라고 하는 것이 옳은 표현이다.

14. "목사님의 말씀으로"

"목사님의 말씀으로 은혜 받게 하심을 감사합니다", "목사님 말씀에 많은 은혜 받았음을 감사합니다"라고 하는 경우가 종종 있다. 이렇게

'목사님의 말씀'이라고 표현하는 것은 잘못이다. '하나님의 말씀'이 옳은 표현이다. 성경을 기본으로 한 '하나님의 말씀'을 주의 사자(목사)가 전함으로 성도들이 은혜를 받은 것이다. 이런 경우는 "목사님을 통하여주신 말씀", 또는 "목사님이 대언하신 말씀을 통하여"로 하는 것이 옳다.

15. "지금은 시작하는 시간이오니"

주로 기도 순서는 예배가 한참 지난 후에 들어 있다. 그런데 기도하는 이는 예배의 중반인데도 불구하고 "지금은 예배 시작 시간이오니, 마치는 시간까지"라고 기도한다. 이럴 경우에는 그냥 "오늘 우리의 예배를 처음부터 끝까지"라고 하는 것이 좋다.

16. "예배의 시종을 의탁하옵고"

의탁이란 '어떤 것에 몸이나 마음을 의지하여 맡긴다'는 의미다. 내가 주도적으로 무엇을 하는 것이 아니고, 내가 할 일을 다른 사람에게 맡겨서 '그가 대신 한다'는 의미다. 물론 예배는 인간이 임의대로 하는 것이 아니다. 그런 의미에서 하나님께 맡기는 것은 옳은 것이다. 그러나 예배의 행위로 볼 때, 예배는 하나님이 베풀어주신 사랑과 은혜에 감사하면서 하나님께 최상의 가치를 돌려드리는 응답의 행위다. 신령과 진정으로 드려야 할 이 예배를 도리어 하나님께 맡긴다면, 나는 방관자가 된다는 의미가 된다. 따라서 '의탁'이란 표현보다는 "이 예배를 주장하시고" 또는 "이 예배를 성령님께서 인도하여주시고"로 하는 것이 좋은 표현이라고 할 수 있다.

17. "예수님의 공로로"와 "예수를 힘입어"

우리가 기도할 때 "예수님의 공로로"나 "예수님의 공로를 힘입어"라고 할 때가 많다. '예수'란 '죄에서 구원할 자'란 뜻을 갖고 있다. 그런 의미에서 기도는 구원자의 이름으로 구해야 함은 당연한 것이다. 예수님의 이름으로 기도하는 근거는, "너희가 내 이름으로 무엇을 구하든지 내가 행하리니 이는 아버지로 하여금 아들로 말미암아 영광을 받으시게 하려 함이라 내 이름으로 무엇이든지 내게 구하면 내가 행하리라" (요14:13-14)라고 하신 말씀이다. 또한 우리가 예수님의 이름으로 기도하는 이유는, 하나님은 죄인의 기도를 받으시지 않기 때문이다. 그러므로 죄가 없으신 예수님의 이름으로 기도하는 것이다. 어떤 방편이나 보조적 수단이 아니라, 기도 자체를 직고하는 의미가 있으므로, 예수님의 '공로'나 예수님 이름을 '의지하여', 또는 예수 '공로를 힘입어'는 옳지 않다. 따라서 "예수님 이름으로 기도드립니다."가 바른 표현이다.

18. '예배(기도)드리다'와 '예배보다'

① '드리다'에 대하여 : 우리는 하나님을 높이는 뜻에서 하나님을 향한 행위, 곧 예배와 기도에 '드리다'는 말을 쓴다. 그러나 '예배'(禮拜)에는 이미 '드리다'는 뜻이 내포되어 있다. 그래서 '예배'에 '드리다'는 말을 붙여 쓰면 '드리다'는 말을 반복하여 쓰는 꼴이 된다. 국어사전에서의 '드리다'는 의미는 '주다'의 높임말이다. 즉 '아버님께 용돈을 드리다', '부모님께 선물을 드리다'와 같이 쓰인다. 그리고 '윗사람에게 그 사람을 높여 말이나 인사, 결의, 축하

따위를 하다'는 의미가 있다. '청을 드리다', '인사를 드리다', '선생님께 말씀을 드리다', '선생님의 은혜에 감사를 드리다'와 같이 쓰인다. 또 '신에게 비는 일을 하다'는 의미가 있다. 그러므로 '드리다'란 '올리다(offer), 바치다, 청하다(기도를 드리다)란 의미로서 '예배드리다'도 가능하다.

② '보다'에 대하여 : 우리말 '보다'는 여러 뜻을 가지고 있는데, '눈으로 대상의 존재나 형태적 특징을 알다. 눈으로 대상을 즐기거나 감상하다. 책이나 신문 따위를 읽다'는 의미로 쓰인다. 즉 '보다'는 의미는 '보는 것'이다. 그리고 '보러 가다'는 '보다'와 '하다'의 의미가 합쳐서 보는 것보다는 오히려 행위를 더욱 강조한다. '시장을 본다'는 '시장에서 물건을 산다'는 의미고, '맞선을 보러 가다'는 '맞선을 본다'는 의미다. 이와 같이 '예배 보러 가다'도 '예배를 드린다'는 의미다. 그러나 일반적으로 '예배 보다'에서의 '보다'를 '보는 것'으로만 생각하기에 거부감을 갖는다. 여기에서 '보다'는 '구경하다'나 '즐기다'는 것이 아니라, '드리는 것'이며 '참여하는 것'을 의미한다.

19. "기도드렸습니다"는 "기도드립니다"로

기도를 끝낼 때 우리는 "예수님 이름으로 기도드립니다."와 같이 동사 '기도하다'의 시제를 현재형으로 써야 하는 것이 옳다고 본다. 그런데 대부분 '기도하였습니다' 또는 '기도드렸습니다'와 같이 과거형을 쓰는 사람들이 많다.

기도가 끝나는 시점에서는 간구한 모든 말들은 문법적으로는 이미 과거 또는 현재완료가 되므로 과거형을 쓸 수 있다고 생각하지만, 간구의 내용은 소원이며, 소원은 미래지향적이므로, 과거형으로 끝나는 것은 옳지 않다. 언제나 기도는 현재적인 간구인 것이다.

20. 기타 표현에 대하여

① "지금도 살아 계신 하나님"이란 표현은 모순이다. 하나님은 영원히 살아 계신 분이기 때문이다.

② "썩을 육신을 위해서 일하지 말고"는 "하나님께서 기뻐하시는 일을 위해 일하고"로 하는 것이 좋다.

③ "이름도 없이 빛도 없이 봉사하는"이란 표현은 예수 이름으로 봉사하고 있기 때문에 적절치 못하다. 그냥 "열심히 봉사하는"이 좋다.

④ "예배를 돕는 성가대"는 "하나님께 영광 돌리는 성가대(성가대도 예배를 드리기 때문에)"로 하는 것이 좋다. 찬양은 예배를 돕는 것이 아니라 그 자체도 예배이기 때문이다.

⑤ "하나님께는 영광, 우리에게는 은혜가 되는 찬양"에서 "우리에게 은혜가 되는 찬양"이란 표현은 바람직하지 않다. 찬양의 목적은 오로지 하나님께 영광을 드리는 것이기에 인간이 은혜 받는 목적은 아니다.

⑥ "연부년 발전하는 교회가 되게"는 "해가 갈수록 발전하는"으로 하는 것이 좋다.

⑦ "보혈의 피로 씻어주옵소서" - 이는 "보혈로 씻어주옵소서" 또는 "보배로운 피로 씻어주옵소서"가 맞는 말이다.

⑧ "몸 된 교회" - 이 말을 교회에 처음 나온 사람이라면 쉽게 이해하기 힘들 것이다. 여기에서의 몸은 우리의 몸이 아닌 주님의 몸을 의미하기에 "주님의 몸 된 교회"가 정확한 표현이다.

⑨ "하나님 영광을 거두소서" - "하나님 영광을 받아주소서"로 한다.

⑩ "흠향하여주시고" - "기쁘게 받아주시고"로 한다.

⑪ "예배를 하나님께 의탁하옵고"는 바람직하지 않다. 하나님은 예배를 받으시는 분이다. 성령님께서 예배를 도와주시기를 바라는 것은 가하다.

⑫ "허물과 죄로 죽을 수밖에 없던 저희를" - "허물과 죄로 죽었던 저희를"(엡 2:1)이 옳은 표현이다. 그러나 그럴 수밖에 없었다고 상황을 설명하는 것으로는 가하다.

라인홀드 니버의 기도
(Reinhold Niebuhr)

하나님,
바꿀 수 없는 것은 받아들이는 평온함을,
바꿀 수 있는 것은 바꾸는 용기를,
그리고 그 차이를 구별하는 지혜를 주소서.

하루를 하루씩 살고,
한 순간 한 순간을 누리며,
역경을 평화에 이르는 길로 받아들이게 하시고,
이 죄악 된 세상을,
내 마음대로가 아니고, 예수께서 그리하셨듯이,
있는 그대로 받아들이게 하시며,
내가 주님의 뜻에 순복하면
모든 것을 바로 세우실 것을 믿으면서,
이 땅에서는 가능한 행복을
다음 세상에서는
주님과 함께 완전한 행복을
영원토록 누리게 하소서.